本书得到"现代农业产业技术体系建设专项（CAI
"中国农业科学院创新工程（10-IAED-01-2022

中国肉鸡产业经济

ZHONGGUO ROUJI CHANYE JINGJI

2021

王济民　辛翔飞等　著

中国农业出版社

北　京

图书在版编目（CIP）数据

中国肉鸡产业经济. 2021 / 王济民等著. —北京：
中国农业出版社，2022.8
ISBN 978-7-109-29759-3

Ⅰ.①中…　Ⅱ.①王…　Ⅲ.①肉鸡—养鸡业—产业经
济—研究—中国—2021　Ⅳ.①F326.3

中国版本图书馆 CIP 数据核字（2022）第 132488 号

中国农业出版社出版

地址：北京市朝阳区麦子店街 18 号楼
邮编：100125
责任编辑：赵　刚
版式设计：杜　然　　责任校对：周丽芳
印刷：北京中兴印刷有限公司
版次：2022 年 8 月第 1 版
印次：2022 年 8 月北京第 1 次印刷
发行：新华书店北京发行所
开本：720mm×960mm　1/16
印张：19
字数：285 千字
定价：98.00 元

前　言

　　我国是肉鸡生产和消费大国。经过改革开放四十多年来的持续发展，我国肉鸡产业发展取得巨大成就，综合生产能力大幅提升，在保障国内肉类供给、繁荣农村经济、促进农民增收等方面发挥了重要作用。同时，肉鸡产业在市场化、产业化、规模化、标准化发展等方面一直走在畜牧业及农业的前列，引导推动了畜牧业整体发展质量的提升。进入"十四五"，畜牧业发展的内外部环境将更加复杂，这对肉鸡产业加快转型升级，实现产出高效、产品安全、资源节约、环境友好、调控有效的高质量发展提出迫切要求。同时，在新阶段国家粮食安全保障、"双碳"目标实现和全面小康社会城乡居民消费转型升级的背景下，肉鸡产业因具有饲料转化率高、节能减排效果好以及高蛋白、低脂肪、低胆固醇、低热量"一高三低"健康营养特性的显著优势，具有更大发展空间。

　　《中国肉鸡产业经济 2021》是国家肉鸡产业技术体系产业经济岗位课题组在 2020 年和 2021 年围绕我国肉鸡产业发展的一些重大、热点问题和基础性专题进行研究的阶段性成果。内容涉及我国畜牧业发展宏观环境，以及我国肉鸡产业态势、国际形势、种业发展、粪污资源化利用以及兽药减量的经济学分析等多个方面。部分研究成果已经在相关期刊、报纸上发表。研究成果针对产业发展新阶段面临的新需求和新问题，在紧密结合实地调研的基础上深入思考，探究原因，判断形势，并提出相应的对策建议，一方面为客观呈现我国肉鸡产业发展状况提供一个平台，另一方面为我国肉鸡产业政策的制定及肉鸡产业高质量发展提供决策支撑。此外，自"十二五"以来，国家肉鸡产业技术体系产业经济岗位每年在京召集举办两次研讨会，每年年中7月举办一次"中国肉鸡产业经济分析研讨会"，侧重于肉鸡产业经济学术方面的研讨；每年年末12月举办一次"中国肉鸡产业形势分析研讨会"，侧重于对当年肉鸡产业发展形势方面的研讨。相关研讨会的召开，在交流肉鸡产业经济学术研究成果、实地调研情况，在探讨我国肉鸡产业发展形势、问题及对策等方面均取得了有益的成果。本书包括了2020—2021年国家肉鸡产业技术体系产业经济岗位召集举办的三次肉鸡产业经济相关研讨会的会议综述（2020年7月研讨会受新冠肺炎疫情影响未能如期举办），会议综述较为全面地记录了会议相关研讨成果，也较为翔实地记载了2020—2021年我国肉鸡产业发展历程和重大事件的来龙去脉，在此与大家分享，也希望更多对我国肉鸡产业经济研究感兴趣的专家学者和企业家们参加我们后续的研讨会。

《中国肉鸡产业经济2021》的相关研究工作得到了国家肉鸡产业技术体系首席科学家、各位岗位科学家、各综合试验站站长，以及中国畜牧业协会、白羽肉鸡联盟、相关肉鸡企业和养殖场户给予的大力支持和帮助，在此深表感谢！由于本书汇集的是国家肉鸡产业技术体系产业经济岗位团队成员在不同阶段针对不同主题的研究报告，涉及对历史资料和产业现状的描述方面难免会存在小部分的重复，但为了保持各研究报告的完整性，本书在统稿过程中没有将部分重复内容删除。由于目前国家统计局尚未发布关于我国肉鸡生产等方面的权威统计数据，部分报告根据研究的需要分别采用了联合国粮农组织（FAO）和美国农业部（USDA）等机构发布的相关统计数据，不同渠道的数据因统计方法和统计口径不同会存在差异。当然，由于各研究报告分析的角度和研究的重点不完全相同，得到的结论和提出的对策建议也各有侧重。随着我国肉鸡产业的不断发展，国家肉鸡产业技术体系产业经济岗位课题组对肉鸡产业经济的研究还将进一步深入。书中不足之处敬请读者批评指正！

王济民

2022 年 6 月

目　录

◆ 会议综述

2022年我国肉鸡产业形势
分析与对策建议

辛翔飞[1] 郑麦青[2] 文 杰[2] 王济民[1,3]

（1. 中国农业科学院农业经济与发展研究所；
2. 中国农业科学院北京畜牧兽医研究所；
3. 农业农村部食物与营养发展研究所）

2021年肉鸡生产和消费均实现较大幅度增长，但生产大于消费的供需格局及饲料成本上涨等导致行业收益水平整体偏低。2022年随着国内生猪产量逐渐回调至非洲猪瘟前水平，鸡肉与猪肉在消费市场的竞争将进一步加剧，但鸡肉低价位优势、"三低一高"营养优势将拉动鸡肉消费总量进一步扩大，种鸡高位产能又为肉鸡产量持续增长提供了坚实基础。2022年我国肉鸡供需仍将延续增长趋势，但增幅会有所下降，肉鸡产业在确保国家粮食安全和"双碳"目标实现方面的优势将进一步释放。本报告总结了2021年国内外肉鸡产业发展特点，剖析了我国肉鸡产业发展存在的问题，并就我国肉鸡产业未来发展趋势做出判断，提出促进我国肉鸡产业发展的政策建议。

一、2021年国际肉鸡产业发展形势

（一）全球肉鸡产量小幅增长，四大主产国（地区）产量占比增加

2021年全球肉鸡产量虽然延续了长期以来的增长趋势，但受全球新冠肺炎疫情持续及禽流感疫情多地暴发影响，2021年全球肉鸡产量增速进一步下调，仅有微幅增长。根据美国农业部分析数据（USDA，2022），2021年全球肉鸡产量达到9 910.3万吨，增长率从2019年的4.7%、2020年的1.9%进一

步下降至 0.8%。

2021 年四大肉鸡主产国（地区）肉鸡产量增速高于全球平均水平，占全球肉鸡总产量的比重持续回增。2021 年全球四大主产国（地区）肉鸡产量达到 6 042.8 万吨，较 2020 年增长 1.1%；2021 年全球四大主产国（地区）肉鸡产量占全球比重为 60.5%，较 2020 年的 60.3% 有小幅增长，但远低于 2000 年 68.0% 的历史高位水平。2021 年美国、中国、巴西和欧盟肉鸡产量分别为 2 037.8 万吨、1 470.0 万吨、1 450.0 万吨和 1 085.0 万吨。

（二）全球肉鸡贸易量增幅继续回落，近十年来首现负增长

2021 年受新冠肺炎疫情影响，全球进口需求景气度持续下降，加之禽流感疫情在多地暴发，诸多国家因此对肉鸡进口实施临时限制，2021 年全球肉鸡贸易量增幅在上年大幅下调的基础上，进一步回落，甚至出现负增长。2021 年全球肉鸡进口贸易量为 1 049.4 万吨，较 2020 年下降 2.0%；进口贸易量占全球肉鸡产量的比重为 10.5%，较 2020 年 10.8% 的份额亦有下调。2021 年全球肉鸡出口贸易量为 1 308.9 万吨，较 2020 年微幅增长 0.7%；出口贸易量占全球肉鸡产量的比重为 13.1%，与 2020 年持平。

肉鸡贸易集中度仍然呈现进口低、出口高的典型特征。2021 年肉鸡进口国集中度相对较弱，进口量超过 100 万吨的国家仅有日本一国；排名前十位的国家进口贸易量分布在 38.0 万～105.0 万吨区间，其余进口国肉鸡进口贸易量均低于 10 万吨。2021 年肉鸡出口国集中度相对较高，其中第一大出口国巴西首次突破 400 万吨的出口贸易量，达到 422.5 万吨；美国、欧盟和泰国肉鸡出口贸易量依次排名二至四位，分别为 336.7 万吨、178.0 万吨和 93.0 万吨；其余肉鸡出口国出口贸易量均低于 50 万吨。四大肉鸡贸易出口国（地区）占全球出口贸易总量的比重为 78.7%。

二、2021 年我国肉鸡产业发展特点

（一）祖代更新数量大幅增加，种鸡产能延续高位运行状态

白羽祖代更新增幅近 25%，肉种鸡平均存栏增幅近 5%，产能居高位。由于美国因禽流感导致的进口封关解除，以及国内自繁祖代能力进一步提升，2021 年白羽祖代种鸡更新数量大幅提升，居历史高位。根据中国畜牧业协会监测数据，2021 年我国白羽肉鸡累计更新祖代种鸡 124.6 万套，比 2020 年增加 24.3%（图 1）。2021 年祖代种鸡平均存栏量 171.3 万套，较 2020 年增长

4.9%，其中在产祖代种鸡平均存栏量 114.0 万套，比 2020 年增加 8.1%，后备祖代种鸡平均存栏量 57.3 万套，较 2020 年微幅下降 0.7%；父母代种鸡平均存栏量 6 628.6 万套，较 2020 年增加 9.1%，其中在产、后备父母代平均存栏量分别为 3 941.3 万套和 2 687.3 万套，分别比 2020 年增加 12.6% 和 4.4%。

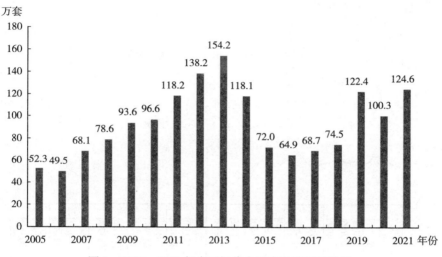

图 1   2005—2021 年全国祖代白羽肉种鸡更新数量

数据来源：中国畜牧业协会《中国禽业发展报告》。

黄羽祖代肉种鸡平均存栏与上年历史最高位基本持平，父母代平均存栏大幅下降近 10%。经过 2019 年 6.36%、2020 年 4.3% 连续两年高速增长后，2021 年全国黄羽祖代肉种鸡数量基本稳定，平均存栏量 216.6 万套，较 2020 年微幅下降 0.6%，其中在产、后备祖代种鸡平均存栏量分别为 151.4 万套、65.2 万套，均较 2020 年微幅下降 0.6%；父母代种鸡平均存栏量 6 846.8 万套，比 2020 年下降 9.4%，其中在产父母代平均存栏量 4 035.2 万套，比 2020 年下降 6.0%，后备父母代平均存栏量 2 811.6 万套，比 2020 年下降 13.9%。

（二）饲料价格创历史新高，养殖成本白羽肉鸡增、黄羽肉鸡平

2021 年肉鸡配合饲料价格大涨上涨，创历史新高。玉米和豆粕是肉鸡配合饲料的主要构成，其中玉米占 50%～60%，豆粕占 25%～30%。2016—2019 年国内肉鸡配合饲料价格总体震荡低位运行，2021 年玉米价格在 2020 年持续上涨至高位水平的基础上进一步增长；豆粕价格年初上涨至历史相对高位，全年居历史相对高位震荡；玉米和豆粕价格上涨拉动肉鸡配合饲料价格持续上涨。2021 年末，玉米价格达到 2.9 元/千克，较年初上涨 7.4%，创历史新高；豆粕价格达到 3.78 元/千克，较年初上涨 6.2%；肉鸡配合饲料价格达到 3.69 元/千克，较年初上涨 7.0%，且较以往历史最高点 2014 年末的 3.48 元/千克高 5.7%（图 2）。

图 2　2012—2021 年饲料价格长期变动趋势

数据来源：农业农村部监测数据（www.moa.gov.cn）。

白羽肉鸡养殖成本较上年增幅近 6%，黄羽肉鸡基本持平。根据农业农村部对 60 个生产大县（市、区）的 300 个行政村 1 099 户肉鸡养殖户月度定点监测数据分析，2021 年白羽肉鸡养殖成本上涨明显，黄羽肉鸡基本持平。2021 年白羽肉鸡饲料成本和雏鸡成本大幅上涨，虽然其他成本有明显下降，但全年白羽肉鸡平均养殖成本上涨 5.9%，达到 8.1 元/千克。2021 年黄羽肉鸡受饲料成本上涨、雏鸡成本下降两方面因素综合作用，养殖成本基本与上年持平，为 12.8 元/千克。

（三）肉鸡价格先降后升，产业链利润白羽肉鸡降、黄羽肉鸡增

整体上肉鸡价格先降后升，全年波动不大，且年末与年初基本持平，但白羽肉鸡与黄羽肉鸡之间存在一定差异。根据农业农村部集贸市场监测数据，

2021年末白条鸡和活鸡价格分别为22.1元/千克和19.9元/千克，与年初基本持平；年中最低点分别为21.1元/千克和19.0元/千克，较年末分别低4.3％和4.4％，全年波幅相对较小。白羽肉鸡和黄羽肉鸡的价格变动趋势存在一定差距，虽然二者均呈现出先降后升的趋势，但全年来看，白羽肉鸡出栏价格有所下降，黄羽肉鸡出栏价格有所上涨。根据农业农村部对肉鸡养殖户月度定点监测数据分析，2021年末白羽出栏毛鸡价格为8.1元/千克，较年初下降9.9％；年末黄羽出栏毛鸡价格为16.91元/千克，较年初上涨7.0％（图3）。

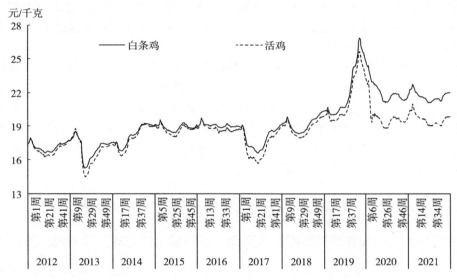

图3　2012—2021年集贸市场白条鸡价格变动趋势

数据来源：农业农村部监测数据（www.moa.gov.cn）。

　　白羽黄羽养殖利润均好于上年水平，全产业链收益白羽明显收窄、黄羽明显扩张。根据农业农村部对肉鸡养殖户月度定点监测数据分析，2021年白羽肉鸡养殖平均盈利0.7元/只，好于2020年-0.7元/只，全年12个月盈亏月数比6∶6；黄羽肉鸡养殖平均盈利4.5元/只，较2020年的1.1元/只有较大提升，全年盈亏月数比11∶1。从种鸡、商品代养殖及屠宰全产业链盈利情况来看，2021年白羽肉鸡全产业链综合收益为1.3元/只，较2020年的1.9元/只下降了0.6元/只，全年盈亏月数比10∶2；黄羽肉鸡全产业链综合收益为4.7元/只，较2020年的1.4元/只增加了3.3元/只，全年盈亏月数比11∶1。2021年白羽肉鸡全产业链盈利环节主要在祖代种鸡养殖，亏损最多的在父母代种鸡养殖；黄羽肉鸡产业链盈利环节主要在祖代种鸡和商品代肉鸡养殖。整体来看，全年肉鸡产业总体收益处于历史平均水平之下，但从各类经营主体来看，龙头企业在高速扩张的同时，仍保持了高于行业平均值的盈利水平。

（四）肉鸡总产量实现较高增长，白羽肉鸡大幅增加，黄羽肉鸡有所减少

受上年种鸡高位产能持续释放影响，全年肉鸡总产量实现高幅增长。根据农业农村部对肉鸡养殖户月度定点监测数据及中国畜牧业协会监测数据分析，2021年全国肉鸡总出栏数量118.3亿只，较上年增长7.4%；肉鸡总产量为1 998.1万吨，较上年增长8.4%。总体来看，2021年肉鸡产量延续了2020年和2019年的高幅增长趋势。

白羽肉鸡产量大幅增加、黄羽肉鸡有所减少。与2020年类似，2021年我国肉鸡的大幅增长是由白羽肉鸡带动所致，黄羽肉鸡受"活禽管制"等因素影响未升反降。2021年白羽肉鸡出栏数量较上年增长18.0%，产量增长17.2%；黄羽肉鸡出栏数量较上年下降8.5%，产量下降4.7%。此外，小型白羽肉鸡出栏数量较上年增长18.5%，产量增长13.8%；出栏淘汰蛋鸡数量较上年减少17.9%，产量下降17.9%。

三、我国肉鸡产业发展面临的主要挑战

（一）白羽育种虽然取得重大突破，但后续工作仍然繁重艰难

虽然改革开放以来白羽肉鸡产业的率先发展引领并带动了我国肉鸡产业整体上的快速发展壮大，但作为舶来品的白羽肉鸡，其种源一直以来严重依赖国外进口。2021年我国白羽肉鸡育种取得突破性进展，培育并通过审定"广明2号""圣泽901""沃德188"三个快大型白羽肉鸡品种，但与已有100多年经验的国际白羽肉鸡品种相比，我国白羽肉鸡种业较国际先进水平还存在一定差距。要想抢占市场，仍然需要在持续提升生产性能、净化疾病和加快产业化方面做出巨大努力。虽然我国本土肉鸡品种黄羽肉鸡遗传资源丰富，但资源利用程度低、育种重复性高（文杰，2021），且饲料转化率等关键技术指标缺乏竞争力等问题更为突出，黄羽肉鸡逐渐告别活禽销售、转为生鲜上市的必然趋势，亦对屠宰加工型黄羽肉鸡新品种的培育提出更加迫切的要求。

（二）白羽肉鸡产能过剩，市场风险加大

2018—2019年国内肉鸡产业摆脱H7N9疫情冲击，并因非洲猪瘟疫情导

致生猪产量下降而获得更多发展空间，肉鸡产业全产业链实现高水平盈利（辛翔飞等，2021）。此外，2015—2018年由于美国、法国和波兰等国相继暴发高致病性禽流感，我国对上述国家的禽类进口采取封关措施，白羽肉鸡引种严重受阻（辛翔飞等，2020；陈来华等，2021）。在此背景下，2019—2021年连续三年白羽祖代更新数量居高位，伴随着高位产能的持续释放，2020—2021年白羽肉鸡出栏量大幅增长，产能过剩问题再次凸显并愈加突出。供大于求引致市场价格低迷，全产业链收益水平持续下降，市场风险加大。

（三）"三抢"特征明显呈现，市场份额抢夺竞争加剧

一是白羽肉鸡抢黄羽肉鸡市场份额。黄羽肉鸡原来主要是依靠活禽市场，新冠肺炎疫情因素下，活禽市场受到很大影响，而白羽肉鸡通过较为完备的现代化营销体系可直达消费者。二是小品种抢占大品种市场份额。近几年817肉杂鸡、小优鸡等小品种发展较快，正在抢占黄羽肉鸡市场。小品种灵活多样，市场一旦有需求，就应时而上扩大生产规模。三是大企业抢小企业市场份额。在同一个品种中，大企业抢小企业市场份额的趋势加剧，大企业越做越大，小企业越做越小。

（四）动物疫病具有不确定性，长期困扰产业发展

一方面，动物疫病风险长期困扰产业发展。动物疫病易导致养殖场户产生恐慌心理，弃养现象时有发生，不利于肉类产品的供给保障，不利于养殖户的收入保障。面对普通动物疫病潜在风险大、防治难度大，烈性传染病不断更新、防疫成本高的现实状况，我国肉鸡养殖生物安全措施水平有待进一步提升，动物福利水平亟待提高。另一方面，与动物疫病防控难度大相伴而生的抗生素滥用、高用并存问题，影响我国肉鸡产业绿色高质量发展的推进和竞争力的提升。因抗生素不合理使用导致的药残问题是制约我国肉鸡产品国际竞争力提升的重要因素，肉鸡"激素喂养"的误解阻碍了肉鸡产业的健康发展。与此同时，国际上随着减抗和禁抗呼声的日渐高涨，国内肉鸡产业发展压力日益增大。

（五）种养脱节，养殖废弃物资源化利用压力长期存在

目前，规模化、集约化已经成为包括肉鸡产业在内的畜牧业发展的显著特征，但由于缺乏合理的种养布局，种养规模不匹配，大量养殖粪便集中排放但缺乏匹配耕地消纳，造成环境污染问题日益严峻。2014年以来国家层面出台

了一系列法律法规和政策措施推进畜禽粪便资源化利用，2020年资源化利用率提高到76%。但由于缺乏合理的种养布局，大量养殖粪便集中排放但缺乏匹配耕地消纳的问题仍然突出。面对国内肉类消费刚性增长，畜禽养殖总体规模还将进一步扩大，畜禽粪便污染的压力长期存在。当前及未来相当长一段时期内，日益严峻的环保约束是畜禽养殖发展面临的新常态。

四、2022年肉鸡产业发展趋势

（一）全球肉鸡产量小幅增长，进出口贸易量增速加快

虽然2022年全球新冠肺炎疫情持续暴发仍将给肉鸡产业发展带来阻碍，饲料价格上涨也会进一步压缩肉鸡养殖盈利空间，但消费者对低价格动物蛋白的强劲需求将刺激全球肉鸡生产的进一步扩张。根据美国农业部估计数据（USDA，2022），2022年全球肉鸡产量可能达到10 082.1万吨，与2020年的增长率基本持平，为0.09%。随着全球经济逐步向好，受进口需求增长拉动，预计2022年全球肉鸡贸易量增幅明显高于2021年，全球肉鸡进口量将达到1 073.1万吨，增长率2.3%，出口量达到1 342.9万吨，增长率2.6%。

（二）我国肉鸡产量仍将有小幅增长，净进口量基本保持稳定

我国进入新冠肺炎疫情常态化防控阶段，社会经济持续向好发展，同时随着全面建成小康社会目标的实现，国内肉类需求将进一步增长，并带动肉类生产的增长。预计2022年肉鸡产量将在历史高位的基础上仍有小幅增长。同时，2022年我国肉鸡进口将有小幅增长；受全球鸡肉消费需求增长影响，我国肉鸡出口亦将实现小幅增长；净进口量预计与2021年基本持平。根据美国农业部预测数据，2022年我国鸡肉进口量为80.0万吨，增长率1.9%；出口量为46.0万吨，增长率1.1%。

（三）猪肉和鸡肉市场竞争更加激烈，肉鸡产业长期利好趋势更加凸显

虽然2022年随着国内生猪产能进一步恢复，生猪产量将逐渐回调至2017年非洲猪瘟前的常年产量，消费端鸡肉与猪肉市场竞争进一步加大。一方面，我国粮食产量虽然连续增产，进口量却已经突破1.6亿吨，确保国家粮食安全，既要增产，也要进行需求管理；另一方面，实现"双碳"目标，也对畜牧业发展提出更新更高的要求。从市场竞争角度而言，鸡肉显著的低价位优势、"三低一高"营养优势将拉动鸡肉消费总量进一步扩大，且2020—2021年种鸡

高位产能将进一步推动 2022 年肉鸡产量持续增长。从确保国家粮食安全、实现双碳目标来看，肉鸡养殖饲料报酬高、碳排放低的优势，必将受到政府和企业的高度关注，长期利好将进一步凸显。

五、肉鸡产业发展政策建议

（一）高度关注产业发展的新特点新机遇，做好战略管理

在新阶段双碳目标实现和全面小康社会城乡居民消费转型升级背景下，肉鸡产业发展面临新机遇。一是生产端，在双碳目标实现的约束下，以及在国家粮食安全仍面临巨大挑战的背景下，肉鸡产业因具有低排放、低耗能等显著的低碳优势，具有更大发展空间（辛翔飞和王济民，2019；辛翔飞等，2020）。二是消费端，受非洲猪瘟和新冠肺炎疫情等因素影响，肉鸡等家禽抢夺生猪市场 10 个百分点，猪肉消费占肉类总消费的比重从大约 60% 降至大约 50%，后期猪肉份额会有一定程度的回增，但如果生猪的份额能稳定调整到 55%，家禽份额就可能增加 5 个百分点，是重要发展机遇。肉鸡产业自身应基于发展的新机遇做好战略管理，优化资源配置，确保产业健康发展；国家主管部门应基于肉鸡产业发展的重大战略意义，将鸡肉产业作为我国农业农村经济发展中的战略产业，尽快启动"禽肉翻番行动"，让肉鸡成为我国第一大肉类。

（二）充分认识产业发展面临的困难，控制和优化产能

2022 年随着生猪产量彻底恢复，猪肉价格进一步下降，肉鸡产业发展面对的市场竞争将更加激烈。尤其是白羽肉鸡在当前供给已经相对过剩的情况下，高位产能仍将持续释放，产品价格下降趋势不可避免，产业发展形势不乐观。白羽肉鸡必须科学控制产能，避免总量规模进一步扩大，同时要下工夫优化产能，淘汰落后产能，防止因产能过剩导致的市场供需失衡的状况在更大范围和更大程度上出现。

（三）坚持高质量发展，推动产业转型升级

白羽肉鸡在畜牧业发展中一直打头阵，未来畜牧业如何现代化、如何高质量、如何有竞争力、如何更加绿色化，可能还要靠白羽肉鸡探索和引领，这也是未来白羽肉鸡发展的重要任务使命。同时，黄羽肉鸡也应加快推进高质量发展步伐。实现高质量发展，一是价格适中，二是质量过硬，三是环境友好。肉鸡产业必须严格把握上述三条要求，坚持问题导向和目标导向，从种业创新和

推广、饲料配方优化、生物安全体系建设、养殖技术提升、智能化设备设施应用等方面，通过提高技术水平和技术效率，提升产业发展质量，推动产业转型升级。

（四）重视产业发展的社会价值目标，为共同富裕做出更大贡献

肉鸡产业启动产业化发展以来，在过去40年的时间里，通过"公司＋农户"等多种形式的产业化发展模式带动大量养殖户参与到肉鸡养殖，为提供就业岗位、带动农民增收做出突出贡献。随着肉鸡产业化的发展，目前出现的大企业抢小农户市场份额、小农户退出的现象必须引起注意。吸收农户参与的产业化发展模式，是小农户对接现代农业、享受产业现代化红利的重要媒介。肉鸡产业尤其是大型龙头企业应坚持经济价值、生态价值和社会价值三维目标并重，为共同富裕做出更大贡献。

（五）完善疫病防控体系建设，加强疫病风险管理

虽然长期以来我国动物疫病防控体系建设取得一定成效，但在疫病监测、生物安全体系防控上有待进一步完善。尤其是2018年8月非洲猪瘟疫情在我国暴发，暴露了我国在动物疫病防控体系建设方面的短板。要强化疫情监测，打通疫情监测和检疫信息共享通道。加强各类措施对病毒作用的机理和效果研究，优化消杀隔离防控措施。强化生物安全理念，建立肉鸡场生物安全体系基础，引导养殖防疫由只靠疫苗向疫苗与生物安全措施并重转变。建立肉鸡场生物安全管理体系，提高生物安全关键技术水平。针对重大疫病入侵事件的应急处置，建立应急处置技术方案与规范。

参考文献

[1] USDA. Livestock and poultry：market and trade［R/OL］.（2022-1-12）［2022-01-13］. https：//apps. fas. usda. gov/psdonline/app/index. html♯/app/downloads.
[2] 陈来华，李娟，王亚辉.2020年我国白羽肉鸡产业回顾与展望［J］. 中国畜牧杂志，2021，57（05）：253-258.
[3] 文杰. 肉鸡种业的昨天、今天和明天［J］. 中国畜牧业，2021（17）：27-30.
[4] 辛翔飞，刘锐，王济民. 破除自给率越高粮食越安全的迷误［J］. 农业经济问题，2020（10）：19-31.
[5] 辛翔飞，王济民. 我国粮食自给水平目标设定：研究综述与政策启示［J］. 自然资源学报，2019，34（11）：2257-2269.

［6］辛翔飞，张怡，王济民.我国畜产品消费：现状、影响因素及趋势判断［J］.农业经济问题，2015，36（10）：77-85，112.

［7］辛翔飞，郑麦青，文杰，王济民.2019年肉鸡产业形势分析、未来展望与对策建议［J］.中国畜牧杂志，2020，56（03）：155-159.

［8］辛翔飞，郑麦青，文杰，王济民.2020年我国肉鸡产业形势分析、未来展望与对策建议［J］.中国畜牧杂志，2021，57（03）：217-222.

2021 年我国肉鸡产业形势分析与对策建议

辛翔飞[1]　郑麦青[2]　文　杰[2]　王济民[1,3]

（1. 中国农业科学院农业经济与发展研究所；
2. 中国农业科学院北京畜牧兽医研究所；
3. 农业农村部食物与营养发展研究所）

2020 年初新冠肺炎疫情严峻，对肉鸡生产、消费、加工、流通等均产生了严重的抑制影响，后期随着我国新冠肺炎疫情防控取得阶段性成效，社会经济向好发展，肉鸡产销量逐步恢复，全年实现较大增幅，但供大于求的市场格局导致行业盈利水平总体偏低。2021 年随着国内生猪生产逐步恢复至常年产能，加之国际猪肉市场的进口补充，由非洲猪瘟引致的鸡肉对猪肉的较高替代份额将进一步缩减，但鸡肉的低价位优势仍将拉动鸡肉消费总量的进一步扩大，2019年形成的肉种鸡高位产能效应也将在 2021 年继续释放。2021 年我国肉鸡供需仍将延续增长趋势，但增幅会进一步下降，低于 2020 年。本报告总结了 2020年国内外肉鸡产业发展特点，剖析了我国肉鸡产业发展存在的问题，并就我国肉鸡产业未来发展趋势做出判断，提出促进我国肉鸡产业发展的政策建议。

一、2020 年国际肉鸡产业发展形势

（一）全球肉鸡生产增速明显放缓

2020 年全球肉鸡产量延续了一直以来的持续增长态势，但受全球新冠肺炎疫情影响，2020 肉鸡产量增速明显放缓，显著低于 2019 年。根据美国农业部数据（USDA，2020），2020 年全球肉鸡总产量达到 10 082.7 万吨，增长率从 2019 年的 5.02% 回调至 1.52%。

2020 年四大肉鸡主产国（地区）肉鸡生产总量增速从 2019 年的 5.76% 降至 2.36%，但仍显著高于全球平均水平，四大主产国（地区）占全球肉鸡生产总量增至 60.85%；其中，美国、中国、巴西和欧盟肉鸡产量分别为 2 026.3

万吨、1 485.0 万吨、1 388.0 万吨和 1 236.0 万吨，增长率分别为 1.61%、8.00%、1.39%和－1.59%，增幅均显著下调。新兴市场经济体国家中墨西哥、阿根廷肉鸡产量保持了相对较高增速，增长率分别达到 2.78%和 2.90%；印度降幅最为显著，达到－8.05%，产量回落到 2018 年水平之下。总体比较来看，中国肉鸡生产增量居首位，是全球肉鸡生产增长数量和增长率最大的国家。

（二）全球肉鸡贸易增长急速刹车

2019 年受全球经济复苏及旺盛的中国进口需求拉动，全球肉鸡贸易量呈现高涨势头（张怡等，2020），但 2020 年受全球新冠肺炎疫情影响，全球肉鸡贸易增长急速刹车。进口量从 2019 年的 975.5 万吨微幅增至 979.8 万吨，仅增加了 4.3 万吨，增幅不足 0.5%，明显低于 2019 年 48.2 万吨的增长量和5.20%的增长率；出口量从 2019 年的 1 183.3 万吨增至 1 198.1 万吨，仅增加了 14.8 万吨，增幅为 1%，明显低于 2019 年 53.7 万吨的增长量和 4.75%的增长率。

肉鸡进口国集中度相对较弱，2020 年进口量超过 100 万吨的国家仅有日本一国。2020 年绝大多数肉鸡进口国进口量为负增长，进口量前 10 位的国家中仅有 4 国进口增量为正值。2020 年中国进口量增长迅速，中国进口增量居首位，是全球进口增长数量和增长率最高的国家，并成为全球第二大肉鸡进口国，进口量从 2019 年的 23.8 万吨增至 40.5 万吨，增长率与 2019 年相当，接近 70%。可以认为，2020 年全球肉鸡进口量的增长主要靠中国肉鸡进口需求拉动实现。

肉鸡出口国集中度相对较高，巴西和美国是全球出口量最大的国家，2020年出口量分别为 386.0 万吨和 332.5 万吨，二者出口量占全球出口总量份额超过 60%；肉鸡出口量前四位的国家（地区）巴西、美国、欧盟、泰国出口量占全球出口总量份额接近 80%。2020 年主要肉鸡出口国排名变动不大，出口量前 10 位国家的出口总量基本稳定，其中仅中国和欧盟出口量出现下降，其他国家均有不同程度的上升。

二、2020 年我国肉鸡产业发展特点

（一）种鸡产能高位运行，白羽肉种鸡持续大幅上升，黄羽肉种鸡增幅略降

白羽肉种鸡平均存栏增幅超过 15%，产能居历史高位。 在全球新冠肺炎

疫情持续蔓延和禽流感疫情多地暴发的背景下，2020 年国内白羽祖代肉种鸡自国外引种数量进一步减少，国内自繁的祖代种鸡对保障种源起到积极作用。根据中国畜牧业协会监测数据，2020 年我国白羽肉鸡累计更新祖代种鸡 100.3 万套，比 2019 年减少 17.99%（图 1）。2020 年祖代种鸡平均存栏量 163.3 万套，较 2019 年增长 17.16%，基本延续了 2019 年的大幅增长趋势，其中在产祖代种鸡平均存栏量 105.5 万套，比 2019 年增加 29.11%，后备祖代种鸡平均存栏量 57.8 万套，与 2019 年基本持平，仅有 0.63% 的微幅增长；父母代种鸡平均存栏量 6 074.3 万套，比较 2019 年增加 18.1%，其中在产、后备父母代平均存栏量分别为 3 500.0 万套、2 574.4 万套，分别比 2019 年增加 11.52%、28.36%。

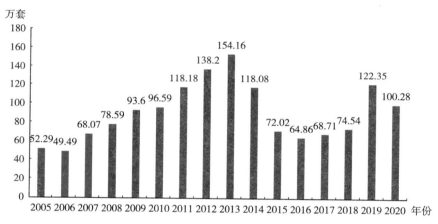

图 1　2005—2020 年全国祖代白羽肉种鸡更新数量

数据来源：中国畜牧业协会《中国禽业发展报告》。

黄羽肉种鸡平均存栏增幅接近 5%，种鸡规模创历史最高水平。2020 年全国黄羽祖代肉种鸡平均存栏量 219.4 万套，比 2019 年增加 4.67%，较 2019 年 6.36% 的增长趋势略有下降，其中在产、后备祖代种鸡平均存栏量分别为 153.4 万套、66.0 万套，分别比 2019 年增加 4.67%、4.68%；父母代种鸡平均存栏量 7 614.8 万套，比 2019 年增加 1.9%，其中在产父母代平均存栏量 4 302.4 万套，比 2019 年增加 4.35%，后备父母代平均存栏量分别为 3 312.5 万套，比 2019 年下降 1.18%。

（二）饲料价格涨至历史高位、雏鸡价格大幅下跌，养殖成本整体下降

2020 年肉鸡配合饲料价格在波动中呈明显上升趋势。玉米和豆粕是肉鸡

配合饲料的主要构成，其中玉米占 50%～60%，豆粕占 25%～30%。2016—2019 年国内肉鸡配合饲料价格总体震荡低位运行，2020 年玉米和豆粕价格上涨拉动肉鸡配合饲料价格涨幅明显（图2、图3）。2020 年末，玉米价格达到 2.64 元/千克，较上年同期上涨 26.32%，已基本接近历史最高位 2.70 元/千克；豆粕价格达到 3.47 元/千克，较上年同期上涨 6.12%；肉鸡配合饲料价格达到 3.44 元/千克，较上年同期上涨 8.17%，是近五年来的价格最高点，也接近历史最高点 3.48 元/千克。

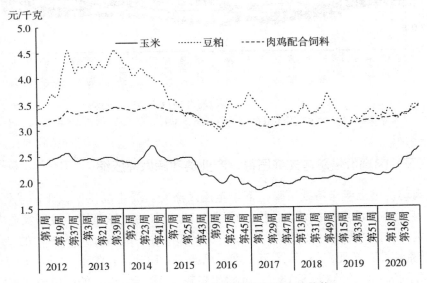

图 2　2012—2020 年饲料价格长期变动趋势

数据来源：农业农村部监测数据（www.moa.gov.cn）。

白羽肉鸡养殖成本较上年降幅超过 20%，黄羽肉鸡基本持平。根据农业农村部对 60 个生产大县（市、区）的 300 个行政村 1 099 户肉鸡养殖户月度定点监测数据分析，近几年肉鸡养殖成本持续大幅上涨的趋势有所转变。主要受雏鸡价格明显下调影响，2020 年我国肉鸡养殖成本下降 11.65%，为 10.12 元/千克。2020 年白羽肉鸡雏鸡成本为 2.48 元/只，较 2019 年 6.96 元/只下降 64.33%；黄羽肉鸡雏鸡成本为 2.22 元/只，较 2019 年 3.05 元/只下降 27.23%。2020 年白羽肉鸡养殖成本平均为 7.68 元/千克，比 2019 年 9.93 元/千克大幅下降 22.64%；黄羽肉鸡养殖成本平均 12.92 元/千克，与 2019 年 12.84 元/千克基本持平，仅微幅增加 0.62%。

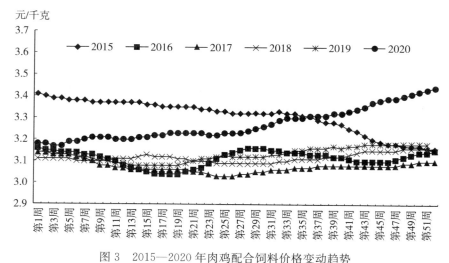

图 3 2015—2020 年肉鸡配合饲料价格变动趋势
数据来源：农业农村部监测数据（www. moa. gov. cn）。

（三）肉鸡价格总体先降后稳，产业链利润大幅压缩

肉鸡价格上半年持续下降，下半年震荡略升。 受市场供给大于需求影响，2020 年上半年活鸡和白条鸡价格延续了 2019 年末的下降趋势。根据农业农村部集贸市场监测数据，2020 年 6 月末白条鸡和活鸡价格分别从年初的 24.68 元/千克和 23.17 元/千克下降至年度最低点 21.13 元/千克和 18.81 元/千克，降幅分别为 14.38% 和 18.18%；此时价格较 2019 年下半年的历史最高点降幅分别超过 20% 和 25%。2020 年下半年，肉鸡价格有微幅增长后又震荡回落，总体呈现出波动中微幅上升趋势。年末白条鸡和活鸡价格分别较年中的全年价格最低点增长 2.04% 和 4.68%，达到 21.56 元/千克和 19.69 元/千克；年末价格较年初价格分别下降 12.64% 和 15.02%（图 4）。

养殖利润白羽基本持平、黄羽大幅下降，全产业链收益均明显收窄。 根据农业农村部对 60 个生产大县（市、区）的 300 个行政村 1 099 户肉鸡养殖户月度定点监测数据分析，2020 年白羽肉鸡养殖平均盈利 −0.47 元/只，与 2019 年 −0.40 元/只基本持平，全年 12 个月盈亏月数比为 5∶7；黄羽肉鸡养殖平均盈利 1.17 元/只，相比 2019 年的 7.33 元/只下降了 6.16 元/只。从种鸡、商品代养殖及屠宰全产业链盈利情况来看，2020 年白羽肉鸡全产业链综合收益为 1.89 元/只，较 2019 年 4.92 元/只下降了 3.39 元/只，全年 12 个月

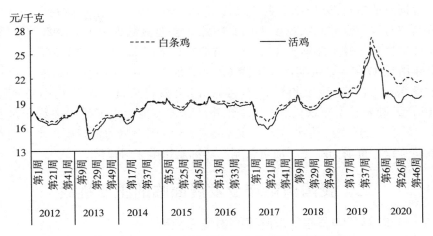

图 4　2012—2020 年集贸市场白条鸡价格变动趋势

数据来源：农业农村部监测数据（www.moa.gov.cn）。

盈亏月数比为 8∶4；黄羽肉鸡全产业链综合收益为 1.42 元/只，较 2019 年 9.14 元/只下降了 7.72 元/只。2020 年白羽肉鸡全产业链盈利环节主要在父母代种鸡养殖，黄羽肉鸡产业链盈利环节主要在祖代种鸡养殖。产业各类经营主体中，大型垂直一体化企业盈利虽比 2019 年有所下降，但仍保持了较好水平。

（四）肉鸡产量实现较高增长，为猪肉价格稳定做出突出贡献

受新冠肺炎疫情影响，肉鸡消费市场景气度较上年有所下降，但全年消费仍实现了高幅增长。2019 年肉鸡消费市场显著升温，并拉动了肉鸡生产的高幅增长。但 2020 年上半年受新冠肺炎疫情影响，城乡居民肉类消费大幅下降，且随着国内生猪生产的逐步恢复，加之国际猪肉市场的进口补充，肉鸡消费降幅尤为明显。一是户内消费降低，主要是城乡居民减少去菜市场、超市的频率，鸡肉购买量下降明显；二是户外消费降低，快餐（肯德基、麦当劳等）、集团消费（学校、企事业单位食堂等）等户外消费是白羽肉鸡消费的重要组成部分，约占肉鸡消费总量的 40%，这一部分基本处于停滞状态。2020 年下半年随着新冠肺炎疫情的逐步控制，社会经济发展的逐步恢复，鸡肉消费需求明显回升。全年鸡肉消费总量预计实现 10% 的增长。

受上年种鸡高位产能的持续释放及当年消费持续增长拉动影响，全年肉鸡总产量实现了高幅增长。2019 年肉鸡产能居高位，2020 年高位产能逐步释放。同时受消费增长拉动，2020 年肉鸡产量在上年 15% 的增幅上又实现了显著增

长。根据农业农村部对 60 个生产大县（市、区）的 300 个行政村 1 099 户肉鸡养殖户月度定点监测数据及中国畜牧业协会监测数据分析，2020 年白羽肉鸡累计出栏数量较上年增长 11.4%，黄羽肉鸡下降 2.3%；白羽肉鸡鸡肉产量较上年增长 17.6%，黄羽肉鸡下降 6.0%。2020 年白羽肉鸡和黄羽肉鸡总出栏数量 93.4 万只，较上年增长 4.5%；白羽肉鸡和黄羽肉鸡鸡肉总产量为 1 515.7 万吨，较上年增长 8.0%。此外，USDA 也给出了我国肉鸡产量实现了 8.0% 增长的判断。值得关注的是，2020 年我国肉鸡的大幅增长是由白羽肉鸡带动所致，黄羽肉鸡受"活禽管制"等因素影响未升反降。

三、我国肉鸡产业发展面临的主要挑战

（一）肉鸡"中国芯"卡脖子困境亟待突破

长期以来，我国白羽肉鸡产业种源严重依赖国外进口，引种量最高年份引进 154.16 万套，当年引种金额高达 5 000 万美元。我国白羽肉鸡引种量大，易受种源疾病，以及因禽流感、新冠肺炎疫情等突发因素导致的封关等因素困扰，尤其是近年来种源端调节频繁、质量下降给国内白羽肉鸡产业链健康有序发展带来极大的不确定性风险。虽然我国白羽肉鸡育种取得了较好进展，尤其是 2019 年农业农村部启动了国家畜禽良种联合攻关计划以来，广东新广农牧、福建圣农发展等企业开展的白羽肉鸡育种工作取得突破，但与已有 100 多年经验的国际白羽肉鸡育种相比，我国白羽肉鸡自主育种时间短，高生产性能遗传素材积累基础薄弱，分子育种等新技术应用不够，种源性疫病净化技术和检测产品研发存在较大差距。此外，虽然黄羽肉鸡遗传资源丰富，但存在利用程度低、品种重复性高，以及育种公司小而分散、技术力量薄弱、种鸡养殖硬件设施落后、育种效率低、生产成绩波动大等问题。

（二）产能过剩问题再次凸显

在经历了 2013 年前后白羽肉鸡行业无序过度竞争并引致产品市场供大于求、行业利润大幅缩减这一阶段后，行业通过自律控制产能、压缩产能，市场正常秩序得以恢复。2013—2018 年 5 年间行业在供给过剩、H7N9 疫情反复等多因素叠加影响下，行业发展一直处于调整期。2018—2019 年肉鸡行业基本摆脱 H7N9 疫情影响，并因国内非洲猪瘟暴发显著拉动肉鸡需求，行业发展持续向好，全产业链均实现了较高盈利。在此形势下，2019 年白羽祖代更新大幅增加，种鸡存栏处于高位，高位产能在 2020—2021 年持续释放，2020

年白羽肉鸡出栏量大幅增长，市场价格低迷。对黄羽肉鸡来讲，黄羽祖代及父母代种鸡存栏量增加趋势明显，种鸡规模创历史最高水平，2020年商品代黄羽肉鸡出栏量有一定程度的缩减，养殖端盈利水平好于白羽肉鸡，但整个产业链盈利水平出现了大幅下降。总体来看，尽管2020年国内肉鸡消费总量在上一年度提升了约15％的基础上进一步提升了约10％，但供给大于需求的问题已经凸显，由此产生的市场风险明显加大。

（三）禽流感等动物疫病长期困扰产业发展

禽流感等疫情风险具有不确定性，是造成养殖端养殖成败、盈利水平多寡的主要因素之一。其一，禽流感等较大范围的突发疫病疫情对肉鸡养殖环节产生巨大的危害性，会造成畜禽死亡或个体生产性能下降，直接影响死淘率、料肉比等关键养殖效益指标。其二，禽流感导致中小养殖场户、城乡消费群体对疫病产生心理恐慌而弃养、弃购，这方面的损失有时候甚至远远超过疫病导致的肉鸡养殖过程中死亡产生的损失。其三，肉鸡养殖密度大进一步加大了动物疫病防控难度，与之相伴而生的部分养殖场户抗生素过度使用、药物残留问题成为影响我国鸡肉产品质量保障和国际竞争力提升的重要阻碍因素。此外，近年来禽流感在全球多地暴发，严重影响了我国白羽肉鸡种源引进的正常秩序，国内也因为引种受限不得不提升强制换羽率而导致部分雏鸡质量下降，数量和质量的双重因素均严重影响我国白羽肉鸡产业的健康有序发展。

（四）新冠肺炎疫情冷链传播风险不容忽视

新冠肺炎疫情在全球暴发和蔓延，对畜禽屠宰加工企业产生巨大冲击。欧美等地区国家，由于观念的差异，对口罩佩戴和体温检测等防控措施接受度差，导致疫情失控和反复。我国畜禽产品进口主要来源国，如美国、巴西、英国、西班牙、德国、澳大利亚、俄罗斯、加拿大、法国等都是重疫区，新冠肺炎疫情仍然严峻。由于国外疫情持续蔓延、加剧，使我国新冠病毒"外防输入"的任务异常艰巨。2020年下半年以来，我国已出现多起由进口畜禽及水产品携带病毒引发的新冠肺炎疫情，冷链运输成为新冠病毒传播的新途径。近年来我国畜禽产品进口持续大幅增长，一方面，我国大幅增长的畜禽产品进口为弥补国内供需缺口、平衡国际贸易、巩固我国在全球产业链的地位发挥了重要作用；但另一方面，畜禽产品的主要贸易形式为冷链冻品，冷链环境下病毒更易存活和传播，我国畜产品进口数量大、进口来源国多，给新冠肺炎疫情传播带来重大隐患。

（五）产业实现高质量发展仍面临多方面挑战

"十四五"时期是我国全面开启建设社会主义现代化国家新征程的第一个五年。习近平总书记在中共十九大报告中做出"我国经济已由高速增长阶段转向高质量发展阶段"的重要论断。目前，我国肉鸡产业已完成了由"传统化"向"集约化"养殖的转变，集约化养殖大力提升了肉鸡产能，为保障国内供给发挥了重要作用，但同时因片面重视产量增长而导致产业发展积累形成了生产效率偏低、疫病防控难度大、养殖粪污处理难、抗生素使用量高等突出问题。此外，2020 年初新冠肺炎疫情给我国畜牧业发展造成巨大冲击，尤其对肉鸡产业的影响最为明显，对产业整体发展水平的提升提出更高要求。产业实现高质量发展仍面临效率提升、疫病防控、绿色友好、质量安全等多方面挑战。

四、2021 年肉鸡产业发展趋势

（一）全球肉鸡生产及贸易水平增长幅度均有提升

全球新冠肺炎疫情可能在 2021 年出现拐点，疫情蔓延形势有望得到一定缓解，其对肉鸡养殖、加工、流通等环节的影响将有所减弱，全球肉鸡产量将进一步增长。根据 USDA 估计数据，2021 年全球肉鸡产量可能达到 10 292.6 万吨，增长率略高于 2020 年的 1.52%，达到 2.08%。2021 年随着全球经济的复苏，受食物消费需求增长拉动，预计全球肉鸡进、出口贸易量的增长幅度均高于 2020 年。根据 USDA 估计数据，2021 年全球肉鸡进口量将达到 996.3 万吨，增长率 1.68%，出口量达到 1 218.5 万吨，增长率 1.96%。

（二）我国肉鸡产量及净进口量有可能继续呈现增长趋势

我国新冠肺炎疫情防控已取得阶段性成效，社会经济将进一步向好发展，国内肉类生产量和消费量亦都将进一步增长。但随着非洲猪瘟疫情影响的持续减退，猪肉生产逐步恢复，2020 年末全国生猪存栏已恢复到非洲猪瘟暴发前一年度即 2017 年末的 92.1%，2021 年市场供应有望恢复至常年水平。在此背景下，鸡肉对猪肉的替代性将有所减弱，这将在很大程度上影响肉鸡需求量的增长。目前祖代和父母代种鸡存栏均将在上年同期的历史高位水平有所下降。预计 2021 年肉鸡产量将有 3% 的增幅。同时，2021 年肉鸡进口量也将在 2020 年超高幅增长的基础上有所下调；但受全球鸡肉消费需求增长影响，我国肉鸡出口量将在 2020 年大幅下降的基础上，实现较为显著的增长。根据 USDA 估计数据，预计 2021 年我国鸡肉进口量为 92.5 万吨，增长率－6.09％；出口量为 41.0 万吨，增长率 9.33％。

五、肉鸡产业发展政策建议

（一）加强对肉鸡产业发展规划顶层设计

无论是从改革开放 40 多年的历史发展进程来看，还是从近两年应对非洲猪瘟疫情、新冠肺炎疫情等突发公共事件来看，肉鸡产业为肉类保供稳价做出巨大贡献。此外，新时代下，城乡居民粮食需求仍将刚性增长，国家粮食安全仍然面临巨大挑战（辛翔飞和王济民，2019；辛翔飞等，2020），肉鸡相对于生猪具有饲料转化率高的显著优势，大力发展肉鸡产业可以在很大程度上减轻饲料粮供给压力，为保障国家粮食安全做出重要贡献。针对肉鸡产业一直缺乏国家层面的肉鸡产业发展规划这一状况，建议从国家层面加强对白羽肉鸡产业发展的顶层设计，从"十四五"开始编制全国肉鸡产业发展规划，完善产业发展的政策支撑体系，促进肉鸡产业实现健康发展。

（二）大力开展肉鸡种源"卡脖子"技术攻关

建议国家进一步加大力度支持包括研究机构及育种企业等在内的育种研发主体开展种源"卡脖子"技术攻关，解决肉鸡种业"中国芯"问题。肉鸡育种要综合育种投入产出、产业健康有序发展、国家粮食安全保障、产品国际市场竞争力等多方面因素，以市场为导向，以满足消费者需求为目标，走中国特色白羽肉鸡品种育种道路。我国白羽肉鸡育种要在生长速度和饲料转化率上下工夫；要依据市场需求调整育种方向和目标，不能简单重复国外育种套路；从育种历史中借鉴宝贵经验并吸取失败教训，加大对种鸡繁殖力、抗病力的选育力度和疫病净化力度，提高种鸡质量，保障种鸡健康。我国黄羽肉鸡育种要充分发挥黄羽肉鸡在抗病、肉质等性状特征的显著优势，主动应对活禽市场关闭、积极顺应冰鲜鸡发展趋势，加大对适用于集中屠宰、冰鲜上市的适合市场需求的黄羽肉鸡品种改良和选育（陈宽维，2013）。此外，建议进一步明确攻关重点，将肉鸡育种纳入国家重点种源关键核心技术攻关项目；创新育种组织方式，在核心技术攻关上率先实施"揭榜挂帅"制。

（三）加强肉鸡养殖生物安全体系建设

一是强化肉鸡生物安全理念，建立肉鸡场生物安全体系基础。从人和动物两方面安全考虑，规范肉鸡养殖场址的选择条件，加强对硬件设施设备的标准化建设，为生物安全的实施提供物质保证。二是建立肉鸡场生物安全管理体系，提高生物安全关键技术水平。构建肉鸡场人员管理制度标准、鸡群管理控制体系标准、生物安全评级标准，保障和促进生物安全体系的硬件发挥全面作用。针对重大疫病入侵事件的应急处置，建立应急处置技术方案与规范。

（四）加快构建肉鸡产业有序良性发展调控机制

建议行业经营主体吸取肉鸡发展历程中由于盲目无序发展导致产能过剩的教训，借鉴产能调控对策方案，控制好发展规模扩张的节奏和边界，防止因产能过剩导致的市场供需失衡的状况再现。建议将肉鸡产业列入国家专项数据统计范畴，设立肉鸡生产、消费等各方面统计指标，且对白羽肉鸡、黄羽肉鸡等亚类生产数据进行细分统计；产业相关数据可以由企业提供，但统计数据作为社会公共服务产品，应该由政府部门权威发布，便于指导肉鸡产业发展。建议建立健全肉鸡产业供需监测预警系统。一是建立国际国内肉鸡产品供求预警系统，密切跟踪国内外肉鸡产业市场信息及产业发展动态变化，全面分析产业现状和存在问题，在综合分析影响肉鸡产业市场供需和价格变动基本规律的基础上，及时对肉鸡生产、消费、加工、贸易和产品价格做出合理预测和预警；二是通过肉鸡产品供需监测预警，通过必要的政策手段实施宏观调控，积极应对市场周期性波动，更好地稳定肉鸡生产和市场供应，保障养殖主体的合理收益。

（五）高度重视畜禽产品进口可能带来的新冠肺炎疫情传播风险

时值国内新冠肺炎疫情内防反弹的关键期，叠加畜产品进口增长期，高度重视畜禽产品进口可能带来的新冠肺炎疫情传播风险。在继续抓好已有措施执行的基础上，进一步查找漏洞，完善防控流程，着力把好贮存关、检测关、追溯关。坚决贯彻落实国务院应对新型冠状病毒肺炎疫情联防联控机制综合组印发的《冷链食品生产经营新冠病毒防控技术指南》《冷链食品生产经营过程新冠病毒防控消毒技术指南》。此外，加大对走私行为的打击力度。针对国内畜禽及水产品与国外价差的扩大，畜禽产品走私活动也有增加的迹象，畜禽产品走私可能带来的疫情风险隐患更难防控，必须以更加严厉的措施予以打击。

（六）聚力推动肉鸡产业实现高质量发展

以"高质量"发展为主要发展导向的现代化发展是我国包括肉鸡产业在内

的所有畜牧业各部门发展的必然路径。肉鸡产业作为畜牧业规模化、标准化的领跑者，应着力从全产业链的角度推动产业经营模式创新，促进产业升级。推动白羽肉鸡着重在智能化规模养殖上、黄羽肉鸡着重在标准化规模养殖上实现进一步突破，提升生产效率。完善种养布局，推动种养结合发展。坚持问题导向，加强畜禽养殖废弃物资源化利用基础研究及关键技术攻关与推广。构筑严格的肉鸡产品质量监管体系，提高肉鸡产品质量安全水平。进一步优化产业链利益联结机制，促进产业实现稳定良性发展。

参考文献

［1］USDA. Livestock and Poultry：Market and Trade ［R］. Foreign Agricultural Service/ USDA Oct. 2020.

［2］陈宽维. 后禽流感时代的黄羽肉鸡育种 ［J］. 中国家禽，2013，35（21）：2 - 4.

［3］辛翔飞，刘锐，王济民. 破除自给率越高粮食越安全的迷误 ［J］. 农业经济问题，2020（10）：19 - 31.

［4］辛翔飞，王济民. 我国粮食自给水平目标设定：研究综述与政策启示 ［J］. 自然资源学报，2019，34（11）：2257 - 2269.

［5］张怡，辛翔飞，王济民. 2019 年全球肉鸡生产、贸易及产业经济政策研究 ［J］. 中国家禽，2020，42（05）：66 - 72.

2022 年第一季度肉鸡产业发展监测报告

郑麦青[1]　赵桂苹[1]　高海军[2]　腰文颖[2]　文　杰[1]　宫桂芬[2]

（1. 中国农业科学院北京畜牧兽医研究所；
2. 中国畜牧业协会禽业分会）

一、一季度出栏量同比减少 6.7%，产量同比减少 7.9%，存栏量同比减少 9.9%

2022 年 1—3 月肉鸡累计出栏指数[①]为 106.2，同比减少 6.7%，估计累计出栏数量 23.2 亿只；3 月出栏指数为 101.2，环比减少 3.8%，同比减少 11.4%，出栏数量 7.4 亿只。其中，白羽肉鸡，1—3 月累计出栏指数为 118.8，同比减少 4.1%，估计累计出栏 14.2 亿只。白羽肉鸡 3 月出栏 4.3 亿只，环比减少 10.0%，同比减少 13.6%；存栏量 6.7 亿只，环比减少 8.4%，同比减少 9.4%。黄羽肉鸡，1—3 月累计出栏指数为 92.3，同比减少 10.4%，估计累计出栏 9.0 亿只。黄羽肉鸡 3 月出栏 3.0 亿只，环比增加 6.4%，同比减少 8.1%；存栏量 9.0 亿只，环比减少 0.9%，同比减少 10.4%（图 1）。

2022 年 1—3 月鸡肉累计产量指数 108.8，同比减少 7.9%，估计累计鸡肉产量 385.6 万吨；3 月鸡肉产量指数为 102.2，环比减少 6.9%，同比减少 13.6%，鸡肉产量 120.7 万吨。其中，白羽肉鸡，1—3 月累计肉产量指数 118.9，同比减少 6.2%，估计累计肉产量 272.0 万吨；3 月肉产量 83.5 万吨，环比减少 10.6%，同比减少 15.0%。黄羽肉鸡，1—3 月累计肉产量指数 90.3，同比减少 11.8%，估计累计肉产量 113.6 万吨；3 月 37.2 万吨，环比增加 2.6%，同比减少 10.5%（图 2）。

---

① 生产指数以 2018 年月度均值为基准，采用比值方式计算各项指数。2018 年肉鸡生产为 2013—2021 年间生产波动较平缓，各生产环节就位于盈利区且相对适度，商品肉鸡生产场户亏损面最低的年度，因此选择 2018 年作为指数基期。基期指数为 100。

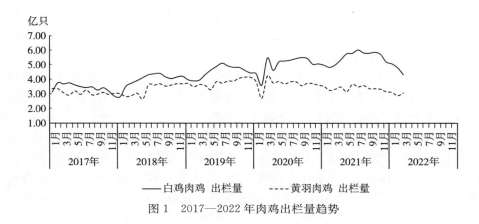

图 1　2017—2022 年肉鸡出栏量趋势

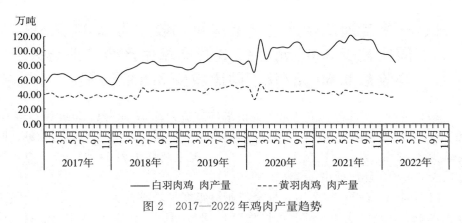

图 2　2017—2022 年鸡肉产量趋势

二、3 月祖代存栏低于年均线 1.3%，父母代存栏低于年均线 5.1%

2022 年 3 月祖代种鸡存栏指数为 123.0，同比增加 0.9%，环比增加 1.3%，较年均线减少 1.3%；其中在产存栏指数为 119.0，同比持平，环比增加 6.3%，较年均线减少 2.1%。父母代种鸡存栏指数为 122.5，同比减少 5.0%，环比减少 1.7%，较年均线减少 5.1%；其中在产存栏指数为 124.7，同比减少 8.2%，环比减少 2.7%，较年均线减少 6.9%。商品雏鸡销量指数为 105.4，同比减少 12.0%，环比增加 14.0%。

白羽肉鸡，2022 年 1—3 月累计更新祖代种鸡 29.7 万套，比 2021 年同期减少 12.3％。3 月祖代在产存栏指数为 141.9，环比增加 10.9％；后备存栏指数为 173.4，环比减少 15.9％；总存栏量（在产存栏＋后备存栏）高于年均线 1.0％。父母代在产存栏指数为 152.2，环比减少 4.7％，同比减少 11.7％；1—3 月累计更新量 1351.1 万套，同比减少 8.0％；总存栏量低于年均线 8.8％。3 月商品雏鸡销售量 5.0 亿只，环比增加 11.6％，同比减少 10.8％；1—3 月累计销售 14.5 亿只，同比减少 8.5％。

黄羽肉鸡，2022 年 3 月祖代在产存栏指数为 106.0，环比增加 3.0％；总存栏量低于年均线 3.2％。父母代在产存栏指数为 107.1，环比减少 0.8％，同比减少 4.7％；1—3 月累计更新量 1 623.6 万套，同比增加 6.1％；总存栏量低于年均线 1.1％。3 月商品雏鸡销售量 3.3 亿只，环比增加 17.7％，同比减少 13.9％；1—3 月累计销售 9.6 亿只，同比减少 10.9％。

三、一季度肉鸡生产全产业链平均收益为 2.07 元/只，同比减少 3.05 元/只；3 月肉鸡生产全产业链只均收益 0.60 元/只，同比减少 3.83 元/只

2022 年 1—3 月肉鸡生产全产业链平均收益为 2.07 元/只，同比减少 3.05 元/只，盈亏月数比为 3∶0。3 月肉鸡生产全产业链只均收益 0.60 元/只，同比减少 3.83 元/只，环比减少 2.17 元/只；肉毛鸡均价为 11.04 元/千克，同比减少 6.9％，环比减少 1.4％。

白羽肉鸡，截至 2022 年 3 月全产业链年度平均收益为 0.92 元/只，同比减少 4.66 元/只。全产业链 3 月收益为 1.48 元/只，同比减少 5.13 元/只，环比减少 1.52 元/只；盈亏月数比为 1∶2。商品肉鸡养殖环节亏损 0.43 元/只，商品生产监测户的亏损面为 27.2％；盈亏月数比为 1∶2。父母代环节亏损 20.57 元/套；盈亏月数比为 0∶3。祖代环节亏损 1.82 元/套；屠宰环节盈利 0.30 元/千克。肉毛鸡均价为 8.01 元/千克，同比减少 12.5％，环比增加 2.1％。分割产品综合价格为 9.80 元/千克，同比减少 6.9％，环比减少 1.2％（表 1）。

表 1　白羽肉鸡各生产环节产品价格和产业链收益情况

月度	父母代雏（元/套）	商品代雏（元/只）	出栏毛鸡（元/千克）	鸡肉价格（元/千克）	全产业链月度收益（元/只出栏肉鸡）	全产业链年度累均收益（元/只出栏肉鸡）
2021－03	35.00	5.02	9.15	10.52	4.15	3.88

（续）

月度	父母代雏（元/套）	商品代雏（元/只）	出栏毛鸡（元/千克）	鸡肉价格（元/千克）	全产业链月度收益（元/只出栏肉鸡）	全产业链年度累均收益（元/只出栏肉鸡）
2021-04	49.27	4.67	8.78	10.37	1.78	3.27
2021-05	60.51	4.36	9.16	10.65	2.19	3.03
2021-06	68.71	2.63	8.50	10.50	1.04	2.64
2021-07	65.98	1.76	8.04	10.09	0.21	2.25
2021-08	48.78	2.84	8.38	10.13	2.48	2.28
2021-09	41.21	2.36	7.66	9.88	0.34	2.05
2021-10	37.52	1.09	7.28	9.37	-2.72	1.53
2021-11	38.82	1.57	7.82	9.64	0.27	1.36
2021-12	37.80	1.32	8.11	9.75	-1.00	1.16
2022-01	33.98	1.13	8.14	9.81	-1.34	-1.34
2022-02	29.86	1.32	7.84	9.91	0.04	-0.67
2022-03	21.15	1.06	8.01	9.80	-1.48	-0.92

黄羽肉鸡，截至 2022 年 3 月全产业链年度平均收益为 6.28 元/只，同比减少 0.90 元/只。全产业链 3 月收益为 3.54 元/只，同比减少 2.07 元/只，环比减少 3.80 元/只；盈亏月数比为 3：0。商品肉鸡养殖环节盈利 3.58 元/只，商品生产监测户的亏损面为 14.7%；盈亏月数比为 3：0。父母代环节亏损 0.94 元/套；盈亏月数比为 2：1。祖代环节盈利 18.71 元/套。肉毛鸡均价为 15.33 元/千克，同比减少 3.8%，环比减少 8.8%。白条鸡价格为 22.66 元/千克，同比增加 2.8%，环比减少 1.4%（表 2）。

表 2　黄羽肉鸡各生产环节产品价格和产业链收益情况

月度	父母代雏（元/套）	商品代雏（元/只）	出栏毛鸡（元/千克）	白条鸡价格（元/只）	全产业链月度收益（元/只出栏肉鸡）	全产业链年度累均收益（元/只出栏肉鸡）
2021-03	10.30	2.17	15.93	22.05	5.61	7.19
2021-04	9.56	1.80	15.25	21.74	3.96	6.36
2021-05	10.14	1.91	14.76	21.60	3.22	5.77
2021-06	11.94	1.76	13.54	21.34	2.20	5.13

（续）

月度	父母代雏 （元/套）	商品代雏 （元/只）	出栏毛鸡 （元/千克）	白条鸡价格 （元/只）	全产业链月度 收益（元/只 出栏肉鸡）	全产业链年度 累均收益（元/ 只出栏肉鸡）
2021 - 07	12.32	1.64	12.91	21.18	−0.29	4.33
2021 - 08	10.07	1.67	13.65	21.39	1.56	3.97
2021 - 09	10.38	1.82	14.75	21.47	3.71	3.94
2021 - 10	10.25	1.64	15.27	21.38	5.54	4.10
2021 - 11	10.06	1.73	16.42	21.89	6.61	4.32
2021 - 12	10.67	1.83	16.91	22.01	7.90	4.60
2022 - 01	10.34	1.98	16.60	22.60	8.00	8.00
2022 - 02	10.01	2.07	16.83	22.98	7.43	7.72
2022 - 03	8.85	1.87	15.33	22.66	3.54	6.28

四、鸡肉产品累计进口量 32.61 万吨，同比减少 11.2%；出口量为 11.90 万吨，同比增加 24.4%

2022 年一季度鸡肉产品进口量为 32.61 万吨，同比减少 11.2%；进口金额为 8.63 亿美元，同比增加 12.5%。出口量为 11.90 万吨，同比增加 24.4%；出口金额为 4.18 亿美元，同比增加 27.2%。

进口鸡肉产品中以鸡翅和鸡爪为主，占比达 72.7%；其次是冷冻鸡块和整鸡，占比为 21.7%；深加工产品量极少。

出口鸡肉产品中以深加工产品居多，占比达 70.3%；其次是冷冻鸡块和整鸡，占比为 15.0%。

五、行业动向：产量继续减少，市场价格仍处于低位

（一）白羽肉鸡

（1）鸡肉价格受到猪肉低价和新冠肺炎疫情的影响，消费低迷。经销商进货谨慎，鸡肉产品销售量下降，屠宰场库存增加。

（2）3 月中旬前鸡肉价格持续低迷，下旬始有微涨，全月均价微降。毛鸡

月均价格上升，产品成本增加，利润空间减少。

（3）毛鸡市场价格走势与鸡肉价格近似，同样在下旬出现微涨。全月出栏量环比减少近10%。影响因素有两点：一是近半年来的产能持续性减少，二是2月有10天左右的停苗期。3月毛鸡价格小幅上涨，饲料价格同样上涨，生产成本增加，养殖生产亏损，养殖户生产积极性降低。

（4）受商品鸡养殖生产积极性偏低影响，鸡苗价格在中旬前保持低位震荡；3月下旬随毛鸡价格开始回升，至4月初涨幅超过100%，但仍低于成本线。3月均价低于2月。

（5）虽然3月下旬鸡苗价格上涨幅度较大，但3月全月均价仍低于2月。父母代生产亏损加大，父母代使用周期维持在58～59周，存栏量环比减少约3.5%；后备种鸡中有8.5%为强制换羽种鸡，有约7%的在产种鸡提前淘汰。父母代补栏量保持低位，同比下降10%左右。父母代价格已低于成本线，祖代生产进入亏损区。

（6）从种鸡周转规律和存栏水平看，产能在持续减少。从商品养殖场补栏量和上市企业鸡苗销售量看，3月补栏量增加约11%，仍位于近两年来的低位。按照生产规律，4月出栏量会增加，但鸡肉产量仍处近两年的偏低位置。从生产收益看，3月仅屠宰环节有较好的盈利，其他各个环节均为亏损，父母代和商品鸡养殖环节亏损加大，全产业链一体化企业进入亏损区。从消费市场看，4月是消费淡季，需求量减少；而猪肉价格很可能保持低位，不利于鸡肉消费的拉动；新冠肺炎疫情的影响仍将持续，同样不利于消费需求的增加。综合来看，4月白羽肉鸡行情仍处于"磨底"期，各项价格有望企稳回升，预期全月均价微涨；5—6月将保持"减量提价，产业减亏"的走势，第三季度有望进入产业链盈利区间。

（7）近期美国、加拿大、法国等多个国家出现致病性禽流感。美国方面，3月30日美国农业部表示在北卡罗来纳州、马萨诸塞州、北达科他州、俄亥俄州和怀俄明州的鸡群中发现了高致病性禽流感。自1月中旬以来，美国已经在23个州发现了禽流感病毒，近1 700万只家禽被感染，其中大部分是蛋鸡。按照美国媒体的统计，这是美国自2015年以来暴发的最严重的高致病性禽流感疫情。加拿大方面，也有多省的商业和非商业农场相继暴发了禽流感。国内资本市场因此看好白羽肉鸡后期市场。

（二）黄羽肉鸡

（1）上市企业出栏量环比大幅增加，同比微幅增加；1—3月累计出栏量保持同比增加，幅度继续缩小，为 1.6%；3 月毛鸡销售价格下降 7.6%，同比下降 5.9%，与监测数据走势相符。

（2）按照往年周期规律，3 月毛鸡市场是"增量减价"的形势，2022 年也无例外。3 月各地毛鸡价格普遍持续下降，至月底企稳回升。出栏量环比增加 6.4%，仍保持同比下降，幅度达 8%，已低于 2018 年平均水平约 7.5%。因受疫情影响，个别地区运输难度增加，产品外运减少，产区价格下降幅度较大，消费地区价格上涨。

（3）3 月为鸡苗需求旺季，往往是一年中产量最多，收益最好的月份。3 月鸡苗产销量环比增加 17.7%，同比下降 13.9%，低于 2018 年平均水平约 9%。价格下降至 1.87 元/只，为 2018 年以来同期最低价，也是 2022 年的最低价。

（4）3 月父母代存栏量持续中位波动，与 2018 年基本相当；后备存栏小幅增加，低于 2018 年水平；在产存栏继续小幅减少，仍高于 2018 年平均水平约 7%。饲料价格上涨，销售率处于低位，生产成本达到 2018 年以来的最高值，父母代养殖生产亏损。

（5）从种鸡周转规律和存栏水平看，产能保持中等水平，在产存栏量持续减少；同时后备种鸡存栏量仅为 2018 年的 90%，体现出父母代种鸡生产场不看好近期的行情。从商品养殖场补栏情况看，3 月的补栏量保持同比下降，并已低于 2018 年平均水平约 9%，且价格低位、销售率低位。从生产规律看，4 月出栏量会有近 8% 的增长，仍处于近两年的偏低位置。从生产收益看，3 月父母代生产亏损；商品养殖收益在 3.5 元左右，在扣除养殖户的基本收益保障（约 3 元/只）后，生产企业所得无几；一体化企业微利或亏损。从消费市场看，往年 4 月并非消费旺季，需求量多呈小幅减少，价格横向震荡；2022 年猪肉价格很可能保持低位，不利于黄羽肉鸡价格的上升；新冠肺炎疫情的影响仍将持续，同样不利于消费需求的增加。综合来看，4 月的黄羽肉鸡行情将处于"走低"趋势，各项价格微降；5—6 月仍为消费平淡季，市场价格将保持"低位横盘"走势，第三季度后期有望好转。

2021 年肉鸡产业发展监测报告

郑麦青[1]　赵桂苹[1]　高海军[2]　腰文颖[2]　文　杰[1]　宫桂芬[2]

(1. 中国农业科学院北京畜牧兽医研究所；

2. 中国畜牧业协会禽业分会)

2021 年我国鸡肉生产继续保持增长，鸡肉产量仅次于美国，位居世界第二位。随着生猪产能恢复，猪肉价格回落到正常水平，鸡肉消费对猪肉消费的替代效应减弱，导致鸡肉消费增速放缓，产能仍然过剩，产业总体收益偏低。根据肉鸡生产监测数据测算[①]，2021 年全国肉鸡出栏 118.3 亿只，同比增长 7.4%；鸡肉产量 1 989.1 万吨，同比增长 7.9%；全年进口鸡肉 147.1 万吨，同比减少 4.2%；在产种鸡平均存栏量同比增长 2.4%。预计 2022 年鸡肉产量或小幅减少，产业集中度有望继续提高。

一、2021 年肉鸡生产形势

(一) 肉鸡生产保持较快增长

2021 年，全国出栏肉鸡 118.3 亿只，同比增长 7.4%；全年鸡肉产量 1 989.1 万吨，同比增长 7.9%。其中，白羽肉鸡出栏 58.1 亿只，同比增长 18.0%；肉产量 1 145.6 万吨，同比增长 17.2%。黄羽肉鸡出栏 40.4 亿只，同比减少 8.5%；肉产量 512.9 万吨，同比减少 4.7%。小型白羽白鸡出栏 19.8 亿只，同比增长 18.5%；肉产量 219.6 万吨，同比增长 13.8%。淘汰蛋鸡出栏 10.2 亿只，同比减少 17.9%；肉产量 110.9 万吨，同比减少 17.9% (表 1、图 1)。

---

① 本报告中关于中国肉鸡生产数据分析判断主要基于 85 家种鸡企业种鸡生产监测数据，以及 1099 家定点监测肉鸡养殖场 (户) 成本收益监测数据。

表 1　2021 年鸡肉生产量测算

单位：亿只，万吨

项目		2017 年	2018 年	2019 年	2020 年	2021 年	增长量	增长率	2022 年预测
白羽肉鸡	出栏数	40.97	39.41	44.20	49.23	58.07	8.85	17.97%	55.00
	产肉量	761.0	757.3	830.9	977.2	1145.6	168.4	17.23%	1085.0
黄羽肉鸡	出栏数	36.88	39.59	45.23	44.19	40.45	−3.74	−8.47%	42.00
	产肉量	460.1	502.9	573.0	538.4	512.9	−25.5	−4.73%	532.6
小型白羽肉鸡	出栏数	10.09	12.82	15.36	16.71	19.80	3.09	18.49%	20.50
	产肉量	106.0	122.0	177.0	193.0	219.6	26.6	13.79%	218.4
淘汰蛋鸡	出栏数	13.18	10.23	10.29	12.42	10.20	−2.22	−17.87%	11.00
	产肉量	139.0	111.2	111.9	135.0	110.9	−24.1	−17.87%	119.6

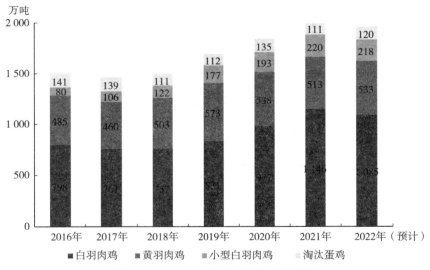

图 1　2016—2022 年肉鸡生产变化趋势

（二）种鸡存栏量和商品雏鸡产销量增加

1. 白羽肉鸡产能先增后减，全年种鸡平均存栏增长 9.1%，商品雏鸡产销量增长 15.2%

2021 年白羽肉鸡祖代种鸡平均存栏量 171.3 万套，同比增长 4.9%；平均在产存栏 114.0 万套，父母代种雏供应量同比增长 6.0%。年末祖代种鸡存栏 174.5 万套，其中在产存栏 113.6 万套，后备存栏 60.9 万套。祖代种鸡全年更新 124.6 万套，同比增长 24.3%。其中，进口 86.8 万套，较 2020 年增加 13.7 万套，占 69.6%；国内繁育 37.8 万套，比上一年增加 10.6 万套，占 30.4%，增加 3.2 个百分点。

2021 年白羽肉鸡父母代种鸡平均存栏量 6 628.6 万套，同比增长 9.1%；平均在产存栏 3 941.3 万套，全年商品雏鸡销售量 60.1 亿只，同比增长 15.2%。年末父母代种鸡存栏 6 339.7 万套，其中在产存栏 3 600.0 万套，后备存栏 2 739.7 万套。父母代种鸡全年更新 6 365.7 万套，同比增长 6.0%。

2. 黄羽肉鸡产能下降，种鸡平均存栏减少 9.7%，商品雏鸡产销量减少 6.3%

2021 年黄羽肉鸡祖代种鸡平均存栏量 216.6 万套，同比减少 1.3%；平均在产存栏 151.4 万套，父母代种雏供应量减少 12.8%。年末祖代种鸡存栏 204.9 万套，其中在产存栏 143.3 万套，后备存栏 61.6 万套。祖代鸡全年更新 228.5 万套，较 2020 年增加 1.4 万套。

2021 年黄羽肉鸡父母代种鸡平均存栏量 6 876.3 万套，同比减少 9.7%；平均在产存栏 4 047.2 万套，商品代雏鸡供应量 41.4 亿只，同比减少 6.3%。年末父母代种鸡存栏 6 682.3 万套，其中在产存栏 3 896.1 万套，后备存栏 2 786.2 万套。父母代种鸡全年更新 6 519.0 万套，同比减少 12.8%（图 2～图 6）。

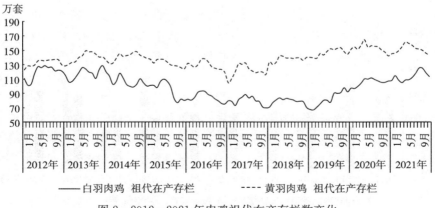

图 2 2012—2021 年肉鸡祖代在产存栏数变化

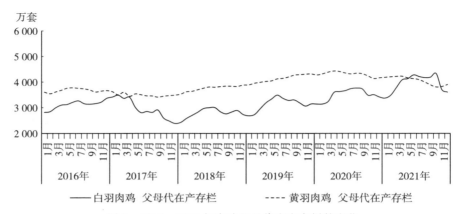

图 3 2016—2021 年肉鸡父母代在产存栏数变化

图 4 2012—2021 年肉鸡祖代更新量变化

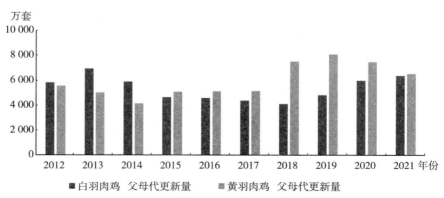

图 5 2012—2021 年肉鸡父母代更新量变化

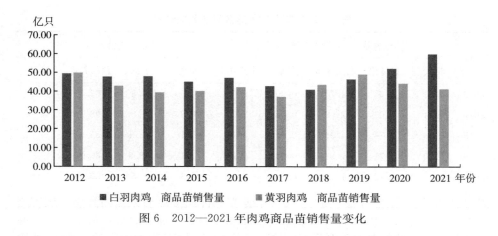

图 6　2012—2021 年肉鸡商品苗销售量变化

（三）价格总体低位运行，行业收益低于历史平均值

2021 年，随着生猪产能恢复，猪肉价格同比明显下降，鸡肉消费对猪肉消费的替代效应减弱，导致鸡肉消费增速放缓。同时，鸡肉产量保持惯性增长，市场供过于求，白羽肉鸡全产业综合收益继续收窄；黄羽肉鸡产能下降，活禽交易价格先降后升，全年产业链综合收益恢复到中等水平。平均每只白羽肉鸡全产业链综合收益为 1.34 元，较 2020 年减少 0.56 元，收益降幅 29.4%。其中，父母代种鸡和商品肉鸡养殖效益改善，每只分别盈利 0.22 元和 0.74元；屠宰环节收益显著降低，每只仅盈利 0.11 元，为近五年最低值。黄羽肉鸡全产业链综合收益每只 4.66 元，较 2020 年增加 3.29 元，增幅达 239.5%，为近十年中等收益。其中，祖代养殖收益略有减少，父母代种鸡收益继续下降至亏损，商品肉鸡养殖收益大幅增加至每只鸡 4.60 元（表 2、表 3）。

表 2　白羽肉鸡产业链各环节收益情况

年份	单位收益（元/只出栏商品鸡）					收益分配情况（%）			
	祖代	父母代	商品养殖	屠宰	全产业链	祖代	父母代	商品养殖	屠宰
2016	0.31	1.08	−0.69	1.16	1.86	16.6	58.1	−37.3	62.6
2017	0.11	−0.59	0.15	2.21	1.88	6.0	−31.2	7.8	117.4
2018	0.24	1.25	1.65	0.26	3.39	7.0	36.9	48.5	7.7
2019	0.57	4.27	−0.44	0.40	4.80	11.9	88.8	−9.1	8.4
2020	0.14	−0.36	−0.72	2.84	1.90	7.1	−18.7	−38.0	149.5
2021	0.27	0.22	0.74	0.11	1.34	20.0	16.6	55.5	7.9

表3　黄羽肉鸡产业链各环节收益情况

年份	单位收益（元/只出栏商品鸡）					收益分配情况（%）			
	祖代	父母代	商品养殖	屠宰	全产业链	祖代	父母代	商品养殖	屠宰
2016	0.01	0.35	4.73	0.00	5.09	0.3	6.8	92.9	—
2017	0.01	0.03	2.52	0.00	2.56	0.3	1.2	98.5	—
2018	0.06	0.73	4.64	0.00	5.43	1.1	13.4	85.5	—
2019	0.10	1.71	7.33	0.00	9.14	1.1	18.8	80.2	—
2020	0.11	0.12	1.14	0.00	1.37	8.3	8.5	83.2	—
2021	0.10	−0.04	4.60	0.00	4.66	2.1	−0.8	98.7	—

（四）白羽肉鸡种鸡利用率下降，黄羽肉鸡种鸡利用率上升，商品鸡生产效率整体提高

1. 白羽肉鸡父母代种鸡利用率下降，商品鸡生产效率提升

白羽肉鸡祖代种鸡种源充足，平均更新周期为597天，延长了31天，单套种鸡月产量为4.95套父母代雏，同比减少3.0%。父母代产能大于需求，平均更新周期为410天，缩短了22天，单套种鸡月产量为11.74只商品代雏，同比减少5.7%。祖代实际利用率提升约4.7%，父母代实际利用率降低14.0%（表4）。

表4　白羽肉种鸡生产参数

年份	祖代		父母代	
	饲养周期（天）	单套月产量［套/（月·套）］	饲养周期（天）	单套月产量［只/（月·套）］
2016	624	4.54	370	12.24
2017	709	5.22	373	12.27
2018	657	5.08	416	12.32
2019	637	5.74	469	12.28
2020	566	5.11	433	12.45
2021	597	4.95	410	11.74

由于商品代雏鸡质量上升，生产性能更好得到发挥，商品肉鸡生产效率有所提升：饲养周期缩短0.8天，只均出栏体重减少0.02千克，饲料转化率提

高 4.1%，生产消耗指数下降 3.9，欧洲效益指数提高 18.9（表 5）。

表 5　白羽肉鸡商品肉鸡生产参数

年份	出栏日龄（天）	出栏体重（千克）	饲料转化率	成活率（%）	生产消耗指数	欧洲效益指数
2012	45.0	2.33	2.00	93.6	117.7	242.3
2013	44.1	2.32	1.95	94.3	115.7	254.6
2014	43.9	2.35	1.88	95.1	112.0	271.4
2015	44.2	2.31	1.86	95.1	111.6	266.2
2016	44.0	2.37	1.79	95.1	106.9	285.8
2017	43.8	2.48	1.74	95.0	103.4	309.5
2018	43.6	2.56	1.73	95.9	102.6	325.8
2019	43.8	2.51	1.74	96.0	104.1	315.5
2020	44.2	2.65	1.70	95.7	100.8	337.4
2021	43.4	2.63	1.63	96.1	96.9	356.3

2. 黄羽肉鸡父母代种鸡利用率提高，商品肉鸡生产效率提升

黄羽肉鸡祖代种鸡使用周期延长，平均更新周期为 369 天，延长了 14 天，单套种鸡月产量为 3.58 套父母代雏，同比减少 11.7%。父母代产能持续下降，年底有所企稳；平均更新周期 382 天，延长了 16 天；单套种鸡月产量为 8.53 只商品代雏，同比减少 0.5%。祖代实际利用率降低 4.6%，父母代实际利用率提升 7.9%（表 6）。

表 6　黄羽肉种鸡生产参数

年份	祖代		父母代	
	饲养周期（天）	单套月产量[套/(月·套)]	饲养周期（天）	单套月产量[只/(月·套)]
2016	372	3.32	447	9.55
2017	367	3.57	430	8.85
2018	347	4.54	414	9.69
2019	357	4.58	373	9.90
2020	355	4.06	367	8.57
2021	369	3.58	382	8.53

商品肉鸡生产效率有所提升，出栏日龄缩短 3.5 天，饲料转化率提升 2.2%，生产消耗指数降低 4.7，欧洲效益指数提高 6.2（表 7）。

表 7　黄羽肉鸡商品肉鸡生产参数

年份	出栏日龄（天）	出栏体重（千克）	饲料转化率	成活率（%）	生产消耗系数	欧洲效益指数
2012	85.9	1.69	2.75	94.9	152.9	67.7
2013	86.7	1.76	2.72	96.6	149.2	71.8
2014	90.4	1.78	2.82	96.4	152.1	67.3
2015	89.1	1.84	2.84	96.0	151.5	69.8
2016	91.3	1.89	2.81	95.9	150.2	70.5
2017	98.3	1.92	3.02	95.9	161.9	62.0
2018	97.3	1.95	3.00	95.5	167.3	63.9
2019	97.1	1.95	2.97	95.4	163.8	64.6
2020	98.7	1.87	3.13	94.5	168.9	57.4
2021	95.2	1.95	3.06	95.1	164.2	63.6

（五）鸡肉产品进口量减少，出口量增加，贸易额逆差缩小

2021 年我国鸡肉进口数量略有减少，仍是世界上主要鸡肉进口国之一，出口数量小幅增加。

2021 年鸡肉产品进口 147.1 万吨，同比减少 4.2%；鸡肉产品出口 45.7 万吨，同比增长 17.7%。进口鸡肉产品基本是初加工的冷冻或生鲜鸡肉，其中又以鸡翅和鸡爪占比较大，占总量的 68.1%。鸡肉产品出口以深加工制品为主，占 59.1%。2021 年贸易逆差 18.89 亿美元，同比减少 10.4%（图 7、表 8）。

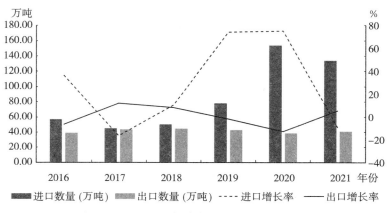

图 7　2016—2021 年鸡肉进出口贸易变化趋势

表 8　鸡肉及产品进出口贸易情况

项目		2016 年	2017 年	2018 年	2019 年	2020 年	2021 年
进口	数量（万吨）	56.94	45.05	50.28	78.15	153.51	147.07
	贸易额（亿美元）	12.30	10.28	11.36	19.79	34.63	34.84
	贸易额增长率	36.7%	−16.4%	10.6%	74.1%	75.0%	0.6%
出口	数量（万吨）	39.16	43.70	44.68	42.80	38.80	45.68
	金额（亿美元）	13.00	14.57	15.78	15.53	13.55	15.96
	贸易额增长率	−6.3%	12.1%	8.3%	−1.6%	−12.8%	17.8%
贸易差	数量（万吨）	−17.78	−1.35	−5.60	−35.35	−114.70	−101.39
	贸易差额（亿美元）	0.70	4.29	4.41	−4.26	−21.08	−18.89
	贸易差额增长率	−85.6%	512.6%	2.8%	−196.5%	395.1%	−10.4%

2021 年种用与改良用鸡进口 163.2 万只，同比增长 9.1%；交易金额 4 059.3 万美元，同比增长 13.6%；无种用与改良用鸡出口。进口的种用与改良用鸡为白羽肉鸡和蛋鸡祖代雏鸡，其中引进白羽肉鸡祖代 86.77 万套，占整体更新量的 69.6%，较 2020 年降低 3.2 个百分点；平均进口价格为 40.85 美元/套，上涨 0.5%。

（六）鸡肉消费增速减缓

2021 年中国鸡肉消费量继续增加，达到 2090.4 万吨，较 2020 年增加 132.1 万吨，增长 6.7%；人均消费量为 14.77 千克，增长 6.5%（图 8）。

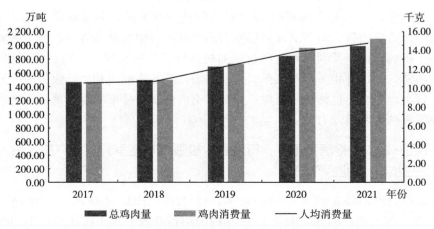

图 8　2017—2021 年鸡肉总量、消费量及人均消费量变化趋势

2021年鸡肉消费延续2020年的变化趋势：一是新零售业态持续发展，鸡肉在传统肉类零售市场的销售数量下降；电商、快餐等渠道促进南北方鸡肉消费的渗透与延伸，鸡肉的区域性消费特点持续淡化。二是由于活禽市场关闭，南方地区黄羽肉鸡消费受到影响，黄羽肉鸡冰鲜产品比例增加。三是团餐与外卖菜品中对小型白羽肉鸡的使用量继续增加。

二、2022年中国肉鸡产业展望

（一）上半年肉鸡产能将继续调整，下半年有望逐渐平稳恢复

截至2021年末，肉鸡产能仍然过剩。预计2022年上半年鸡肉产能持续下降，下半年产能将逐渐平稳，出栏量可能小幅回升。预计全年鸡肉产量有所减少，其中白羽肉鸡减幅较大，黄羽肉鸡和小型白羽肉鸡保持平稳略增。同时，随着生猪产能趋于平稳，鸡肉消费量波动也将减小，鸡肉供需总体趋于平衡。

（二）种业振兴推动产业进步，行业集中度将提高

2021年国家对种业高度重视，地方政府和企业也加大对种业的投入。预计2022年企业对优势品种的推广和研发投入力度将大幅增加，肉鸡品种竞争将更为激烈，行业竞争加剧，集中度有望进一步提高。

（三）肉鸡生鲜和预制品市场快速发展，将成为产业转型和发展的重要推动力

一方面，2021年全国新增42个城市取消活禽交易，截至年底共有138个城市禁止活禽销售。由于活禽销售范围不断缩小，中大城市等重点消费区域逐渐向生鲜鸡转变，黄羽肉鸡生产企业加快屠宰和生鲜布局，积极建设屠宰场、配送冷链，并推进相关育种工作。另一方面，随着终端消费和行业集中度的提升，黄羽肉鸡企业也将前后延伸产业链，鸡肉预制菜品市场得到重视，将成为产业发展的主要推动力。

（四）饲料价格居高不下，行业进入极限成本竞争，中小户加速融入一体化企业成为专业合作户

虽然鸡肉消费量近几年增加较多，但2019—2021年新增的产能仍需要1～2年方能消化。因此，未来2～3年内肉鸡行业盈利水平将在历史平均线附近徘徊，且偏低的时间更长。今后一个时期，行业竞争以成本控制为主，企业

的生产成本必须低于行业平均成本方有发展的机会。近年来龙头企业在高速扩张的同时，仍能保持高于行业平均值的盈利，其中饲料成本控制优势是其获得超额收益的主要因素。大型龙头企业不仅资金量充足，且通过集中采购大幅降低饲料成本，相较于小规模生产者，大型企业在饲料成本上的优势可达 30％左右。而散户和小规模生产者在饲料成本上存在劣势，今后可能会基于成本考虑，融入一体化企业成为专业合作户。

2020 年肉鸡产业发展监测报告

郑麦青[1]　赵桂苹[1]　高海军[2]　腰文颖[2]　文　杰[1]　宫桂芬[2]

（1. 中国农业科学院北京畜牧兽医研究所；
2. 中国畜牧业协会禽业分会）

2020 年我国鸡肉生产继续保持较快增长，鸡肉产量仅次于美国，位居世界第二。受新冠肺炎疫情影响，鸡肉消费增速低于预期，导致产能过剩，产业总体收益大幅下降。根据肉鸡生产监测数据测算[①]，2020 年全国肉鸡出栏 110.2 亿只，同比增长 5.1%；鸡肉产量 1 865.6 万吨，同比增长 10.2%；进口鸡肉 153.6 万吨，同比增长 96.5%；种鸡平均存栏量同比增加 8.5%；产业收益同比减少 76.3%。预计 2021 年鸡肉产量继续保持增长，增长幅度收窄。

一、2020 年肉鸡生产形势

（一）肉鸡生产保持较快增长

全国出栏肉鸡 110.2 亿只，同比增长 5.1%；全年鸡肉产量 1865.6 万吨，同比增长 10.2%。其中，出栏白羽肉鸡 49.2 亿只，同比增长 11.4%；肉产量 977.3 万吨，同比增长 17.6%。出栏黄羽肉鸡 44.2 亿只，同比减少 2.2%；肉产量 560.3 万吨，同比减少 2.2%。出栏小型白羽白鸡 16.7 亿只，同比增长 8.8%；肉产量 193.0 万吨，同比增长 9.0%。出栏淘汰蛋鸡 12.4 亿只，同比增长 20.7%；肉产量 135.0 万吨，同比增长 20.7%（表 1、图 1）。

---

① 本报告中关于中国肉鸡生产数据分析判断主要基于 85 家种鸡企业种鸡生产监测数据，以及 1 099 家定点监测肉鸡养殖场（户）成本收益监测数据。

表1　2020年鸡肉生产量测算

单位：亿只，万吨

项目		2016年	2017年	2018年	2019年	2020年	增长量	增长率	2021年预测
白羽肉鸡	出栏数	44.78	40.97	39.41	44.20	49.23	5.03	11.4%	53.20
	产肉量	797.6	761.0	757.3	830.9	977.3	146.4	17.6%	1037.4
黄羽肉鸡	出栏数	39.53	36.88	39.59	45.23	44.23	−1.00	−2.2%	42.20
	产肉量	485.1	460.1	502.9	573.0	560.3	−12.7	−2.2%	521.2
小型白羽肉鸡	出栏数	7.58	10.09	12.82	15.36	16.71	1.35	8.8%	18.50
	产肉量	79.7	106.0	122.0	177.0	193.0	16.0	9.0%	213.7
淘汰蛋鸡	出栏数	13.55	13.18	10.23	10.29	12.42	2.13	20.7%	10.20
	产肉量	141.3	139.0	111.2	111.9	135.0	23.2	20.7%	110.9

注：F表示预测数据。

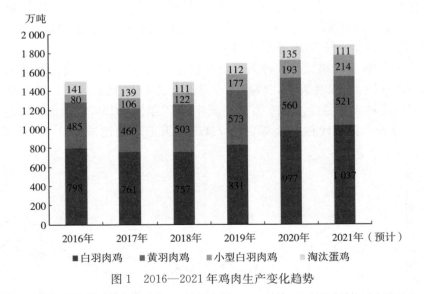

图1　2016—2021年鸡肉生产变化趋势

（二）种鸡存栏量和商品雏鸡产销量继续增加

1. 白羽肉鸡前三季度产能上升，全年种鸡平均存栏增加18.1%，商品雏鸡产销量增加12.1%

2020年白羽肉鸡祖代种鸡平均存栏量163.3万套，同比增长17.2%；平均在产存栏 105.5 万套，父母代种雏供应量同比增长 24.3％。年末祖代种鸡存栏 160.9 万套，其中在产存栏 107.3 万套，后备存栏 53.6 万套。祖代种鸡全年更新 100.3 万套，同比下降 18.0％。其中，进口 73.1 万套，较 2019 年减少 26.2 万套，占 72.9％；国内繁育 27.2 万套，比上一年增加 10.0 万套，占 27.1％。

2020 年白羽肉鸡父母代种鸡平均存栏量 6 074.3 万套，同比增加 18.1％；平均在产存栏 3 500.0 万套，全年商品雏鸡销售量 52.2 亿只，同比增加 12.1％。年末父母代种鸡存栏 6 145.6 万套，其中在产存栏 3 411.7 万套，后备存栏 2 733.9 万套。父母代种鸡全年更新 6 007.1 万套，同比增加 24.3％。

2. 黄羽肉鸡产能下降，全年减少 7.3％，种鸡平均存栏增加 1.9％，商品雏鸡产销量减少 9.8％

2020 年黄羽肉鸡祖代种鸡平均存栏量 219.4 万套，同比增加 4.7％；平均在产存栏 153.4 万套，父母代种雏供应量减少 7.4％。年末祖代种鸡存栏 203.4 万套，其中在产存栏 142.2 万套，后备存栏 61.2 万套。祖代鸡全年更新约 227.1 万套，较 2019 年增加约 1.5 万套。

2020 年黄羽肉鸡父母代种鸡平均存栏量 7 614.8 万套，同比增加 1.9％；平均在产存栏 4 302.4 万套，商品代雏鸡供应量 44.2 亿只，同比减少 9.8％。年末父母代种鸡存栏 7 259.6 万套，其中在产存栏 4 159.2 万套，后备存栏 3100.3 万套。父母代种鸡全年更新 7 473.5 万套，同比减少 7.4％（图 2～图 6）。

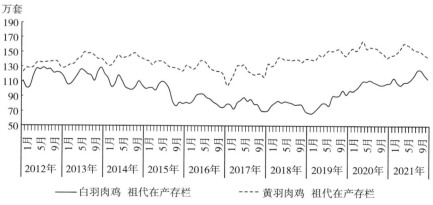

图 2　2011—2020 年肉鸡祖代在产存栏数变化

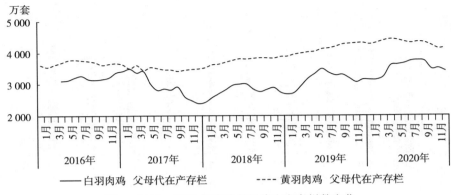

图 3　2016—2020 年肉鸡父母代在产存栏数变化

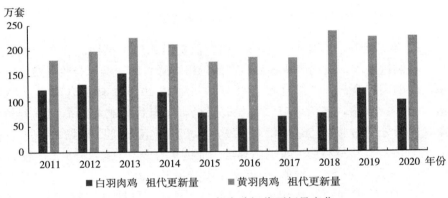

图 4　2011—2020 年肉鸡祖代更新量变化

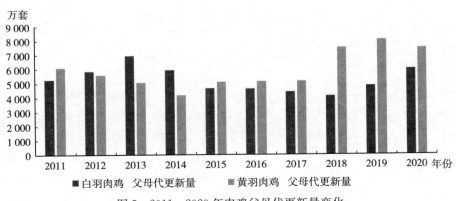

图 5　2011—2020 年肉鸡父母代更新量变化

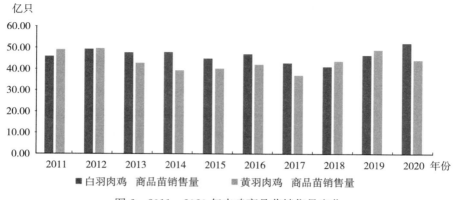

图 6　2011—2020 年肉鸡商品苗销售量变化

（三）价格低位运行，全产业链收益大幅缩窄

2020 年，受新冠肺炎疫情影响，鸡肉消费增速低于预期。但产量惯性增长，市场供过于求，肉鸡产业各环节产品价格下降，产业链综合收益缩窄。平均每只白羽肉鸡全产业链综合收益为 1.90 元，较 2019 年减少 2.90 元，收益降幅 60.5%。其中，养殖环节收益显著降低，父母代种鸡和商品肉鸡养殖均亏损，每只分别亏损 0.36 元和 0.72 元；屠宰环节收益明显增加，每只达 2.84 元，为近五年最高值。黄羽肉鸡全产业链综合收益只均 1.35 元，较 2019 年减少 7.79 元，下降 85.2%，为近十年收益最低。其中，祖代养殖收益略有提升，父母代种鸡和商品肉鸡养殖收益大幅下降，只均分别减少 1.60 元和 6.20 元（表 2、表 3）。

表 2　白羽肉鸡产业链各环节收益情况

年份	单位收益（元/只出栏商品鸡）					收益分配情况（%）			
	祖代	父母代	商品养殖	屠宰	全产业链	祖代	父母代	商品养殖	屠宰
2015	−0.07	−0.98	−1.26	1.68	−0.39	18.2	251.5	324.5	−431.3
2016	0.31	1.08	−0.69	1.16	1.86	16.6	58.1	−37.3	62.6
2017	0.11	−0.59	0.15	2.21	1.88	6.0	−31.2	7.8	117.4
2018	0.24	1.25	1.65	0.26	3.39	7.0	36.9	48.5	7.7
2019	0.57	4.27	−0.44	0.40	4.80	11.9	88.8	−9.1	8.4
2020	0.14	−0.36	−0.72	2.84	1.90	7.1	−18.7	−38.0	149.5

表3　黄羽肉鸡产业链各环节收益情况

年份	单位收益（元/只出栏商品鸡）					收益分配情况（%）			
	祖代	父母代	商品养殖	屠宰	全产业链	祖代	父母代	商品养殖	屠宰
2015	0.02	0.34	5.43	—	5.79	0.3	5.9	93.9	—
2016	0.01	0.35	4.73	—	5.09	0.3	6.8	92.9	—
2017	0.01	0.03	2.52	—	2.56	0.3	1.2	98.5	—
2018	0.06	0.73	4.64	—	5.43	1.1	13.4	85.5	—
2019	0.10	1.71	7.33	—	9.14	1.1	18.8	80.2	—
2020	0.11	0.11	1.13	—	1.35	8.4	8.4	83.2	—

（四）种鸡利用率下降，商品鸡生产效率上升

1. 白羽肉种鸡单位产量下降，商品鸡生产效率提升

祖代种鸡种源充足，平均更新周期为566天，缩短了71天，单套种鸡月产量为5.11套父母代雏，同比减少11.0%。父母代产能大于需求，平均更新周期为433天，缩短了36天，单套种鸡月产量为12.45只商品代雏，同比增加1.4%。祖代和父母代实际利用率降低（表4）。

表4　白羽肉种鸡生产参数

年份	祖代		父母代	
	饲养周期（天）	单套月产量［套/(月·套)］	饲养周期（天）	单套月产量［只/(月·套)］
2015	555	3.98	321	11.89
2016	624	4.54	370	12.24
2017	709	5.22	373	12.27
2018	657	5.08	416	12.32
2019	637	5.74	469	12.28
2020	566	5.11	433	12.45

由于商品代雏鸡质量上升，生产性能得到更好发挥，商品肉鸡生产效率有所提升：饲养周期延长0.4天，只均出栏体重增加0.14千克，饲料转化率提高2.3%，生产消耗指数下降3.3，欧洲效益指数提高21.9（表5）。

表 5　白羽肉鸡商品肉鸡生产参数

年份	出栏日龄（天）	出栏体重（千克）	饲料转化率	成活率（％）	生产消耗指数	欧洲效益指数
2011	46.2	2.24	1.96	92.3	116.2	228.6
2012	45.0	2.33	2.00	93.6	117.7	242.3
2013	44.1	2.32	1.95	94.3	115.7	254.6
2014	43.9	2.35	1.88	95.1	112.0	271.4
2015	44.2	2.31	1.86	95.1	111.6	266.2
2016	44.0	2.37	1.79	95.1	106.9	285.8
2017	43.8	2.48	1.74	95.0	103.4	309.5
2018	43.6	2.56	1.73	95.9	102.6	325.8
2019	43.8	2.51	1.74	96.0	104.1	315.5
2020	44.2	2.65	1.70	95.7	100.8	337.4

2. 黄羽肉种鸡单位产量降低，商品肉鸡生产效率下降

祖代种鸡使用周期与 2019 年基本相当，平均更新周期为 355 天，缩短了 2 天，单套种鸡月产量为 4.06 套父母代雏，同比减少 11.4%。黄羽肉鸡市场消费低迷，父母代产能大于需求，且全年产能呈不断减少的趋势；平均更新周期 367 天，缩短了 7 天，单套种鸡月产量为 8.57 只商品代雏，同比减少 13.4%。祖代和父母代实际利用率降低（表 6）。

表 6　黄羽肉种鸡生产参数

年份	祖代		父母代	
	饲养周期（天）	单套月产量［套/（月·套）］	饲养周期（天）	单套月产量［只/（月·套）］
2015	369	3.22	470	9.38
2016	372	3.32	447	9.55
2017	367	3.57	430	8.85
2018	347	4.54	414	9.69
2019	357	4.58	373	9.90
2020	355	4.06	367	8.57

2020 年开始在饲料中停止添加使用促生长抗生素，对肉鸡的成活率有一定的影响。特别是黄羽肉鸡养殖方式较白羽肉鸡粗放，饲养环境控制和防疫等生物安全措施也不及白羽肉鸡，因此受到的影响更大，商品肉鸡生产效率下

降。具体表现为：出栏日龄达到 98.7 天，增加了 1.6 天，饲料转化率降低 5.4%，生产消耗指数增加 5.1，欧洲效益指数降低 7.2（表 7）。

表 7　黄羽肉鸡商品肉鸡生产参数

年份	出栏日龄（天）	出栏体重（千克）	饲料转化率	成活率（%）	生产消耗系数	欧洲效益指数
2011	82.0	1.75	2.46	96.8	138.2	84.0
2012	85.9	1.69	2.75	94.9	152.9	67.7
2013	86.7	1.76	2.72	96.6	149.2	71.8
2014	90.4	1.78	2.82	96.4	152.1	67.3
2015	89.1	1.84	2.84	96.0	151.5	69.8
2016	91.3	1.89	2.81	95.9	150.2	70.5
2017	98.3	1.92	3.02	95.9	161.9	62.0
2018	97.3	1.95	3.00	95.5	167.3	63.9
2019	97.1	1.95	2.97	95.4	163.8	64.6
2020	98.7	1.95	3.13	94.5	168.9	57.4

（五）鸡肉产品进口量继续大幅增加，贸易额逆差扩大

2020 年我国在鸡肉生产量保持增长的同时，进口数量大幅增加，成为世界上主要鸡肉进口国之一，出口数量继续减少（图 7）。

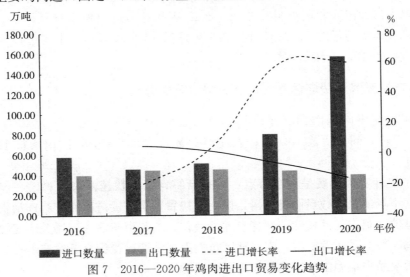

图 7　2016—2020 年鸡肉进出口贸易变化趋势

2020 年鸡肉产品进口 153.6 万吨，同比增长 96.5％；鸡肉产品出口 38.8 万吨，同比下降 9.3％。进口鸡肉产品基本是初加工的生鲜或冷冻鸡肉，其中又以鸡翅和鸡爪占比较大，占总量的 61.1％。2020 年贸易逆差扩大到 21.08 亿美元，同比增长 395.2％。鸡肉产品出口以深加工制品为主，占 58.4％（表 8）。

表 8　鸡肉及产品进出口贸易情况

	项目	2015 年	2016 年	2017 年	2018 年	2019 年	2020 年
进口	数量（万吨）	39.48	56.94	45.05	50.28	78.15	153.56
	贸易额（亿美元）	8.99	12.30	10.28	11.36	19.79	34.63
	贸易额增长率		36.7％	−16.4％	10.6％	74.1％	75.0％
出口	数量（万吨）	40.62	39.16	43.70	44.68	42.80	38.80
	金额（亿美元）	13.86	13.00	14.57	15.78	15.53	13.55
	贸易额增长率		−6.3％	12.1％	8.3％	−1.6％	−12.8％
贸易差	数量（万吨）	1.14	−17.78	−1.35	−5.60	−35.35	−114.76
	贸易差额（亿美元）	4.87	0.70	4.29	4.41	−4.26	−21.08
	贸易差额增长率		−85.6％	512.6％	2.8％	−196.5％	395.2％

2020 年种用与改良用鸡进口 149.5 万只，同比下降 17.0％；交易金额 3 572.1 万美元，同比下降 9.2％；无种用与改良用鸡出口。进口的种用与改良用鸡为白羽肉鸡和蛋鸡祖代雏鸡，2020 年共计引进白羽肉鸡祖代 87.89 万套，占整体更新量的 72.9％，较 2019 年降低 13 个百分点；平均进口价格为 39.75 美元/套，上涨 9.3％。

（六）鸡肉消费增速减缓，但仍保持较快增长

2020 年中国鸡肉消费量继续增加，达到 1956.7 万吨，较 2019 年增加 228.7 万吨，同比增长 13.2％；人均消费量为 13.93 千克，同比增长 12.8％（图 8）。

2020 年鸡肉消费呈三个特点：一是新零售业态快速发展，鸡肉在传统肉类零售市场的销售数量明显下滑。电商、快餐等渠道促进南北方鸡肉消费的渗透与延伸，鸡肉的区域性消费特点逐渐淡化。二是由于活禽市场关闭，加之黄羽肉鸡冰鲜产品比例有限，南方地区黄羽肉鸡消费量受到显著影响。三是团餐与外卖菜品中小型白羽肉鸡的使用量继续增加。

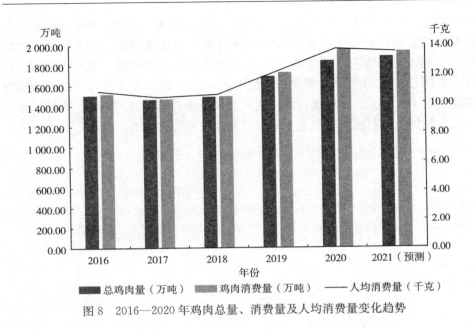

图 8 2016—2020 年鸡肉总量、消费量及人均消费量变化趋势

二、2021 年中国肉鸡产业展望

(一) 肉鸡产能仍然相对过剩,需要合理调减

总体上,肉鸡产能仍相对过剩。预计 2021 年上半年鸡肉生产继续保持同比增长,下半年同比下降。全年鸡肉产量稳中略增,增加 1% 左右,其中白羽肉鸡和小型白羽肉鸡保持增长,黄羽肉鸡和淘汰蛋鸡出栏数量会有所减少。同时,随着 2021 年生猪产能加快恢复,猪肉价格逐步回落,鸡肉对猪肉的替代效应将有所减弱,预计消费增速大幅减缓,甚至可能出现负增长。

(二) 肉鸡饲料成本上涨,收益难以明显改观

2021 年鸡肉对猪肉的替代效应降低,而产能调整相对滞后,市场将持续处于供过于求的状态,价格表现弱势,而饲料原料价格将持续走高,饲料价格将继续上升,肉鸡养殖成本增加,产业收益难以明显增加。

(三) 冰鲜肉鸡发展加速,黄羽肉鸡销售区域扩大

受新冠肺炎疫情影响,活禽屠宰配送规范化进程加快,全国多个城市推行

集中屠宰、冷链配送、冰鲜上市。目前，北京、河北、吉林、陕西等 10 个省份对家禽实行定点屠宰管理。2019 年冰鲜黄鸡市场规模达到 139 亿元，2020 年的新冠肺炎疫情进一步推动了黄鸡以冰鲜鸡的方式流通。截至 2020 年 10 月，全国共有 66 个城市实现黄鸡冰鲜上市，预计 2025 年中国冰鲜黄鸡市场规模将达到 400 亿元。冰鲜黄鸡的发展，有助于黄鸡销售通过电商、商超等方式向北方扩展，将打破黄羽肉鸡主销区域集中于南方的局面。

2021年国际肉鸡产业经济发展报告

张　怡[1]　肖彬杉[1]　王　昆[1]　辛翔飞[2]　王济民[2,3]

(1. 青岛农业大学经济管理学院（合作社学院）；
2. 中国农业科学院农业经济与发展研究所；
3. 农业农村部食物与营养发展研究所)

　　2021年新冠肺炎疫情在全球持续蔓延，全球经济复苏面临严峻考验。2021年全球肉鸡产量温和增长，生产增长率较上年进一步回落，猪肉需求回暖与饲料价格上涨一定程度上延缓了肉鸡生产的增长势头。虽然各国对于冷链运输的严加管制限制了肉鸡贸易的发挥，全球肉鸡进口量与出口量分别有不同程度的下降，但从长期来看，高位种鸡产能的释放与低价位动物蛋白需求将会回馈肉鸡产业的发展。本报告总结了2021年全球肉鸡生产与贸易概况，探讨了国内外肉鸡产业经济政策研究进展，剖析了国内肉鸡产业发展存在的问题，并提出相应的对策建议。

一、国际肉鸡生产与贸易概况

（一）国际肉鸡生产

　　近5年全球肉鸡产量持续增长，但受全球新冠肺炎疫情持续蔓延与多地暴发禽流感疫情的影响，2021年全球肉鸡产量微幅增长，增长率进一步回落。根据美国农业部（USDA）数据，2021年全球肉鸡产量达到9 990.1万吨，增长率由2020年的1.91%下降至0.85%。虽然新冠肺炎疫情仍旧阻碍肉鸡产业发展，饲料价格上涨也进一步蚕食肉鸡生产盈利空间，但广泛的低价格动物蛋白需求将有力驱动肉鸡产业进一步扩张，据USDA预测，2022年全球肉鸡产量可能达到 10 082.1 万吨（图 1），增长率为 0.92%。

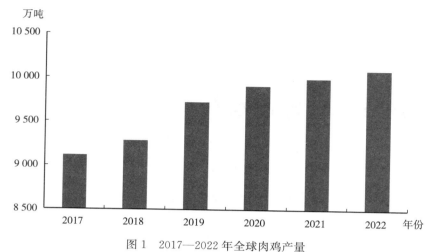

图 1　2017—2022 年全球肉鸡产量

数据来源：Livestock and Poultry：Market and Trade，Foreign Agricultural Service/USDA Jan. 2022。

注：2022 年为 USDA 预测数据。

从各国（地区）肉鸡产量情况看，作为肉鸡四大主产国（地区）的美国、中国、巴西、欧盟 2021 年的肉鸡产量分别为 2 037.8 万吨、1 470 万吨、1 450 万吨、1 085 万吨（图 2）。2021 年四大主产国（地区）肉鸡产量增速高于全球平均水平，产量达到 6 042.8 万吨，较 2020 年增长 1.13%，所占比重为 60.49%（图 3），较 2020 年小幅上涨。与 2020 年相比，2021 年欧盟肉鸡产量下降 17 万吨，巴西肉鸡产量增长了 62 万吨，中国、美国肉鸡产量分别上涨 10 万吨与 12.3 万吨。受到扩张的全球需求和本国贸易拉动，中国、美国、巴西肉鸡产量保持了正增长态势，为国际市场的鸡肉供给作出重要贡献。2021 年新兴经济体国家肉鸡产量较 2020 年波动不大，其中泰国、菲律宾产量稳定，肉鸡产量分别为 328 万吨、133 万吨，墨西哥异军突起，肉鸡产量由 2020 年的 372.5 万吨上升为 381.5 万吨。随着国际生猪产能逐渐恢复，由非洲猪瘟引发的鸡肉对猪肉的较高替代份额将会进一步缩减（辛翔飞等，2021），据 USDA 预测，2022 年四大主产国（地区）肉鸡产量占比可能保持在 60.18%。

2021 年全球肉鸡生产平均增长率受肉鸡产能过剩的影响出现明显下降，由 2020 年的 1.91% 下降至 0.85%（张怡等，2021），其中伊拉克增长率最高，为 7.84%，受出口贸易拉动两国肉鸡产量上升。新兴经济体国家增速

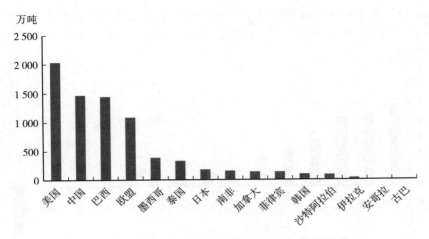

图 2　2021 年主要肉鸡生产国（地区）肉鸡产量

数据来源：Livestock and Poultry：Market and Trade，Foreign Agricultural Service/USDA Jan. 2022。

注：中国指中国大陆，下同。

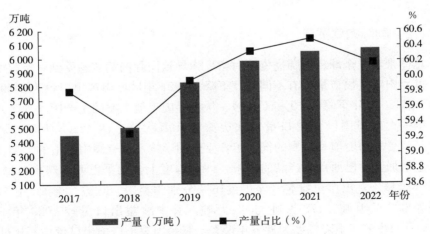

图 3　2017—2022 年世界四大肉鸡生产国（地区）肉鸡产量及占比

数据来源：Livestock and Poultry：Market and Trade，Foreign Agricultural Service/USDA Jan. 2022。

注：2022 年为 USDA 预测数据。

放缓，其中墨西哥、泰国增长率分别为 2.42%、0.92%（图 4）。受肉鸡产能过剩、市场需求疲软导致存栏量增加的影响，中国肉鸡生产增长率由 2020 年的 5.80% 下降至 0.68%。美国增长率为 0.61%，较 2020 年增长率下降 0.96%。

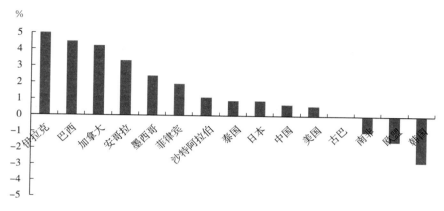

图 4　2021 年主要肉鸡生产国（地区）肉鸡生产增长率

数据来源：Livestock and Poultry：Market and Trade，Foreign Agricultural Service/USDA Jan. 2022。

（二）国际肉鸡贸易

总体来看，全球新冠肺炎疫情时常反弹导致国际肉鸡贸易受到一定程度冲击，世界肉鸡进出口量均有不同程度下降。2021 年世界肉鸡出口量为 1 308.9 万吨，较 2020 年下降 0.19%（图 5）。从世界肉鸡最主要的生产国（地区）来看，第一大出口国巴西出口量首次突破 400 万大关，达 422.5 万吨，增长 9.03%。受货币贬值和过剩的饲料粮食生产的影响，具有高附加值的大型进口市场也增加了对巴西禽肉产品的需求，一定程度上拉动了巴西肉鸡出口增长。2021 年全球肉鸡出口量排名二至四的国家分别为美国、欧盟、泰国，出口量分别为 336.7 万吨、178 万吨与 93 万吨，其中欧盟出口量较 2020 年下降 12.44%（图 6），下降幅度为近五年最大，其余肉鸡出口国出口量均不超过 50 万吨（表 1）。随着全球经济的改善，肉鸡市场的重新活跃，世界肉鸡出口量将稳步上升。根据 USDA 预测，2022 年世界肉鸡出口量预计达到 1 342.9 万吨，增长率为 2.6%（图 5）。

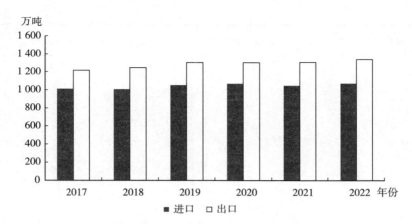

图 5　2017—2022 年世界肉鸡进出口量

数据来源：Livestock and Poultry：Market and Trade，Foreign Agricultural Service/USDA Jan. 2022。

注：2022 年为 USDA 预测数据。

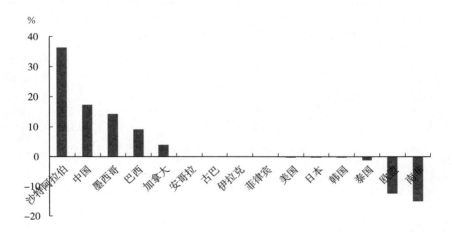

图 6　2021 年世界肉鸡主要出口国（地区）出口增长率

数据来源：Livestock and Poultry：Market and Trade，Foreign Agricultural Service/USDA Jan. 2022。

表 1　2021 年世界肉鸡主要出口国（地区）出口量

序号	国家（地区）	出口量（万吨）
1	巴西	422.50
2	美国	336.70

（续）

序号	国家（地区）	出口量（万吨）
3	欧盟	178.00
4	泰国	93.00
5	中国	45.50
6	加拿大	13.30
7	沙特阿拉伯	4.50
8	南非	4.50
9	韩国	3.50
10	墨西哥	0.80
11	日本	0.50

数据来源：Livestock and Poultry：Market and Trade，Foreign Agricultural Service/USDA Jan. 2022。

表 2　2021 年世界肉鸡主要进口国（地区）进口量

序号	国家（地区）	进口量（万吨）
1	日本	105.00
2	墨西哥	93.00
3	中国	78.50
4	欧盟	61.50
5	沙特阿拉伯	60.00
6	菲律宾	42.00
7	南非	38.00
8	伊拉克	37.50
9	古巴	34.50
10	安哥拉	25.50
11	加拿大	18.50
12	韩国	17.50
13	美国	7.20
14	巴西	0.50
15	泰国	0.10

数据来源：Livestock and Poultry：Market and Trade，Foreign Agricultural Service/USDA Jan. 2022。

　　2021 年世界肉鸡进口量达到 1049.4 万吨，相比 2020 年下降 2.03%。从主要肉鸡进口国家来看，2021 年世界肉鸡进口量位居前三位的国家依次是日本、墨西哥和中国，进口量分别为 105 万吨、93 万吨和 78.5 万吨（表2）。古巴 2021 年肉鸡进口增长率达 31.68%，成为全球肉鸡进口增长率最高的国家；其次是菲律宾，进口量为 42 万吨，增长 25.37%；中国、伊拉克、南非、欧盟等国家（地区）肉鸡进口呈现负增长态势，其中中国与伊拉克的肉鸡进口量较 2020 年分别下降 21.42% 与 19.87%（图7）。受进口需求拉动，预计 2022 年全球肉鸡贸易量将小幅上升。根据 USDA 预测，2022 年世界肉鸡进口量预计达到 1073.1 万吨，增长率为 2.26%。

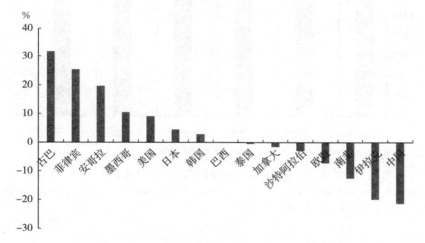

图 7　2021 年世界肉鸡主要进口国（地区）进口增长率

数据来源：Livestock and Poultry：Market and Trade，Foreign Agricultural Service/USDA Jan. 2022。

二、国内肉鸡生产与贸易概况

（一）中国肉鸡生产

从国内来看，2021 年中国肉鸡生产量小幅上涨，消费量呈下降的趋势（图8），其中肉鸡消费量为 1 503 万吨，比 2020 年减少 18.1 万吨，下降 1.19%（图9）。2021 年中国肉鸡生产量为 1 470 万吨，比 2020 年增长 10 万吨，增长率为 0.68%（图9）。消费量下降的主要原因是 2021 年猪肉价格大幅下降，鸡肉对猪肉的替代效应基本消失，另外，新冠肺炎疫情的影响仍然存在，2 个方面的因素叠加抑制了国内肉鸡市场的消费需求。据 USDA 预测，2022 年中国肉鸡消费量可能减少到 1 464 万吨，下降 2.59%。由于近年来，多家养殖企业公布了发展养殖场的计划，肉鸡养殖、加工、屠宰场持续扩大产能，造成肉鸡产业产能过剩的局面，进而导致行业严重亏损，大量中小规模养殖场被市场淘汰。据 USDA 预测，2022 年中国肉鸡生产量将呈现下降趋势，生产量可能达到 1 430 万吨，下降 2.72%。

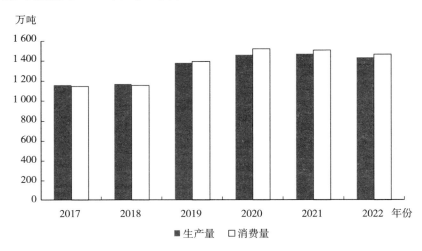

图 8　2017—2022 年中国肉鸡生产与消费量

数据来源：Livestock and Poultry：Market and Trade，Foreign Agricultural Service/USDA Jan. 2022。
注：2022 年为 USDA 预测数据。

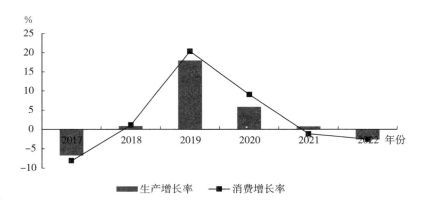

图 9　中国肉鸡生产与消费增长率

数据来源：Livestock and Poultry：Market and Trade，Foreign Agricultural Service/USDA Jan. 2022。

（二）中国肉鸡贸易

受全球新冠肺炎疫情影响，国内消费者对鸡肉的国际市场需求受到一定程度抑制。2021 年中国肉鸡进口量为 78.5 万吨，降幅 21.42%（图 10、图 11），下降幅度明显。2021 年新冠肺炎疫情在中国得到有效控制和明显缓解，国际市场对中国肉鸡的需求也逐步回升。2021 年中国肉鸡出口量为 45.5 万吨，比 2020 年增长 17.27%。根据 USDA 预测，2022 年中国肉鸡进口量可能为 80 万吨，增长 1.91%，2022 年中国肉鸡出口量可能达到 46 万吨，增长 1.1%。

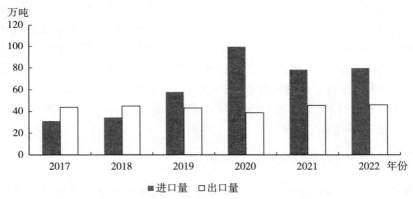

图 10　2017—2022 年中国肉鸡进出口量

数据来源：Livestock and Poultry：Market and Trade，Foreign Agricultural Service/USDA Jan. 2022。

注：2022 年为 USDA 预测数据。

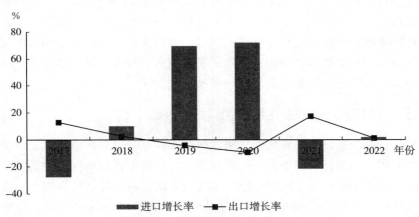

图 11　2017—2022 年中国肉鸡进出口增长率

数据来源：Livestock and Poultry：Market and Trade，Foreign Agricultural Service/USDA Jan. 2022。

三、国际肉鸡产业经济政策研究进展

（一）可持续性政策引导低碳发展

随着全球气候变暖，畜牧业的温室气体排放问题备受关注。联合国粮农组织 2021 年的报告显示，畜牧业温室气体排放量占总量的 18％，全球 9％的二氧化碳、37％的甲烷、65％的一氧化二氮都由畜牧业造成。2021 年 4 月，美国畜牧业联盟发布最新可持续性报告，明确指出畜牧业需要持续优化环境管理，经济有效地生产人类所需营养物质，逐步引导国际企业践行低碳发展理念。2021 年 3 月，世界食品巨头企业 JBS 宣布，到 2040 年实现温室气体零排放，该承诺涵盖公司旗下农场以及农业生产合作伙伴、供应商和客户，通过调整全球业务来限制整个价值链的温室气体排放。2021 年 7 月，世界第二大家禽生产商 BRF 宣布，分两阶段逐步达成温室气体零排放目标，即在 2030 年前减少公司 35％的碳排放，包括缩减养殖规模与限制用电量，在 2040 年实现整个公司产业链零排放。

（二）政策约束下福利养殖渐进改善

世界动物协会倡导科学合理的福利养殖，鼓励企业在养殖方式上选用生长周期适当、健康的品种，确保动物能够充分表达自然属性，得到足够的生长资源。2021 年世界动物卫生组织修订《陆生动物卫生法典》，明确提出要完善动物舍饲条件。2021 年 7 月 21 日，世界动物保护协会发布 2021 全球快餐行业肉鸡福利报告，该研究详细评估了 8 大快餐企业肉鸡福利养殖的表现。报告显示，肯德基在 7 个欧洲市场签署了肉鸡福利养殖承诺，并提供了相应方案；汉堡王、南多士和必胜客在英国市场签署了肉鸡福利养殖承诺；达美乐比萨在法国、德国等欧洲市场签署了肉鸡福利养殖承诺。

（三）饲料原料紧缺催生昆虫饲料行业兴起

畜禽行业为畜禽饲料寻找替代来源热度不减。来自英国皇家农业学院的一份研究表明：昆虫饲料污染低、饲料效率高，可以取代家禽饲料中的大豆。同时，昆虫外骨骼中的几丁质对免疫系统有积极的影响，能够减少家禽行业中抗生素的使用。2021 年，韩国 KEIL 公司致力于黄粉虫饲料的研发，用于大规模养殖畜禽、鱼类、宠物饲料生产，并且在昆虫饲料无用成分剔除方面取得技术专利，将极大提升饲料的营养转化率。此外，公司还可以与现有动植物蛋白质供应链合作，来帮助其副产品的再利用和升级，从而改善循环经济。据国际市场研究机构 R&M 预计，在 2021—2026 年间全球昆虫饲料原料市场将以12％的年均复合增长率增长。

（四）法典修订，高致病性禽流感成为防控重点

近年来全球高致病性禽流感感染严重，并渐成蔓延之势。世界动物卫生组织制定 2021 年修订版《陆生动物卫生法典》，重点防控高致病性禽流感，并禁止从禽流感国家疫区进口动物及产品。2021 年 3 月 9 日，俄罗斯暂停从疫区进口活动，但世界范围内禽流感防控形势仍不乐观。据世界动物卫生组织统计，2021 年 5 月以来欧洲、亚洲和非洲超过 40 个国家暴发疫情。2021 年 10 月 14 日，新加坡暂停进口美国疫情地附近的家禽产品。2021 年 10 月 30 日，荷兰的北荷兰省疑似出现严重变种禽流感，扑杀约 10.7 万只家禽。2021 年 11 月 19 日，英国通报 3 起家禽 H5N1 亚型禽流感病例，其中 1.7 万羽家禽死亡，11.2 万羽被扑杀。2021 年 11 月 24 日，波兰通报 12 起家禽 H5N1 亚型禽流感病例，其中 15.6 万羽家禽感染，18.5 万羽被扑杀。

四、国内肉鸡产业经济政策研究进展

（一）计划方案双管齐下，助推育种技术突破

中国肉鸡引种长期依赖国外，但国外引种伴随"卡脖子"后遗症，种业翻身迫在眉睫。2021 年 4 月 28 日，中国农业农村部发布《全国畜禽遗传改良计划（2021—2035 年）》，力争用 15 年的时间，建成较完善的自主育种体系，确保畜禽核心种源自主可控。2021 年 7 月 9 日，《种业振兴行动方案》通过审议，明确畜禽水产育种工作要贴近实际，突出特色优势，遵循育种创新规律。2021 年 12 月 3 日，"圣泽 901""广明 2 号""沃德 188"等三个快大型白羽肉鸡品种以及我国首个屠宰加工型黄羽肉鸡品种花山鸡相继通过审定，其中"圣泽 901"获得正式对外销售种源鸡的审查牌照，标志着我国在自主培育白羽肉鸡品种领域迈出了坚实一步。新品种兼具体型大与生长速度快的优势，料肉比低，市场前景广阔。

（二）立体笼养技术长效发展

肉鸡立体笼养技术日益完善，规模化、高标准自动化养殖体系成为商品肉

鸡养殖的未来发展方向。2021 年 10 月，中国农业大学水利与土木工程学院李保明团队研发的多层平养集约化养鸡项目荣获第二届发明创业成果奖一等奖。该成果首次实现 8 叠层多列组合养殖，有效解决了生产效率低、环控能耗高、鸡群发病率高、用药量大等技术难题。成果率先在山东民和牧业股份有限公司肉鸡养殖基地应用，提高了单位鸡舍面积和人员产出效率近 8 倍，通风和采暖节能约 50%，单栋鸡舍单批可养殖肉鸡达 75 万只，并与日本等 30 个国家和地区成功对接。

（三）防疫法规驱动新型疫苗上市

为加强动物疫病防控，促进养殖业发展，2021 年 1 月 13 日，中国农业农村部印发《2021 年国家动物疫病强制免疫计划》，明确饲养动物单位与养殖场户是强制免疫主体，中小养殖户先打后补，构筑有效免疫屏障。中国近 20 年来第一次全年未发生禽流感，得益于强制免疫的实施。2021 年 1 月 22 日，《中华人民共和国动物防疫法》修订通过，并自 2021 年 5 月 1 日起施行。防疫法中针对家禽防疫工作，特别强调预防接种的疫苗必须符合国家质量标准。

中国是家禽养殖大国，但防控马立克氏病与传染性法氏囊病困难重重。马立克氏病侵害家禽免疫系统，危害多种家禽健康。传染性法氏囊病对易感鸡群的致病率可达 100%，肉鸡致死率为 25%～30%。2021 年 10 月 27 日，勃林格殷格翰公司研发的威力灵在中国上市，用于防控马立克氏病以及传染性法氏囊病，该产品已经取得农业农村部批准的新兽药注册证书，系我国首个通过一针免疫能够预防两种疫病的疫苗产品。威力灵创造性的一日龄双免疫突破了现有疫苗方案的诸多局限性，并且为企业提供了更加高效的防疫办法。

（四）减抗政策软着陆，减抗行动稳推进

2021 年世界卫生组织发布抗生素减量全球行动计划，旨在优化抗微生物药物的使用。2021 年 10 月，中国农业农村部印发《全国兽用抗菌药使用减量化行动方案（2021—2025 年）》（简称《方案》），《方案》强调，以生猪、蛋鸡、肉鸡、肉鸭等畜禽品种为重点，稳步推进兽用抗菌药使用减量化行动，切实提高兽用抗菌药安全、规范、科学使用的能力和水平，确保"十四五"时期减抗政策平稳实施。《方案》要求到 2025 年末，50% 以上的规模养殖场实施养殖减抗行动，严格执行兽药安全使用管理制度，全面落实兽用处方药制度、休药期制度和兽药规范使用承诺制度。

五、问题与建议

（一）中国肉鸡产业发展面临的主要问题

1. 饲料价格上涨，养殖成本上升

根据农业农村部畜牧兽医局监测数据，2021 年第 52 周的中国玉米与豆粕价格分别为 2.89 元/千克与 3.78 元/千克，分别同比上涨 9.5% 与 8.9%。肉鸡配合饲料价格为 3.69 元/千克，同比上涨 7.3%。饲料价格高位的原因主要有 2 个方面：一是需求方面，生猪产能恢复增加了饲料需求从而拉动饲料价格上涨；二是供给方面，除了限电一定程度上影响了饲料供给之外，我国饲料原料的进口受到抑制。美国是我国主要的大豆进口国，受中美贸易摩擦影响，我国大豆进口放缓。

2. 白羽肉鸡产能过剩，全产业链收益减少

2021 年白羽肉鸡产能过剩导致全产业链收益减少，国内白羽肉鸡毛鸡市场价格持续低迷，每千克最低不足 1.5 元。另外，产业链上各环节利润分配不均衡。产业链上游祖代场与饲料企业效益尚可，其他环节普遍亏损。2021 年 1—11 月父母代种鸡苗和商品代种鸡苗价格分别为 46.31 元/套和 3.04 元/羽，分别同比上涨 65.16% 和 27.20%。养殖环节亏损较为严重，以国内肉鸡规模养殖企业为例，2021 年 10 月益生股份、民和股份的销售收入环比下跌超过 35%，销售价格环比下降逾 40%，肉鸡养殖利润降至新低点。屠宰企业产能快速扩张，屠宰环节上半年亏损，下半年转亏为盈，全年微利。

3. 自主种源性能优化和良种繁育体系建设任重道远

2021 年中国白羽肉鸡自主种源实现从 0 到 1 的突破，但白羽肉鸡育种技术体系创新、新品种生产性能优化及良种繁育体系完善等仍然任重道远。一是自主育成品种性能竞争力有待优化，由于中国自主育种起步晚，培育基础薄弱，分子育种等高新技术应用不够（文杰，2021），面对国外百年育种成果的正面交锋，新品种的生产性能需不断优化。二是国内养殖企业对新品种的接受程度低，新品种性能的稳定性、养殖绩效等都有待在推广应用中进一步检验。三是种源疫病净化技术落后，与国际相比，中国种源疫病净化技术和产品检测技术比较落后（文杰，2021），新品种选育面临疫病威胁，仍存在种源质量风险。四是产业化应用水平不高，新品种尚未形成一套完善的良种繁育体系，且市场定位模糊。

4. 新冠肺炎疫情防控的加强，再次波及活禽市场

为应对新冠肺炎疫情的不确定性，家禽产业防控措施进一步升级，活禽市场再次成为管控重点。2021 年 3 月初，全国各地再次部署活禽交易相关规定。例如，福建省福州市计划逐步关闭全市活禽交易，预计 2022 年福州市将关闭闽侯南通海峡活禽批发市场。再如，安徽省蚌埠市自 2021 年 3 月 1 日起实施《蚌埠市区禽类交易管理办法（试行）》，明确要求在中环线内禁止活禽交易，全面推行冰鲜上市。另外，与活禽产品相比，冰鲜产品更受年轻消费群体青睐，这种消费偏好的变化将对活禽市场和活禽产品的发展产生深远影响。

（二）中国肉鸡产业发展的对策建议

1. 调整配方结构，丰富饲料来源

针对饲料价格上涨导致养殖成本增加的问题，一是调整优化饲料配方结构，充分挖掘现有饲料资源价值，构建精准的营养价值参数体系。二是科学评估饲料营养价值，建立成熟的营养价值数据库，有序推动技术体系集成与示范推广。三是丰富饲料来源，包括饲料替代来源与进口来源。饲料替代品方面，可选用低价优质的杂粮替代传统豆粕以降低饲料成本。饲料进口方面，调整进口策略，由集中进口模式向多元化进口模式转变，充分利用国际与国内两个市场、两种资源缓解饲料粮供应短缺问题。

2. 强化产业链互动，缓解产能过剩局面

建议政府相关部门一方面出台相应政策引导企业适度规模经营，对肉鸡企业的产能扩张给予一定约束，形成肉鸡产业发展自律倡议书，强化企业风险意识与社会责任感；另一方面建立产业监测预警系统，及时响应产能失控。应用大数据、物联网、区块链、人工智能等现代信息技术，与产业龙头企业合作，利用企业有价值的信息流建立养殖场（户）与农资供应商、养殖场（户）与采购商直接交流的信息管理软件平台，打通产业链上下游，构建行业生态圈，提高产业效率和效益，为政府宏观决策提供参考，为政府和市场主体进行市场预判提供依据。

3. 目标导向，提高种源自主可控力

总体来看，白羽肉鸡行业实现种源自主可控，要以提升品种性能、增强种源疫病净化能力、提高新品种市场竞争力为核心发力点。具体来看，一要加强种源核心技术攻关，利用前沿育种技术选育抗逆性强的品种，提高新品种的综合生产性能（文杰，2021）。二要高度重视疫病净化，相关政府部门要通过立法和行业规范来提高家禽行业的准入门槛，改善养殖大环境，同时企业要提高

行业自觉性，重视生物安全控制，提升种源净化水平。三要完善商业化育种体系，深化科企合作，依托商业化育种平台布局全产业链合作，不断提高我国自主培育新品种的市场竞争力。

4. 聚焦不同品类用户需求，引导产业发展

针对肉鸡消费端的市场压力，企业应坚持市场导向，在充分把握健身需求、消费人群年轻化等影响肉鸡消费增长的内在因子和抓住连锁快餐扩张、新消费场景快速发展等影响肉鸡消费增长的外部机遇的基础上，一方面拓展肉鸡产品的新功能，在消费者喜闻乐见的肉鸡产品上下工夫；另一方面促进产业链向熟食品、新型肉鸡调理品方向延伸。例如，近些年鸡胸肉受到健身人士的广泛青睐，强劲的需求使鸡胸肉的价格从 4 000 元/吨已经上涨至 1 万元/吨。因此，企业应充分发挥行业产品优势并迎合外部发展机遇，聚焦不同品类用户的需求打造极致产品，以达到唤醒消费的目的。

参考文献

[1] USDA. Livestock and poultry：market and trade ［R/OL］.（2022－1－12）［2022－01－13］. https：//apps. fas. usda. gov/psdonline/app/index. html♯/app/downloads.

[2] 文杰. 肉鸡种业的昨天、今天和明天 ［J］. 中国畜牧业，2021（17）：27－30.

[3] 辛翔飞，郑麦青，文杰，等. 2020 年我国肉鸡产业形势分析、未来展望与对策建议 ［J］. 中国畜牧杂志，2021，57（3）：217－222.

[4] 辛翔飞，郑麦青，文杰，等. 2019 年肉鸡产业形势分析、未来展望与对策建议 ［J］. 中国畜牧杂志，2020，56（3）：155－159.

[5] 佚名. 国际家禽. 可持续家禽业未来生产的关键 ［EB/OL］.（2021－09－30）［2021－11－15］. http：//www. guojixumu. com/nmzk/20219－10/mobile/index. html.

[6] 佚名. 国际家禽. 创新、研究与乐观主义驱动：昆虫生产商兴起 ［EB/OL］.（2021－09－30）［2021－11－15］. http：//www. guojixumu. com/nmzk/20219－10/mobile/index. html.

[7] 佚名. 国际畜牧网. 荷兰禽流感再有 10 万肉鸡被扑杀，我国也再出现人感染 H5N6 病例 ［EB/OL］.（2021－10－31）［2021－11－15］. https：//mp. weixin. qq. com/s/IWNeUSe-k83b1bjYOPmrRg.

[8] 佚名. 国际畜牧网. 国际动物疫情周报 ［EB/OL］.（2021－11－29）［2021－11－30］. https：//mp. weixin. qq. com/s/VHbIEmeA43TkDp_xc4LOHA.

[9] 佚名. 国际畜牧网. 喜讯！李保明教授《肉鸡集约化多层平养健康环境节能调控技术与成套装备》项目荣获国家发明创业奖成果奖一等奖 ［EB/OL］.（2021－10－10）［2021－11－15］. https：//mp. weixin. qq. com/s/WJRvfcukwRfTGX8gw3_a1g.

［10］佚名 . 国际畜牧网 . 勃林格殷格翰上市重磅新品威力灵［EB/OL］. （2021 - 10 - 29）
　　　［2021 - 11 - 15］. https：//mp. weixin. qq. com/s/4boTrqng3zzkGHbeZHHTGA.

［11］佚名 . 中研网 . 白羽肉鸡养殖成本与利润分析——中国白羽肉鸡养殖行业发展趋势及
　　　未来风险［EB/OL］. （2021 - 11 - 23）［2021 - 12 - 09］. https：//m. chinairn. com/
　　　news/20211123/185913617. shtml.

［12］张怡，赵婉丽，姜常宜，等 . 2020 年全球肉鸡生产、贸易及产业经济发展研究［J］.
　　　中国家禽，2021，43（5）：62 - 69.

2020 年国际肉鸡产业经济
发展报告

张　怡[1]　赵婉丽[1]　姜常宜[1]　辛翔飞[2]　王济民[2,3]

(1. 青岛农业大学经济管理学院（合作社学院）；
2. 中国农业科学院农业经济与发展研究所；
3. 农业农村部食物与营养发展研究所)

2020 年新冠肺炎疫情在全球大范围暴发，破坏了各个国家生产要素和商品的流动，世界经济下行压力较大，但也促使各国加强对全球公共卫生事业的重视程度。面对新冠肺炎疫情对全球经济的冲击，逆全球化思潮和贸易保护主义抬头增加了全球经济发展的不稳定性。土耳其由于高债务和外汇储备不足，遭遇货币暴跌，经济陷入低迷。经历四次熔断的美国启动量化宽松政策，另外美国为实现"公平贸易"，构建全球贸易的新格局，提出"三零"贸易规则，但短期内无法保障发展中国家的利益（郭智，2020）。为了应对新冠肺炎疫情，美国颁布居家隔离令来限制出行，意大利宣布 2020 年 3 月 10 日至 4 月 3 日封锁全国，成为全球首个因新冠肺炎疫情而封锁全国的国家，中国也采取了"封城封路"、延迟复工和关闭活禽市场等措施控制新冠肺炎疫情蔓延。2020 年在新冠肺炎疫情的影响下，全球肉鸡生产、贸易增速放缓。本报告分析了 2020 年全球肉鸡生产与贸易特点，总结了全球肉鸡产业经济政策研究进展，最后就我国肉鸡产业发展存在的问题提出政策建议。

一、国际肉鸡生产概况

（一）国际肉鸡生产

在非洲猪瘟影响下，国际猪肉价格持续上升。肉鸡作为猪肉最有优势的替代品，其消费量持续增长。2020 年全球肉鸡产量达到 10 082.7 万吨，较 2019 年有所增长，但增速放缓，主要是受到新冠肺炎疫情下饲料供应不足、失业率上升、销售渠道受阻等因素的影响。随着新冠肺炎疫情的缓解，肉鸡产业逐渐恢复。据 USDA 预测，2021 年全球肉鸡产量可能达到 10 292.6 万吨，增长率达 2.08%（图 1）。

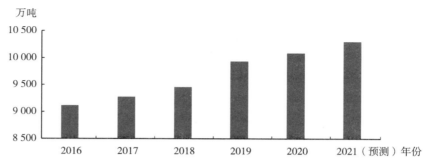

图 1　世界肉鸡产量

数据来源：Livestock and Poultry：Market and Trade，Foreign Agricultural Service/USDA Oct. 2020。

注：2021 年为 USDA 预测数据，下同。

从各国（地区）肉鸡产量情况看，作为肉鸡四大主产国（地区）的美国、中国、巴西、欧盟 2020 年的肉鸡产量分别为 2 026.3 万吨、1 485 万吨、1 388 万吨 1 236 万吨（图 2）。2020 年四大主产国（地区）肉鸡产量达到 6 135.3 万吨，占比在 2019 年 60.35% 的基础上继续上升，达到 60.85%（表 1）。相较

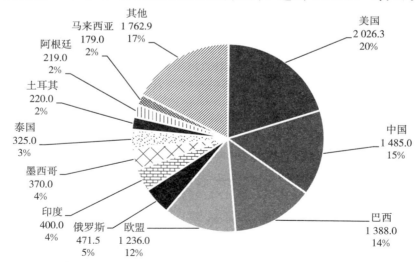

图 2　2020 年主要肉鸡生产国（地区）肉鸡产量与所占份额

数据来源：Livestock and Poultry：Market and Trade，Foreign Agricultural Service/USDA Oct. 2020。

注：中国指中国大陆。产量单位：万吨。

其他主产国（地区）而言，2020 年中国肉鸡产量稳步增长，为四大主产国（地区）占比做出了重要的贡献。2020 年新兴市场经济体国家肉鸡产量较 2019 年有所波动，其中俄罗斯、墨西哥比较稳定，肉鸡产量为 471.5 万吨、370 万吨，而印度下降幅度较大，肉鸡产量由 2019 年的 435 万吨下降为 400 万吨。随着新兴市场国家肉鸡产能的恢复，四大主产国（地区）的占比将有所下降。据 USDA 预测，2021 年四大主产国（地区）的占比将下降为 60.76%。

表1　2016—2021 年世界四大肉鸡生产国（地区）肉鸡产量及占比

年份	肉鸡产量（万吨）	产量占比（%）
2016	5 604.1	61.47
2017	5 606.2	60.44
2018	5 667.6	59.93
2019	5 994.1	60.35
2020	6 135.3	60.85
2021（预测）	6 254	60.76

数据来源：Livestock and Poultry：Market and Trade，Foreign Agricultural Service/USDA Oct. 2020。

2020 年全球肉鸡生产平均增长率受新冠肺炎疫情的影响出现明显下降，由 2019 年的 4.19% 下降至 1.52%，其中泰国、欧盟、印度呈现负增长，增长率分别为 -1.52%、-1.59%、-8.05%（图3），新兴市场经济体国家的高速增长势头回落。2020 中国肉鸡生产增长率达 8.00%，较 2019 年的 17.95% 有所下降（张怡等，2020），但仍然保持领先地位。美国、巴西的增长率为 1.61%、1.39%，较 2019 年的 2.39%、2.10% 均略有下降。

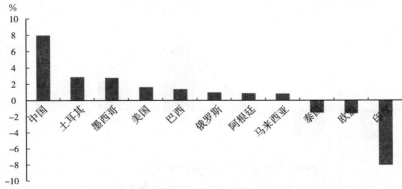

图3　2020 年主要肉鸡生产国（地区）肉鸡生产增长率

数据来源：Livestock and Poultry：Market and Trade，Foreign Agricultural Service/USDA Oct. 2020。

（二）国内肉鸡生产

2019 年我国肉鸡产业完全摆脱 H7N9 疫情影响进入良性发展，中国非洲猪瘟疫情的暴发显著拉升肉鸡需求，肉鸡生产实现大幅增长（辛翔飞等，2020）。2020 年中国肉鸡生产量和消费量保持上升趋势（图 4），其中肉鸡消费量达 1 546 万吨，增长率达 11.21%，生产量达 1 485 万吨，增长率达 8.00%（图 5）。随着中国生猪产能逐渐恢复，中国肉鸡的消费量将受到影响。据 USDA 预测，2021 年中国肉鸡消费量可能增长到 1 581.5 万吨，但增长率可能下降至 2.30%。中国肉鸡生产保持增长惯性，据 USDA 预测，2021 年中国肉鸡生产量将保持上升趋势，生产量可能达到 1 530 万吨，增长率为 3.03%。

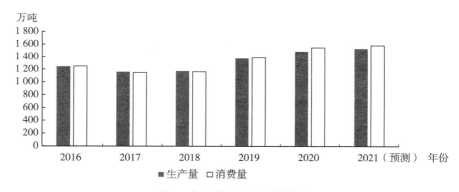

图 4 中国肉鸡生产与消费量

数据来源：Livestock and Poultry：Market and Trade，Foreign Agricultural Service/USDA Oct. 2020。

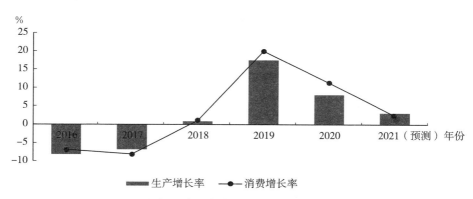

图 5 中国肉鸡生产与消费增长率

数据来源：Livestock and Poultry：Market and Trade，Foreign Agricultural Service/USDA Oct. 2020。

二、国际肉鸡贸易概况

(一) 国际肉鸡贸易

2020 年世界肉鸡出口量为 1 195.1 万吨，比 2019 年增长 1.00%（图 6）。作为世界肉鸡最主要的生产国（地区），美国出口量为 332.5 万吨，增长 2.03%；欧盟出口量为 144 万吨，下降 6.55%，出现近五年首次出口负增长的现象。作为新兴经济体国家之一的俄罗斯出口量达到 21.5 万吨，增长 25%，是 2020 年肉鸡出口增长率最高的国家；其次是白俄罗斯，出口量为 20.5 万吨，增长 19.19%；第三是土耳其，出口量达到 45.6 万吨，增长 11.76%，远远超过世界肉鸡出口平均增长率（图 7）。但其他新兴经济体国家肉鸡出口量出现低增长甚至零增长现象，泰国出口量 89 万吨，增长 1.02%；阿根廷出口量 15.5 万吨（表 2）。2020 年中国肉鸡出口量为 37.5 万吨，大幅下降 12.38%，成为世界肉鸡主要出口国家（地区）中出口增长率最低的国家。随着新冠肺炎疫情的缓解，全球肉鸡生产逐渐恢复，世界肉鸡出口量将上升。根据 USDA 预测，2021 年世界肉鸡出口量可能稳步上升，预计达到 1 218.5 万吨，增长率为 1.96%（图 6）。

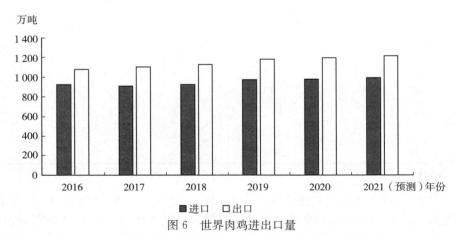

图 6 世界肉鸡进出口量

数据来源：Livestock and Poultry：Market and Trade，Foreign Agricultural Service/USDA Oct. 2020。

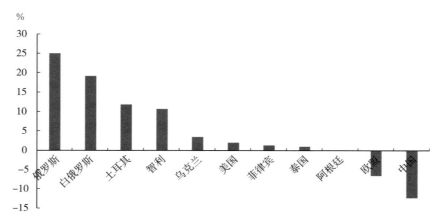

图 7 2020 年世界肉鸡主要出口国（地区）出口增长率

数据来源：Livestock and Poultry：Market and Trade，Foreign Agricultural Service/USDA Oct. 2020。

表 2 2020 年世界肉鸡主要出口国（地区）出口量

序号	国家（地区）	出口量（万吨）
1	巴西	386
2	美国	332.5
3	欧盟	144
4	泰国	89
5	其他	46.5
6	土耳其	45.6
7	乌克兰	42
8	中国	37.5
9	俄罗斯	21.5
10	白俄罗斯	20.5
11	阿根廷	15.5

数据来源：Livestock and Poultry：Market and Trade，Foreign Agricultural Service/USDA Oct. 2020。

2020 年世界肉鸡进口量达到 979.8 万吨，相比 2019 年增长 0.44％，增长幅度较小。日本和中国是全球肉鸡进口量最多的两个国家，进口量分别为 106 万吨和 98.5 万吨（表 3）。中国 2020 年肉鸡进口增长率高达 69.83％，成为全球肉鸡进口增长率最高的国家；其次是美国，进口量为 6.7 万吨，增长 9.84％。日本、伊拉克、沙特阿拉伯、欧盟等国家（地区）出现了肉鸡进口负

表 3 2020 年世界肉鸡主要进口国（地区）进口量

序号	国家（地区）	进口量（万吨）
1	日本	106
2	中国	98.5
3	墨西哥	88
4	欧盟	64
5	沙特阿拉伯	55
6	伊拉克	47.5
7	阿拉伯联合酋长国	40.7
8	南非	39
9	菲律宾	37.5
10	中国香港	30.5
11	美国	6.7

数据来源：Livestock and Poultry：Market and Trade，Foreign Agricultural Service/USDA Oct. 2020。

增长的现象，其中阿拉伯联合酋长国、南非的肉鸡进口增长率远低于世界肉鸡进口平均增长率，分别为－15.56％、－19.59％（图 8）。总体来讲，2020 年世界肉鸡进口增长较缓慢，主要是在新冠肺炎疫情影响下，动物蛋白市场受到冲击，肉鸡消费量增速放缓，随着新冠肺炎疫情的缓解，肉鸡消费量将逐渐上升。根据 USDA 预测，2021 年世界肉鸡进口量将达到 996.3 万吨，增长率可能达到 1.68％。

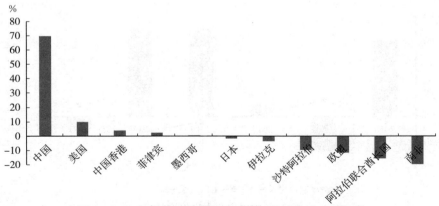

图 8 2020 年世界肉鸡主要进口国（地区）进口增长率

数据来源：Livestock and Poultry：Market and Trade，Foreign Agricultural Service/USDA Oct. 2020。

（二）中国肉鸡对外贸易

2020 年中国肉鸡进口量为 98.5 万吨，比上年增长 69.83%（图 9、图 10），实现大幅度的增长。2020 年中国肉鸡出口量为 37.5 万吨，降幅 12.38%，下降幅度明显。2020 年中国非洲猪瘟得到有效控制，在一定程度上冲击了肉鸡的需求市场。并且随着中国新冠肺炎疫情的缓解，肉鸡生产逐步恢复，对肉鸡进出口将产生影响。根据 USDA 预测，2021 年中国肉鸡进口量为 92.5 万吨，下降 6.09%，2021 年中国肉鸡出口量将达到 41 万吨，增长 9.33%，可能会扭转出口负增长的局面。

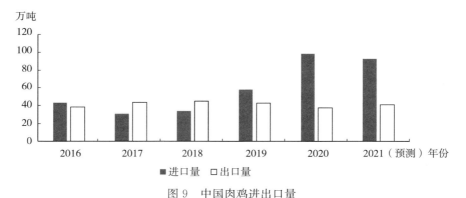

图 9　中国肉鸡进出口量

数据来源：Livestock and Poultry：Market and Trade，Foreign Agricultural Service/USDA Oct. 2020。

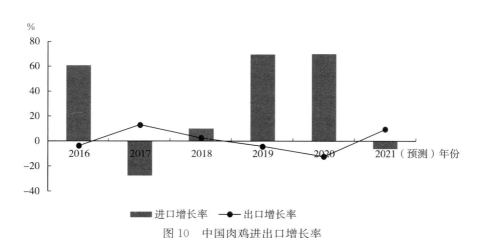

图 10　中国肉鸡进出口增长率

数据来源：Livestock and Poultry：Market and Trade，Foreign Agricultural Service/USDA Oct. 2020。

三、国际国内肉鸡产业环境与技术进展

（一）新冠肺炎疫情冲击肉鸡产业

2020年新冠肺炎疫情席卷全球，对世界各行各业都产生了严重影响，肉鸡因其产业集中、生产周期短等特点，成为受疫情冲击最大的畜牧产业之一，其产业链的各个环节都受到了严重影响。在新冠肺炎疫情的影响下，全球各国（地区）减少活鸡的进出口量，对冷冻鸡的检查也更加严格。德国、英国等欧美国家肉类加工企业相继出现新型冠状病毒，肉鸡的屠宰、分割、储存等加工过程也面临着较大的危险。中国在新冠肺炎疫情暴发后，多个地区相继采取封城封路、延迟复工、活禽市场关闭等防控措施，对肉鸡生产、养殖、屠宰加工以及产业经营者心态产生严重影响（辛翔飞等，2020）。另外，从消费需求上看，酒店餐饮业在疫情期间受到严重损失，肉鸡作为餐饮需求的重要组成部分也受到较大影响。中国随着新冠肺炎疫情的缓解，饲料加工企业逐步复工，肉鸡产能逐步得到恢复。华裕农科自2020年1月26日恢复生产，河北、江西、重庆、吉林等30个养殖基地开足马力，全力保障民生供应，并从3月开始达到正常生产水平。

（二）全球禽流感盛行，敲响防疫警钟

2020年全球范围内暴发了多起禽流感，让效益下滑的肉鸡产业再度受到冲击。据菲律宾《世界日报》8月20日报道，澳大利亚暴发H7N7亚型禽流感后，菲律宾农业部8月19日签发了一项备忘录令，暂时限制进口澳洲的家禽食品。2020年11月15日，日本香川县三丰市出现"H5亚型"禽流感病毒，扑杀近8万只鸡。另外，匈牙利、越南、保加利亚等国家也暴发了不同程度的禽流感。全球范围内禽流感疫情抬头趋势，为中国的禽流感疫情防控工作敲响了警钟。2020年7月10日，中国国务院联防联控机制召开新闻发布会，介绍中国防范疫情输入风险、加强进口冷链食品监管有关信息。会上，海关总署进出口食品安全局局长毕克新介绍，随着境外疫情的快速发展，特别是一些国家带疫复工，冷链环节受污染的风险加大。海关总署对此提出坚持关口前移、开展远程的视频检查、暂停产品进口措施来加强对进口冷链食品的源头管控，暂停了德国、巴西、美国、英国等23家境外肉类生产企业产品的进口。

（三）新城疫疫苗研究取得进展

新城疫是禽类的病毒性疾病之一，能引发禽类神经系统、消化系统和呼吸

系统损伤，死亡率极高，对家禽养殖形成了严重制约（姚舜禹等，2020）。20世纪50年代建立的疫苗株（如 La Sota 等）正在失去对21世纪的新毒株的免疫效力。各国（地区）正在加快推进新型新城疫疫苗的研究。中国工程院院士、扬州大学刘秀梵教授主持完成了"基因Ⅶ型新城疫新型疫苗的创制与应用"项目，发明了国际上第一个注册的基因Ⅶ型新城疫灭活疫苗，解决了免疫鸡群非典型新城疫和鹅新城疫防控重大问题（刘源，2020）。这是我国首个拥有自主知识产权的新城疫疫苗株，打破了新城疫疫苗株完全由国外引进的局面。

（四）植物基蛋白替代传统肉类

植物基蛋白作为传统肉类的重要替代品，其市场占有率不断上升，瑞士投资公司瑞银（UBS）预计植物基蛋白和肉类替代品零售额将从2018年的46亿美元增长至2030年的850亿美元。美国植物性食品协会（Plant Based Foods Association）和好食品研究所（Good Food Institute）公布数据显示，2019年，用于替代传统肉类、乳制品、蛋品和海鲜产品的植物基替代食品零售额达到50亿美元，相比2019年增长11.4%。美国科尔尼管理咨询公司对全球肉类零售额市场预测显示：传统肉类零售额在全球肉类总零售额中所占比例将从2025年的90%下降至2040年的40%，减少的部分将由植物基肉和实验室培养肉替代。

（五）兽药监督趋于完善，"无抗"推进加快

肉鸡无抗化养殖是提升肉鸡品质的重要措施，面对市场对高品质肉鸡的需求，加快推进无抗化养殖技术日益成为研究的重点。2020年1月底，欧洲药品管理局（EMA）给出兽用抗生素风险分类的四个风险类别的科学建议，A类为避免使用，B类为限制使用，C类为小心使用，D类为谨慎使用。兽用抗生素的风险等级划分有助于人们重新认识兽用抗生素风险，将人们的注意力集中在风险更低的抗生素上，推进兽用抗生素规范化使用。很多肉鸡生产厂家都纷纷推出了无抗鸡肉产品。2020年1月11日，正大集团在北京盒马鲜生十里堡店推出 Benja 无抗鸡肉系列产品。此外，吉林酉盛达农业科技有限公司也在线上线下大力推广其千百禾无抗鸡肉。

（六）强强联合优化肉鸡产业链构建

2020年新冠肺炎疫情对全球肉鸡产业造成了冲击，全球各企业在面对冲

击的同时也引发了对构建更优化的肉鸡产业链的思考。产业链的弹性决定了产业在重大危机下的抗冲击能力，构建更富有弹性的产业链是现代化肉鸡企业必须正视的问题。2020 年 6 月，Lincoln Premium Poultry（林肯优质家禽公司）耗资 4.5 亿美元打造的肉鸡养殖加工一体化工厂，开始向市场供应肉鸡等家禽产品，将能够向 Costco（开市客）在美国西部的所有门店供货。圣农集团为保证产业链的完整性，预打造 10 亿羽鸡产业集群，集群年产值超 3 000 亿元。京海集团和温氏股份通过资金重组，强强联合，优势互补，做到"一加一大于二"。重组后京海集团将在 2020 年 12 月底之前完成 12 个子项目，新增 120 万套父母代，固定资产投资 16 亿元，积极推进安伟捷曾祖代种鸡引进中国，同时也保障进口渠道的畅通。

（七）人工智能技术助推肉鸡养殖

随着全球人口增长、居民膳食结构的改变以及对食品质量安全问题的重视，肉鸡产业发展面临的挑战也不断增多。畜牧生产者长期面临着以更少的资源生产更多的畜禽产品的压力，因此各家禽企业需要探索更先进的养殖技术，突破现有的效益瓶颈。随着人工智能技术不断完善，家禽养殖业也逐步应用人工智能技术提升效益。例如，江苏的深农智为提高养殖环控水平研发了"家禽穿戴式体核温度无线传感器"，可以 24 小时对家禽进行体温监测，并能上传至云端。人工智能技术应用于家禽养殖将有助于肉鸡产业提质增效。

四、中国肉鸡产业发展面临的问题与对策建议

在"新冠肺炎疫情""生猪反弹""产能过剩""活禽管制"等多重因素的叠加影响下，我国肉鸡产业走过了不平凡的 2020 年。这是肉鸡行业做贡献的一年，也是难受的一年。贡献是，肉鸡作为主要的猪肉替代品，产量增长很快，为猪肉价格的回落做了很大贡献；难受是，当前肉鸡产能过剩，导致鸡肉产品价格下跌，最高跌幅约 15%，而且，养殖成本大幅上涨，肉鸡养殖利润大幅下跌。

（一）中国肉鸡产业发展面临的问题

1. 肉鸡产能过剩，整体效益下滑

产能是决定肉鸡产业能否盈利的关键，只有产能控制得合理，产业才会有收益。新冠肺炎疫情引发世界经济衰退，生产、就业、收入、消费等各方面都

受到影响，肉鸡消费端增长乏力，肉鸡产能过剩问题突出。肉鸡产能在 2018 年、2019 年集中暴发，2020 年虽受新冠肺炎疫情影响产能有所损失，但仍处高位。全国肉雏鸡价格 8 月后持续下跌，9 月肉雏鸡平均价格为每只 3.02 元，10 月月均价每只 2.85 元，环比下跌 5.7%，与 2019 年同期的每只 6.67 元相比，跌幅高达 57.3%。肉鸡产业效益缩水的根本原因在于产业内部，在"加紧数量扩张"发展思路的驱动下，企业扩张迅速，产能过剩问题日益暴露。

2. 肉鸡种源依赖进口，饲料供应压力攀升

在育种方面，目前中国白羽肉鸡种源主要依赖进口，育种难题长期困扰着中国肉鸡产业。近年来中国对白羽肉鸡育种的重视程度提升，白羽肉鸡育种企业发展迅速，但规模参差不齐，整体技术力量薄弱。中国白羽肉鸡育种压力大严重威胁着中国肉鸡产业的安全。在饲料供应方面，由于饲料价格持续走高，饲料供应压力增大，肉鸡养殖成本不断提升，利润空间受到挤压。如何应对饲料成本持续走高成为肉鸡生产企业面临的重要问题。

3. 冷链配套设施不完善，冰鲜肉鸡发展受阻

在新冠肺炎疫情的推动下，活禽屠宰配送规范化进程加快，全国许多城市推行集中屠宰、冷链配送、生鲜上市。冰鲜鸡在口感和新鲜度方面略逊于新鲜鸡，但在安全卫生上优于新鲜鸡，因为冰鲜鸡从原料检疫、宰杀、分割到包装、运输、贮藏、销售的全过程，始终处于严格监控之下，可有效降低污染。2019 年中国冰鲜黄鸡市场规模达到 139 亿元，2020 年 10 月全国共有 66 个城市实现冰鲜上市，预计 2025 年中国冰鲜黄鸡市场规模将达到 400 亿元。规范化的屠宰配送体系对生鲜冷链物流提出更高的要求，但当前我国生鲜冷链物流仍处于初期发展阶段，冷链物流配送标准不健全和专业化冷链技术人才短缺等问题突出，冷链配套设施不完善，尚不能满足市场需求。

4. 肉鸡传染性支气管炎频繁变异，防疫出现"真空"

传染性支气管炎（IB）是鸡的一种急性、高度传染性的病毒性疾病，其病原传染性支气管炎病毒（IBV）是一种单股正链 RNA 病毒。目前，IBV 在世界范围内广泛传播，给各国养禽业造成了严重的危害和不可估量的损失。在疫苗研制上，传染性支气管炎病毒频繁发生点突变或重组变异，传统疫苗的应用不能阻止该病持续发生（Ren Meng－ting 等，2020）。在疫苗使用上，IB 疫苗需要使用专业的喷雾免疫设备，而且需要具有一定科学防疫技术和设备使用经验的专业人员进行操作。高效疫苗短缺和设备生产难、使用难等问题，对 IB 防疫工作产生阻碍，增加了肉鸡养殖的潜在风险。

5. 肉鸡屠宰设施设备自动化水平不高

近年来，由于活禽屠宰配送规范化的推行，对家禽屠宰提出了更高的要求。中国家禽自动化屠宰技术不断创新，但是仍有较多的屠宰加工厂以人工为主，部分屠宰加工厂采用半自动化技术与人工屠宰相结合，高水平自动化屠宰技术普及程度较低。在效率上，人工屠宰受工作娴熟度等因素影响，屠宰效率较低。在安全性上，屠宰流程还存在不标准、不规范等问题，肉鸡产品安全性难以保障。2020 年受新冠肺炎疫情的影响，传统屠宰问题日益暴露，加快高水平自动化屠宰技术普及成为活禽屠宰业面临的重要问题。

（二）中国肉鸡产业发展的对策建议

党的十九届五中全会指出，"十四五"时期我国经济社会发展要以推动高质量发展为主题。国家要高质量发展，畜牧业要高质量发展，肉鸡产业也要高质量发展。肉鸡产业应该主要从质量、育种、防疫、效益等方面实现高质量发展。

1. 提质增效，正视产能问题

提升企业素质是解决肉鸡产能过剩问题的重要途径，企业生产应以提质增效为目标，从盲目扩张向提升产品竞争力转变。由于企业间信息交流程度低、信息公开有限等问题，对行业协会发挥调节作用造成严重阻碍，企业应增强整体意识，密切关注市场动态，加强企业间的交流合作，发挥"抱团"优势，共同推动行业转型升级。行业协会应构建信息沟通平台，积极组织交流会议，增强行业内信息共享，促进肉鸡市场的良性竞争。肉鸡行业产能调控，离不开各企业的密切合作，只有各企业树立整体意识，进行良性竞争，肉鸡行业才能实现优化升级。

2. 加快育种攻关，优化饲料组合

加强肉鸡育种技术攻关，是克服肉鸡种源依赖进口的重要措施。我国在白羽肉鸡育种环节较为薄弱，白羽肉鸡种源主要依靠进口，相较于国外几十年的育种经验而言，我国在技术、人才、资本积累上还有所差距。现阶段必须采取有针对性的行动，推进育种工作，要将我国丰富的种源与广阔的市场相结合，突破白羽肉鸡育种瓶颈。在饲料方面，应减少饲料损耗，提高饲料利用率并积极探索原材料替代产品，例如糖化玉米秸秆等。另外，采食量和饲料转化率也是肉鸡养殖应关注的重要方面，与传统技术相比，食量自动测定技术可大大减少人力物力，有利于节省饲料成本，提高生产效率。

3. 完善冷链运输体系，助力冰鲜肉鸡发展

中国肉鸡市场呈现冰鲜鸡和冷冻鸡代替活鸡的趋势。冰鲜肉鸡对屠宰加工技术提出了较高的要求，肉鸡在经过集中屠宰后，鸡的胴体将接受风冷处理，使鸡胴体温度在 1 小时内降为 0～4℃，然后再将鸡肉保鲜处理和包装，并在后续的加工、流通和零售过程中始终保持在 0～4℃ 范围内，主要依靠于冷藏车、冰柜等设备。冰鲜肉鸡冷链物流配送体系的优化，要坚持以冷链物流基础设施建设为主。根据冰鲜肉鸡温控特点采用相应的冷藏车和冰柜，在运输设备上采用自动控温技术，确保冰鲜肉鸡运输和配送全过程的温控。借助大数据、物联网和人工智能等，构件完善的冰鲜肉鸡物流信息平台，为冰鲜肉鸡的发展提供有效的信息支持和保障。

4. 提高肉鸡传染性支气管炎科学免疫水平

传染性支气管炎的防疫手段主要是疫苗免疫，应从疫苗研制与疫苗应用两个方面入手，提高科学免疫水平。在疫苗研制方面，高效疫苗是控制肉鸡传染性支气管炎的关键，应组建专业队伍联合攻克高效疫苗瓶颈，并保证科研攻关资金投入。在疫苗应用方面，因肉鸡传染性支气管炎病毒具有多种类型，所以应根据病毒类型选择更准确的疫苗或疫苗组合进行免疫，同时应加强工作人员的科学免疫方法和专业设备使用方法的相关培训。

5. 加强智能化屠宰设备研发，提高肉鸡加工水平

智能化肉鸡加工系统是未来发展的趋势，将智能技术应用于肉鸡加工全过程，有助于完善清理、分级、分拣系统，减少因工人操作失误带来的误差。随着肉鸡消费量的提升，肉鸡屠宰设备市场迎来新的发展机遇。屠宰设备加工企业应把握良好发展机遇，加强屠宰设备研发，提高屠宰设备的智能化水平，以达到"用工少、效果好"。智能化屠宰加工不仅可以节约人工成本，而且可以提高劳动效率。另外，由于智能化屠宰技术更容易实现标准化屠宰，所以在降低对人工依赖的同时也有助于提高安全性。

参考文献

[1] Ren Meng - Ting，Han Zong - Xi，Zhao Yan. 研究表明鸡传染性支气管炎病毒疫苗株与野毒株发生基因多重重组后产生与母本病毒不同特性的新病毒 [J]. 中国预防兽医学报，2020，42 (07)：742.

[2] United Bank of Switzerland. The food revolution [EB/OL]. (2019 - 9 - 27) [2020 - 11 - 21]. https：//www. ubs. com/global/en/wealth - management/chief - investment - office/sustainable - investing/2019/food - revolution. html.

[3] United States Department of Agriculture. Livestock and Poultry：Market and Trade [EB/OL] (2020 - 10 - 09) [2020 - 10 - 20]. https：//usda. library. cornell. edu/

concern/publications/73666448x？locale＝en.

[4] 郭智．世界经济发展新形势下"三零"贸易规则的影响及对策研究 [J]．对外经贸实务，2020（10）：17－20.

[5] 刘源．2019 年度国家技术发明奖二等奖 基因Ⅶ型新城疫新型疫苗的创制与应用 [J]．中国畜牧业，2020（04）：24.

[6] 辛翔飞，郑麦青，文杰，等．2019 年肉鸡产业形势分析、未来展望与对策建议 [J]．中国畜牧杂志，2020，56（03）：155－159.

[7] 辛翔飞，郑麦青，赵桂苹，等．新型冠状病毒肺炎疫情对我国肉鸡产业的影响 [C]//中国肉鸡产业经济 2019．北京：中国农业出版社，2020：292－307

[8] 姚舜禹，张丽琳．新城疫疫苗研究进展 [J]．生物技术进展，2020，10（05）：470－478.

[9] 佚名．国际畜牧网．2020 年中国冰鲜黄鸡行业发展现状及前景分析：疫情将加快黄鸡冰鲜化 [EB/OL]．（2020－10－30）[2020－11－21]．https：//mp. weixin. qq. com/s/NiFnzw4j6tZ18nLB7gOgcg.

[10] 佚名．国际畜牧网．日本禽流感迎来新一波疫情，近 8 万只鸡将被扑杀 [EB/OL]．（2020－11－20）[2020－12－25]．https：//mp. weixin. qq. com/s/GxQHTUmsz5r＿WowpwzVHLw.

[11] 佚名．国际畜牧网．肉鸡产能虽调减，但产业仍然艰难 [EB/OL]．（2020－11－03）[2020－12－22]．https：//mp. weixin. qq. com/s/ov1EKs6mo1KQ5LzEuysguw.

[12] 佚名．国际畜牧网．十家种禽企业抗疫稳生产 [EB/OL]．（2020－03－15）[2020－12－25]．http：//www. guojixumu. com/newsall. aspx？cid＝500&id＝16430.

[13] 佚名．国际畜牧网．探索 Costco 耗资 4.5 亿美元的肉鸡养殖加工一体化工厂 [EB/OL]．（2020－10－20）[2020－12－22]．https：//mp. weixin. qq. com/s/g9Ev2K-Zd-BfKevqBbmVDK4g.

[14] 佚名．国际畜牧网．新冠肺炎疫情在美快速扩散，家禽巨头泰森食品调整应急方案 [EB/OL]．（2020－03－31）[2020－12－25]．https：//mp. weixin. qq. com/s/aKOMdxQPMAchjmAe＿72aEw.

[15] 佚名．国际家禽．2020 年全球家禽产业十大关键词及未来关注点 [EB/OL]．（2020－12－10）[2020－12－25]．http：//www. guojixumu. com/nmzk/2020/mobile/index. html.

[16] 佚名．国际家禽．传染性支气管炎流行现状及免疫防控策略 [EB/OL]．（2020－05－16）[2020－11－20]．http：//www. guojixumu. com/nmzk/jiaqin/mobile/index. html.

[17] 佚名．国际家禽．进击中的替代蛋白 [EB/OL]．（2020－10－24）[2020－11－21]．http：//www. guojixumu. com/nmzk/2020jiaqin1/mobile/index. html.

[18] 佚名．国际家禽．欧洲对兽用抗生素的最新分类 [EB/OL]．（2020－05－16）[2020－11－20]．http：//www. guojixumu. com/nmzk/jiaqin/mobile/index. html.

[19] 佚名．国际家禽．强强联合，谱写白羽肉鸡发展新乐章 [EB/OL]．（2020－08－02）[2020－12－10]．http：//www. guojixumu. com/zhiku/FlipBook/jiaqin7－8pdf/

mobile/index. html.

［20］佚名．国际家禽．人工智能助力家禽业发展［EB/OL］.（2020 - 05 - 16）［2020 - 11 - 20］. http：//www. guojixumu. com/nmzk/jiaqin/mobile/index. html.

［21］佚名．国际家禽．智能化养殖转型已成为必然但需深耕基础研究［EB/OL］.（2020 - 10 - 24）［2020 - 11 - 20］. http：//www. guojixumu. com/nmzk/2020jiaqin1/mobile/index. html.

［22］佚名．中国政府网．国务院联防联控机制发布会：介绍防范疫情输入风险、加强进口冷链食品监管有关信息［EB/OL］.（2020 - 07 - 10）［2020 - 11 - 20］. http：//www. gov. cn/xinwen/gwylflkjz132/index. htm.

［23］张怡，辛翔飞，王济民．2019 年全球肉鸡生产、贸易及产业经济政策研究［J］. 中国家禽，2020，42（05）：66 - 72.

2021 年生猪产业发展形势及 2022 年展望

王祖力

（中国农业科学院农业经济与发展研究所）

2021 年，生猪生产恢复任务目标提前半年完成，猪肉市场供应宽松[①]。据国家统计局数据，截至 2021 年二季度末，全国能繁母猪存栏连续 21 个月增长，恢复到 2017 年末的 102.1%。全年生猪出栏量同比增长 27.4%，猪肉产量同比增长 28.8%，已基本接近正常年份水平。随着供应增加，猪肉价格、养殖盈利及进口数量均高位回落。预计 2022 年生猪产能稳中有降，受产能恢复翘尾影响，猪肉产量仍将惯性增加，市场供需形势将由宽松转向均衡，生猪市场价格上半年下跌、下半年上涨，涨跌幅度将明显小于前两年。

一、2021 年生猪生产形势

（一）生猪生产恢复超预期，任务目标提前半年完成

据农业农村部监测，截至 2021 年 6 月，全国能繁母猪存栏连续 21 个月环比增长，月均增速达到 2.5%。据国家统计局统计，2021 年 6 月末全国生猪存栏 43 911 万头，比上年同期增加 9 915 万头，同比增长 29.2%。其中，能繁母猪存栏 4 564 万头，比上年同期增加 935 万头，同比增长 25.8%。生猪存栏恢复到 2017 年末的 99.4%，能繁母猪存栏恢复到 2017 年末的 102.1%，生猪生产完全恢复的任务目标，较农业农村部《加快生猪生产恢复发展三年行动方案》规定时间提前半年完成。从全年生产看，据国家统计局统计，生猪出栏 6.7 亿头，同比增加 1.4 亿头，增长 27.4%；猪肉产量 5 296 万吨，同比增加

[①] 本报告分析判断主要基于 400 个生猪养殖县中 4 000 个定点监测村、1 200 个年设计出栏 500 头以下养殖户以及全国范围内 18 万家年设计出栏 500 头以上规模养殖场的生产和效益监测数据。

238 元。按每个月出栏量加权平均计算，全年每出栏一头生猪有 564 元的利润，高于正常年份 200 元左右的盈利水平（图 2）。

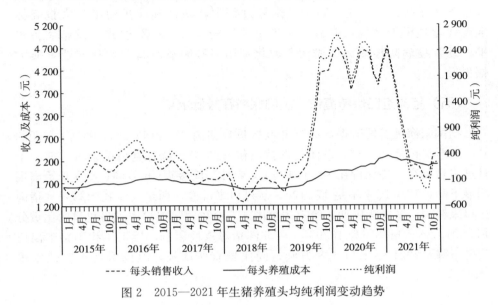

图 2 2015—2021 年生猪养殖头均纯利润变动趋势

（四）规模化进程快速推进，产业素质明显提升

预计 2021 年全国生猪养殖规模化率达到 60%，比 2020 年提升约 3 个百分点，比 2018 年提高约 11 个百分点（图 3）。数据显示，2021 年出栏

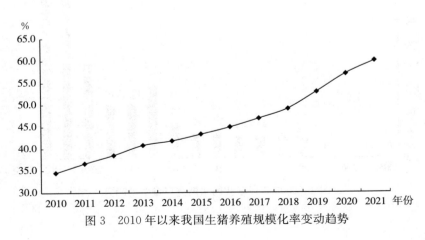

图 3 2010 年以来我国生猪养殖规模化率变动趋势

量全国排名前 20 位的养殖企业共出栏生猪 1.4 亿头，同比增长 78.1%；20 家企业生猪出栏量占全国总出栏量的比重达到 20.3%，较 2020 年提高 5.8 个百分点。这一轮生猪生产恢复过程中，新建和改扩建了一大批高标准现代化规模养殖场，部分中小养猪户依托"大带小"模式，设施装备水平、动物疫病防控能力、粪污资源化利用率等明显改善，生猪产业素质大幅提升。

（五）猪肉进口保持高位，出口保持在较低水平

据国家海关总署数据，2021 年我国进口猪肉 371 万吨，较 2020 年同期的 439 万吨，下降 15.5%，总体仍保持高位（图 4）。从月度情况来看，前 7 个月进口量较高，均保持在 30 万吨以上，3 月一度接近 46 万吨；8 月开始出现明显下降，12 月降至不足 17 万吨。从进口来源看，西班牙是我国第一大猪肉进口来源国，其次为巴西，第三为美国，三个国家进口量占进口总量的比重分别为 31.1%、14.8% 和 10.9%。受非洲猪瘟疫情影响，近三年我国猪肉出口明显下降，2021 年出口 1.8 万吨，同比虽有所增长，但仍保持在较低水平（图 5）。

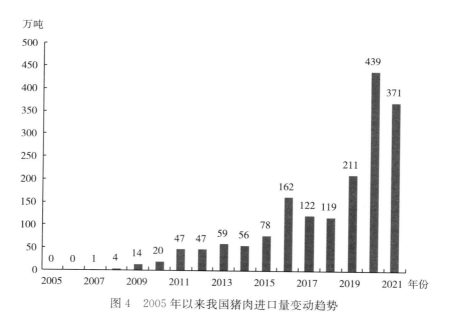

图 4　2005 年以来我国猪肉进口量变动趋势

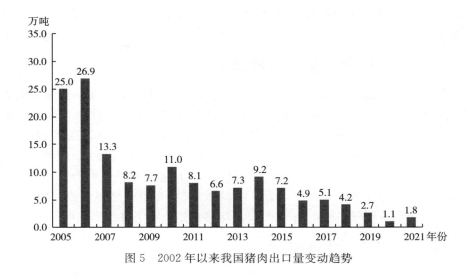

图 5　2002 年以来我国猪肉出口量变动趋势

二、2022 年生猪生产形势展望

（一）生猪产能或将稳中有降

受价格下跌、生猪养殖亏损影响，2021 年 3 季度以来，全国生猪产能持续调减。据农业农村部监测，截至 2021 年底，能繁母猪存栏量连续 6 个月环比下降；据国家统计局统计，2021 年底全国能繁母猪存栏量为 4 329 万头，较6 月的 4 564 万头，下降 235 万头，降幅 5.1%；与农业农村部《生猪产能调控实施方案（暂行）》所确定的正常保有量相比，还高出 229 万头，为正常保有量的 105.6%。预计 2022 年春节之后生猪价格还有下跌空间，养殖场户还会经历一轮亏损期，继续淘汰低产母猪，生猪产能将有所下降。

（二）猪肉产量仍将惯性增加

据国家统计局数据，2021 年 6 月全国能繁母猪存栏量达到本轮生猪产能恢复以来的峰值。据此推算，2022 年上半年生猪出栏量和猪肉产量仍处在惯性增长区间。2021 年底全国生猪存栏量为 44 922 万头，同比增长 10.5%；与2021 年 6 月相比，增加 1 011 万头，增长 2.3%。按正常生产节奏推算，在不考虑出栏体重变化的情况下，2022 年上半年生猪出栏量和猪肉产量也将较2021 年下半年增长约 2.3%。但受 2021 年下半年生猪产能持续下降影响，

2022 年下半年生猪出栏量和猪肉产量将有所回落，猪肉市场供应呈现出前高后低的特征。

（三）防疫等养殖成本仍有下降空间

据农业农村部监测数据，2017 年（非洲猪瘟疫情发生之前）我国生猪养殖成本为 13.1 元/千克。疫情发生后，生猪养殖成本持续上升，2021 年初创下每千克 17.2 元的历史最高价格，较疫情之前提升了 4.1 元，涨幅 31.3%。随着疫情形势总体好转，疫病防控进入新常态，非正常支出减少，生猪养殖成本自 2021 年 2 月以来呈下降态势。2021 年 12 月生猪养殖成本价为 15.7 元/千克，近一年时间下降了约 1.5 元，降幅 9.0%。在疫情总体平稳的情况下，非正常支出仍有下降空间，预计 2022 年生猪养殖成本仍将趋势性下移。

（四）猪肉进口量或将明显减少

2021 年前 3 个季度，猪肉市场价格经历了超预期下跌，一些进口冻肉贸易商因误判市场行情，未缩减进口量级，导致亏损较为严重。调研了解到，在 4 季度猪肉价格有所回升的情况下，进口冻肉贸易商平均每吨冻肉亏损额仍然在 1 000 元左右。2022 年上半年，随着生猪市场供应逐步增加，预计国内冻肉价格总体仍呈下降趋势。加之进口关税从 8% 恢复到 12%，进口商利润空间受限，订单数量会随之减少。目前，新冠肺炎疫情仍在持续，部分国家和企业暂停向我国出口猪肉。受上述因素影响，预计全年猪肉进口数量将出现较为明显的下降。

（五）供需形势将由宽松转向均衡

2022 年上半年生猪出栏量和猪肉产量惯性增加，叠加猪肉需求淡季，预计市场供需形势较为宽松。2022 年下半年，随着生猪产能调减效果的逐步显现，叠加猪肉消费需求的季节性增加，预计市场供需形势将由上半年的宽松状态逐步转向均衡水平。在没有异常因素影响的情况下，根据供需基本面判断，预计上半年生猪及猪肉价格相对较低，生猪养殖再次陷入亏损区间的可能性较大；下半年供需形势及猪价将逐步好转，生猪养殖将扭亏为盈。总体来看，供需关系变化不会太大，猪价波动幅度将明显小于前两年水平。

2020 年生猪产业发展形势及 2021 年展望

王祖力

（中国农业科学院农业经济与发展研究所）

2020 年，我国生猪生产持续加快恢复，成效超出预期。综合农业农村部监测和国家统计局数据[①]，截至 2020 年 12 月，全国生猪存栏连续 11 个月增长，能繁母猪存栏连续 15 个月增长，分别恢复到 2017 年的 92.1% 和 93.1%。受前期产能下降的翘尾因素影响，全年累计出栏同比下降 3.2%，猪肉产量同比下降 3.3%，猪肉价格、养殖盈利及进口数量均创历史新高。预计 2021 年生猪产能恢复目标可提前完成，猪肉产量同比将有较大幅度增长，全年猪肉供应量将呈前低后高态势，市场供应将逐步增加，生猪市场价格总体将处在趋势性下行通道。

一、2020 年生猪生产形势

（一）产能恢复超出预期，已达常年水平 90% 以上

据农业农村部监测，截至 2020 年 12 月，全国能繁母猪存栏连续 15 个月增长，生猪存栏连续 11 个月增长，月均增速分别达到 3.1% 和 4.1%。国家统计局数据显示，2020 年年末全国生猪存栏 40 650 万头，比 2019 年增加 9 610 万头，同比增长 31.0%，相当于 2017 年年末存栏的 92.1%。其中，能繁母猪存栏 4 161 万头，比上年增加 1 081 万头，同比增长 35.1%，相当于 2017 年末的 93.1%（图 1）。

[①] 本报告分析判断主要基于 400 个生猪养殖县中 4 000 个定点监测村、1 200 个年设计出栏 500 头以下养殖户以及全国范围内 17 万家年设计出栏 500 头以上规模养殖场的生产和效益监测数据。

图 1 2017—2020 年生猪存栏指数及能繁母猪存栏指数变动趋势

（二）3 月以来市场供应逐步增加，全年猪肉产量同比略降

农业农村部监测数据显示，截至 2020 年 12 月，全国生猪出栏连续 10 个月增加，猪肉市场供应逐月改善（图 2）。据对规模以上生猪屠宰企业监测，2020 年 7—12 月屠宰量分别为 1 171 万头、1 179 万头、1 285 万头、1 433 万头、1 626 万头和 2 060 万头，12 月比 7 月增加 889 万头，增幅达 75.9%。据国家统计局数据，上半年全国生猪出栏 2.51 亿头，同比下降 19.9%；下半年出栏 2.76 亿头，同比增长 19.6%。全年生猪出栏 5.27 亿头，猪肉产量 4 113.3 万吨，同比分别下降 3.2% 和 3.3%，同比降幅较上年大幅收窄。

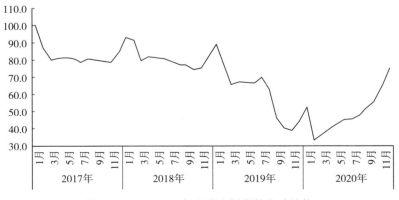

图 2 2017—2020 年生猪出栏指数变动趋势

（三）猪价总体震荡下行，养殖盈利保持较高水平

据农业农村部 500 个县集贸市场价格监测数据，2020 年 2 月、8 月和 12 月全国生猪及猪肉价格出现了 3 轮季节性上涨，但峰值渐次走低，总体呈震荡下行趋势（图 3）。从周度数据来看，2 月猪肉最高价为每千克 59.64 元，8 月最高价为 56.09 元，12 月最高价为 51.65 元，比 2 月的历史高位下降 7.99 元。据对养猪场户定点监测，2020 年以来，生猪养殖头均盈利保持在 1 700 元以上，个别月份达到 2 700 元；全年头均盈利为 2 252 元，远超正常年份盈利水平（图 4）。

图 3　2015—2020 年生猪价格变动趋势

图 4　2015—2020 年生猪养殖头均纯利润变动趋势

（四）规模化进程明显加快，产业素质快速提升

预计 2020 年生猪养殖规模化率可达到 57% 左右，比 2019 年提升 4 个百分点，明显高于常年 2 个百分点左右的增幅（图 5）。在全国生猪出栏同比下降的情况下，部分大型养殖企业生猪出栏实现大幅增长。数据显示，2020 年出栏量全国排名前 20 位的养殖企业共出栏生猪 7 808 万头，较 2019 年出栏量全国排名前 20 位的养殖企业多出栏 2 600 万头；排名前 20 位的企业生猪出栏量占全国总出栏量的比重达到 14.8%，较 2019 年同期提高 3.4 个百分点。2020 年，规模养殖企业在生物安全防控和圈舍改造等方面都加大了投入，生猪产业素质大幅提升。

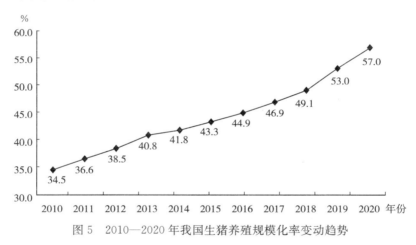

图 5　2010—2020 年我国生猪养殖规模化率变动趋势

（五）猪肉进口同比翻倍，出口下降明显

海关数据显示，2020 年我国猪肉进口总量 439.1 万吨，较 2019 年的 210.8 万吨，增长 108.3%，再创历史新高（图 6）。从进口来源看，西班牙是我国第一大猪肉进口来源国，进口量为 96.1 万吨，占总进口量的 21.9%；其次为美国，进口量为 69.9 万吨，占总进口量的 15.9%；第三大进口来源国为巴西，进口量为 48.2 万吨，占总进口量的 11.0%；排名前三位的国家，猪肉进口量占全国总进口量的比重接近 50%（图 7）。受非洲猪瘟疫情影响，近两年我国猪肉出口总量明显下降，2020 年出口 1.1 万吨，同比下降 60.2%（图 8）。

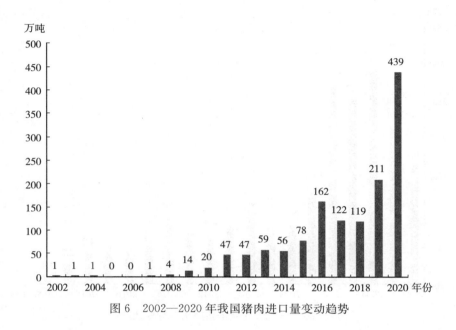

图 6　2002—2020 年我国猪肉进口量变动趋势

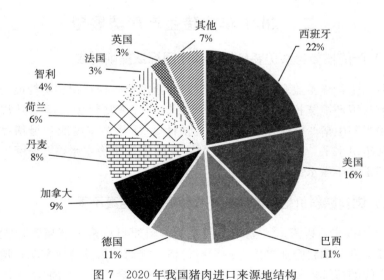

图 7　2020 年我国猪肉进口来源地结构

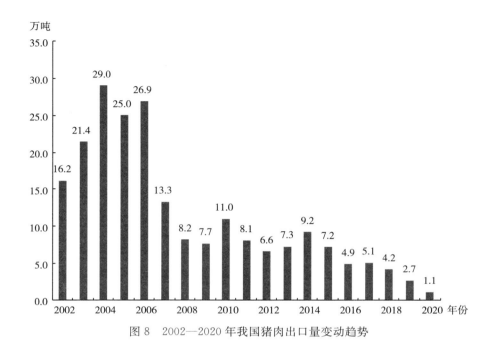

图 8 2002—2020 年我国猪肉出口量变动趋势

二、2021 年生猪生产形势展望

（一）产能恢复势头仍将延续，预期目标或提前完成

当前，生猪养殖盈利保持较高水平，行业疫情防控意识和防控能力明显增强，加上政策环境宽松，生猪产能仍将保持较好恢复势头。排除异常因素影响，按照当前生猪产能恢复势头推算，预计 2021 年 2 季度能繁母猪存栏可恢复到正常年份水平，3 季度生猪存栏可恢复到正常年份水平，4 季度生猪出栏可恢复到正常年份水平。

（二）饲料原料价格上涨明显，养殖成本或居高不下

2020 年以来，以玉米、豆粕为代表的饲料原料价格上涨幅度较大，饲料成本持续提升，饲料企业多次上调饲料价格，推动生猪养殖成本明显增长。随着生猪产能的持续恢复，2021 年饲料原料需求还会进一步增加，预计饲料价格短期内难以明显下降。与此同时，非洲猪瘟等动物疫病风险仍将长期存在，养殖场户在圈舍改造、动物疫病防控和人工费用等方面的投入会继续保持较高

水平，生猪养殖成本或将居高不下。

（三）新冠肺炎疫情影响冷链外贸，猪肉进口或有所下降

目前，新冠肺炎疫情全球蔓延，形势仍然严峻，部分国家和企业暂停向我国出口猪肉。2020 年下半年以来，包括猪肉在内的进口冷链食品新冠肺炎病毒核酸阳性检出率明显增加，导致进口冻肉出库和上市流通不畅，港口出现积压现象。随着生猪生产恢复和市场供应逐步增加，预计 2021 年国内冻肉价格总体呈下降趋势，进口商利润空间收窄，订单数量也会随之下降。受上述因素影响，全年猪肉进口数量将出现一定幅度的下降。

（四）规模化水平将继续提高，产业素质持续提升

相关数据显示，2020 年出栏量排名前 20 位的企业，其 2021 年生猪出栏计划目标高达 18 967 万头，较 2020 年增加 142.9%①。大批于 2020 年新建的规模养殖场将在 2021 年陆续投产。照此趋势判断，2021 年生猪养殖规模化率有望达到 60% 以上。中国畜牧业协会 600 家种猪企业监测数据显示，2020 年种猪企业二元母猪销量同比增长 83.1%。在能繁母猪数量逐步增长的过程中，预计 2021 年能繁母猪群体质量和效率也将明显提高，生猪产业素质将继续提升。

（五）猪肉市场供需形势好转，价格总体将趋势性下行

截至 2020 年 12 月，全国能繁母猪存栏已连续 15 个月环比增长，规模养殖场新生仔猪数量已连续 11 个月环比增长。排除异常因素影响，按生物学规律推算，2021 年生猪市场供应将持续增加，全年出栏量将呈前低后高态势。结合前期生猪产能恢复数据推算，2021 年猪肉产量或将达到 4 800 万吨左右，同比增幅约 15%，猪肉供应形势将明显好于 2020 年，生猪市场价格总体将处在趋势性下行通道。

---

① 数据来源于 2020 年中国猪业高层交流论坛。

白羽肉鸡育种现状、突出问题及对策建议

王济民[1,2]　辛翔飞[1]　赵桂苹[3]　文　杰[3]

（1. 中国农业科学院农业经济与发展研究所；
2. 农业农村部食物与营养发展研究所；
3. 中国农业科学院北京畜牧兽医研究所）

肉鸡养殖，因饲料报酬高、出栏周期短、生产成本低、对环境的负面影响小，而产品营养价值高，在全球快速发展。2019 年全世界鸡肉产量达到 1.18 亿吨，为全球第一大肉类来源。我国肉鸡产业经过 30 多年的发展，鸡肉产量居全球第二，为全国第二大肉类，2020 年产量达到 1 485 万吨，远超牛羊肉总产量 1 164 万吨，约占肉类总量的 19%，比 2019 年增长 5% 以上，为肉类保供稳价做出巨大贡献。但长期以来，约占肉鸡产量一半的白羽肉鸡，其品种一直从国外进口，种源严重受制于人，必须切实采取有效措施，加大白羽肉鸡国产新品种培育力度，尽快突破核心种源"卡脖子"技术瓶颈，为打好种业翻身仗，保主要农产品供给做出应有贡献。

一、育种现状

2019 年，全国祖代白羽肉鸡存栏 139 万套，父母代存栏 5 143 万套，生产商品雏鸡 47 亿只，白羽肉鸡生产产值约 1 500 亿元。其品种培育工作，尽管一波三折，但目前呈现出较好的苗头性趋势。

（一）全球白羽肉鸡种源完全被安伟捷公司（Aviagen）和科宝公司（Cobb - Vantress）垄断，我国白羽肉鸡种源全部依赖进口

现代肉鸡种业始于 20 世纪中期，品种主要以白羽快大型肉鸡为主。禽肉

作为世界第一大肉类产品，全球每年生产白羽肉鸡祖代种鸡约 1 160 万套，父母代种鸡约 6 亿套，生产商品雏鸡约 800 亿只。国际肉鸡育种公司不断进行重组与整合，遗传资源、技术资源和资金高度集中。目前，全球白羽肉鸡种源主要由国际家禽业巨头德国 EW 集团下属安伟捷公司（Aviagen）和美国全球最大肉品加工企业泰森（Tyson）集团拥有的科宝公司（Cobb - Vantress）垄断。进入 21 世纪以来，由于我国白羽肉鸡育种中断，生产中使用的良种开始全部从国外引进，2014 年美国暴发禽流感以前，我国白羽肉鸡祖代种鸡进口量的 95％以上来自美国。此后，随着世界各地禽流感疫情的发展和我国海关进口政策的调整，我国先后从英国、法国、西班牙、波兰、新西兰等国引进了白羽肉鸡祖代种鸡。目前，引进品种主要为 AA＋、哈伯德、科宝以及罗斯308，年引进祖代种鸡 80 万～120 万套，年引种金额约 4 000 万美元。

（二）长期引种的负面效应逐步凸显，已对种源安全、产业安全和生物安全造成了较大影响

作为全球三大白羽肉鸡生产国之一，我国白羽肉鸡种源受制于人，存在如下突出问题：一是种业安全受到严重威胁。白羽肉鸡品种 100％依赖进口，每年需引进祖代肉种鸡 100 万套左右用于生产，进口渠道多变，种源供应问题突出。二是产业稳定发展难以保障。种源处于畜牧业价值链的高端，种源过度依赖进口导致产品的价格波动，白羽肉鸡养殖全产业链综合生产效益的不确定性加剧。三是严重影响食品供给安全。白羽肉鸡提供了 50％以上的鸡肉产量，国外育种公司一旦由于政治、自然、疾病等原因停止供应种鸡，将直接影响我国肉类食品供给安全。四是引种带来疫病传入风险。引种导致疫病跨国界传播，给我国疫病防控带来巨大风险，比如禽白血病就是因引进品种而传入。

（三）我国自主培育的艾维茵肉鸡一度占有白羽肉鸡 50％左右的市场份额，后因疫病控制等原因 2004 年退出市场

我国白羽肉鸡育种工作始于 1986 年，农业部（现农业农村部）确定在兰州建设甘肃省种鸡场，引进法国伊莎公司的 5 系配套明星（ISA Vedette）原种鸡。同年，中、泰、美合资建设北京家禽育种公司并于 1987 年引进艾维茵（Avian）原种鸡。甘肃省种鸡场的育种工作进展不顺，在 1994 年左右终止。北京家禽育种公司经过中美科技人员的共同努力，自主培育的艾维茵肉种鸡质量和市场占有率不断提高，本土种获得巨大成功。到 2002 年，艾维茵肉种鸡在国内种鸡市场占有率达 55％。然而，受 2004 年禽流感疫情和其他种鸡疾

病净化问题的影响，白羽肉鸡市场出现了持续两年多的滑坡，公司经营出现了危机，育种工作终止。

（四）2010 年以来国内部分单位启动了白羽肉鸡育种工作，到目前已取得若干苗头性的突破性成果

针对白羽肉鸡长期依赖国外进口的状况，以中国农业科学院北京畜牧兽医研究所、东北农业大学、福建圣泽生物科技发展有限公司、广东省佛山市高明区新广农牧有限公司等单位对肉鸡育种进行了不懈的努力。特别是 2019 年农业农村部启动了国家畜禽联合攻关计划以来，广东新广、福建圣泽等企业已开展了白羽肉鸡新品种培育，"广明白鸡""圣泽白鸡"已基本定型并完成性能测定，初步具备了替代引进品种的能力。此外，北京市华都峪口禽业有限责任公司培育适合我国饲养条件和消费特点的小型优质白羽肉鸡和快大型白羽肉鸡新品种，也取得明显进展。

二、突出问题

尽管我国白羽肉鸡育种取得了较好进展，但与国际白羽肉鸡育种先进水平相比，我国白羽肉鸡自主育种时间短，高生产性能遗传素材积累基础薄弱，分子育种等新技术应用不够，种源性疫病净化技术和检测产品研发有较大差距。

（一）育种素材不足

优异的育种素材是育种工作的关键。现代白羽肉鸡始于 20 世纪 30 年代欧洲、北美地区，育种素材父系无一例外地采用科什尼，母系主要为白洛克，通过系统配种产生杂种优势。目前，由于市场的激烈竞争，育种素材也走向垄断。虽然我国家禽遗传资源丰富，但是可用于白羽肉鸡育种的素材有限，也缺乏系统的测定和评估，可能会严重限制我国白羽肉鸡育种的开发能力。

（二）育种设施不足

肉鸡育种要求有很大的测定群体和种鸡群，需要在隔离良好的地区建设大型原种场、测定场和扩繁场。在硬件保障方面，国际先进肉鸡育种企业在种鸡环境控制和性能测定方面均实现了智能化，保证了相对恒定的饲养环境和数据测定的准确性。在软件设施方面，国际大型家禽育种企业运用了先进的技术收集和处理数据，以确保高度精确地预测和操作整个育种程序。我国白羽肉鸡育

种企业目前育种群的规模普遍较小，育种场地有限，育种设施设备也较为简陋。

（三）育种技术和经验积累不足

育种技术的创新是加快肉鸡改良的动力源泉。与拥有上百年育种经验的国际跨国公司相比，我国在基因组育种技术方面起步较晚，应用的程度不高；在性能测定方面缺乏高通量表型智能化精准测定技术，数据自动采集和传输应用程度低；在生长与繁殖等性状间的平衡育种技术的研究和应用上存在较大差距。

（四）种源疫病风险高

坚持种鸡疫病净化是保障肉鸡育种持续发展的重要因素。国外大型育种公司对诸如禽白血病、鸡白痢和支原体等疾病的净化和检测的研究比我们更早、更深入，解决得也比我们快，国际产品竞争力更强。在我国目前的饲养环境下，对垂直传播疾病的净化，是本土育种面临的又一大挑战。禽白血病和鸡白痢净化是阻碍我国种禽业发展的短板，检测试剂盒仍然部分依赖进口。

（五）融入肉鸡产业链难

国外的家禽育种公司在长期发展过程中已建立了育种、扩繁和销售一体化体系。而我国目前白羽肉鸡祖代和父母代扩繁体系长期依赖于国外品种，形成了密切的利益复合体。国产品种能否成功很大程度上既取决于品种技术性能，更取决于是否能顺利融入现有的肉种鸡扩繁体系。

三、对策建议

根据我国白羽肉鸡育种现状及存在的问题，为应对国际肉鸡种业市场竞争和巨大挑战，急需国家加大白羽肉鸡新品种培育力度，进一步完善国家肉鸡良种繁育体系，尽快摆脱对国外种源的依赖，推动肉鸡产业健康可持续发展。

（一）以市场需求为导向，走中国特色白羽肉鸡品种育种道路

肉鸡育种始终要以市场为导向，以满足消费者需求为目标，同时也应引导和培育市场。我国白羽肉鸡育种首先要在生长速度和饲料转换率上下工夫。其次，要依据市场需求调整育种方向和目标，走中国特色品种育种道路，不能简单重复国外育种套路。第三，要吸取我国白羽肉鸡育种的历史经验教

训，加大对种鸡繁殖力、抗病力的选育力度和疫病净化力度，提高种鸡质量，保障种鸡健康。

（二）进一步明确攻关重点，将白羽肉鸡育种纳入国家生物育种重大科技和农业关键核心技术攻关项目

一要强化育种素材创新。以引进的白羽肉鸡、蛋鸡和中国特色地方品种为基础，利用常规杂交、基因编辑等技术，导入、合成和纯合目标基因和性状，创制抗病、低腹脂、高产蛋等特色品系，为高产优质白羽肉鸡配套系提供育种素材。二要强化表型精准测定技术。针对饲料转化效率、产蛋量等决定新品种性能和市场竞争力的重要经济性状，研发表型高通量、智能化、精准测定技术，实现数据的自动采集和传输，满足商业化种大规模测定分析的需要。三要突破基因组育种和平衡育种技术。采用基因芯片、重测序等基因分型技术，建立白羽肉鸡全基因组选择技术平台；优化基于多世代、大数据的基因组育种值评估方法，完善遗传评估分析系统，提高选择准确性和高效性。研究和评估主要目标性状间的遗传关系，重点攻克商品肉鸡高生长速度、高饲料转化效率与种鸡高产蛋量、高孵化率的平衡育种技术。四要高度重视种源疫病净化技术。利用分子生物学和免疫学技术筛选优势抗原，研发禽白血病、鸡白痢和禽支原体等种源疫病的净化措施及快速检测技术。

（三）创新育种组织方式，在核心技术攻关上率先实施"揭榜挂帅"制

首先要建立以"育繁推"一体化育种企业为主体、科研院校为支撑的育种新机制。加快建立一批国家级白羽肉种鸡基地、技术研发中心和种业科技创新平台，加大土地、配套的设施建设支持力度，改善育种条件，促进育种企业发展壮大。鼓励从事商业化育种的科研单位或人员进入育种企业开展育种研发，切实解决育种企业所需。其次要加大育种基础研究。支持科研院所和大专院校开展种质资源的搜集、保护、鉴定和育种素材的改良和创制，以及育种理论和育种技术变革等基础性、前沿性和应用性研究。第三要创新攻关机制。对育种实际中的重大科学问题，尤其是"卡脖子"的技术难题，采取"揭榜挂帅"制，集育种、遗传和疾病防制等各方科技力量，开展协作攻关，切实取得实质性新突破，加快推进育种技术升级换代，全面提高育种水平，显著提升品种竞争力。

（四）高度重视白羽肉鸡育种和白羽肉鸡产业发展，并采取优惠支持政策

相关部门尽快做好全国肉鸡产业发展规划，加强对白羽肉鸡产业发展的顶

层设计，完善产业发展的政策体系，促进白羽肉鸡产业健康发展。要从国家层面制定长期育种规划和实施方案，提供优惠政策和管理办法，给予育种企业相应的补贴和奖励，充分调动企业参与白羽肉鸡育种工作的积极性。增设白羽肉鸡新品种审定和推广的绿色通道。缩短品种审定的周期，加快新品种推向市场。简化新品种审定前跨区中试的审批程序、缩短审批期限。加强对进口白羽肉鸡种鸡的审批与管理，平衡引进品种与自主培育品种的比例，避免盲目引种造成对行业发展的冲击。

我国畜禽种业发展形势及对策

王以中[1]　辛翔飞[2]　林青宁[2]　宋金波[1]

(1. 大连理工大学经济管理学院；
2. 中国农业科学院农业经济与发展研究所)

2021 年 7 月习近平总书记在中央全面深化改革委员会会议上对现代种业发展做出重要指示，把种源安全提升到国家安全的战略高度。畜禽良种是畜牧业的"芯片"，是兼具基础性和战略性的生产要素。畜禽种业振兴对保障国家安全，提升畜牧业生产效率，增强畜牧业综合生产能力，保障畜产品供给，增强畜产品国际竞争力，实现畜牧业高质量发展，推动我国从畜牧业大国向畜牧业强国跨越意义重大。

改革开放以来，尤其是 21 世纪以来，国家政策不断加力，育种主体持续发力，我国畜禽种业得到快速发展，创新能力不断攀升。目前我国畜牧业正处在从数量型增长到质量型增长转型升级的关键期，畜禽种业发展过程中长期积累的问题逐渐凸显，且畜牧业转型升级对居于畜牧产业链前端、畜牧科技创新链顶端的畜禽种业提出了更高要求。本报告在梳理我国畜禽种业发展现状的基础上，分析了我国畜禽种业面临的问题和挑战，通过开展畜禽种业发展过程中成功的典型案例剖析，总结国内外畜禽种业发展的有益经验，并借鉴国际畜禽种业发展的共性做法，提出加快发展我国畜禽种业的对策建议。

一、我国畜禽种业发展现状

我国是世界上畜禽遗传资源最为丰富的国家。各畜种专业化现代育种起步时间有所不同，但总体来看，改革开放后特别是 2008 年第一轮全国畜禽遗传改良计划实施以来，我国主要畜禽种业取得长足发展，育种工作日臻规范，遗传改良和种质创新进展明显加快。

（一）畜禽遗传资源丰富，种质特色突出

我国历史悠久，幅员辽阔，是世界上畜禽生产规模最大的国家，也是世界上畜禽遗传资源最多的国家。根据联合国粮农组织（FAO）家畜多样性信息系统的分类方法和统计数据，我国畜禽遗传资源数量约占世界总量的十分之一（时建忠，2021）。根据国家畜禽遗传资源委员会公布的《国家畜禽遗传资源品种名录（2021 年版）》，目前我国畜禽品种总计 948 个，其中地方品种 547 个，培育品种 245 个，引入品种 156 个，所占比重分别为 57.7%、25.8% 和 16.5%；猪牛羊鸡等 17 种传统畜禽共有品种 897 个，其中地方品种 539 个，培育品种 223 个，引入品种 135 个，所占比重分别为 60.1%、24.9% 和 15.0%（表 1）。

表 1 我国主要传统畜禽遗传资源概况

单位：个

序号	品种名称	小计	地方品种	培育品种	引入品种
1	猪	130	83	39	8
2	普通牛	80	55	10	15
3	瘤牛	1	—	—	1
4	水牛	30	27	—	3
5	牦牛	20	18	2	—
6	大额牛	1	1	—	—
7	绵羊	89	44	32	13
8	山羊	78	60	12	6
9	马	58	29	13	16
10	驴	24	24	—	—
11	骆驼	5	5	—	—
12	兔	35	8	14	13
13	鸡	240	115	85	40
14	鸭	55	37	10	8
15	鹅	39	30	3	6
16	鸽	9	3	2	4
17	鹌鹑	3	—	1	2
	总计	897	539	223	135

数据来源：《国家畜禽遗传资源目录》和《国家畜禽遗传资源品种名录（2021 年版）》。

我国丰富的畜禽遗传资源种质特性各异，是珍贵的基因宝库，对世界畜禽育种做出了重大贡献，世界上许多著名畜禽品种都含有我国地方畜禽品种的血缘（时建忠，2021）。我国畜禽遗传资源在繁殖性能、适应性、抗逆性、耐粗饲、产品品质等方面的优异特性突出。例如，地方种猪普遍具有繁殖力高、肉质好、抗逆性强的特点，其中二花脸猪产仔多、耐粗饲，西藏藏猪耐恶劣高寒，金华猪风味独特等；分布于各地的黄牛普遍具有耐粗饲、适应性强、役用能力强、肉质好的特点，其中北方黄牛秦川牛和鲁西牛体躯高大、肉用性能好，南方黄牛温岭高峰牛耐湿热；南方黄羽鸡普遍具有肉质好、抗逆性强、适应性强的特点，其中清远麻鸡、广西三黄鸡、海南文昌鸡等肉嫩味美，泰和丝羽乌骨鸡等可供药用，青藏藏鸡能够适应青藏高原高海拔缺氧气候；地方鸭品种普遍具有生产性能好的特点，其中世界上产蛋量最多的鸭品种绍鸭、金定鸭、龙岩山麻鸭等平均年产蛋数高达 300 个以上，世界上分布最广的大型肉用鸭品种北京鸭育肥早熟性能突出。

（二）畜禽遗传资源普查工作扎实推进，保护体系不断完善

新中国成立以来，国家先后组织完成了四次不同范围的资源调查工作：一是 1954 年原农林部畜牧总局牵头对部分省份畜禽品种进行调查，基本摸清了交通发达地区的家畜（不包括家禽）品种家底，编辑出版《祖国优良家畜品种》，收录猪、牛、羊、马、驴品种 45 个。二是 1976 年原农林部组织开展第一次全国畜禽遗传资源调查，历时九载，初步摸清了我国大部分地区（西藏以及部分边远地区除外）的畜禽品种资源状况，编撰出版《中国家畜家禽品种志》，包括猪、牛、羊、马驴、家禽 5 个分册，共收录畜禽品种 240 余个。三是 1995 年原农业部组织对西南、西北部偏远地区进行了为期四年的畜禽遗传资源补充调查，发现了 79 个新遗传资源类群。四是 2006 年原农业部启动第二次全国畜禽遗传资源调查，历时 5 年完成了资源调查和数据分析，编纂出版《中国畜禽遗传资源志》，共包括猪、牛、羊、马驴驼、家禽、特种畜禽和蜜蜂 7 卷，共收录畜禽品种 700 余个。此外，2021 年农业农村部启动了第三次全国畜禽遗传资源调查工作，目前各项工作正在系统组织推进。

根据地方品种分布的地域性特点，遵循以原产地活体保种为主、基因库遗传物质保存为辅，以及宜场则场、宜区则区、宜库则库、场区库互补的基本思路，截至 2021 年 12 月，我国审核评估确定了国家级畜禽遗传资源基因库 8 个、保护区 24 个、保种场 173 个，省级保种场区（库）458 个，累计保存实物资源总量为 87.75 万份，实物资源保存库（单元）总个数为 579 个，其中组

织样本库 18 万份，细胞库 5.57 万份，精液胚胎库 58.85 万份，活体库 5.32 万份（李晨，2021）。我国已初步建立相对完善的以原位保种场和异地基因库保护相结合、活体保护和遗传材料保存互为补充、国家与地方相互衔接的畜禽遗传资源保护体系，保护能力位居世界前列。

（三）良种繁育体系建设成效显著，种源供给能力显著提升

我国已初步建立起由国家畜禽遗传资源委员会、各级畜牧技术推广机构、科研院校、企业研发部门等组成的多层次、多元化畜禽种业科技支撑力量，形成了超过 5 万名的科研人才队伍。以全国畜禽遗传改良计划为"压舱石"，以国家畜禽良种联合攻关计划为"助推器"，以现代种业提升工程为支撑，我国基本形成了以原种场和资源场为核心，扩繁场和改良站为支撑，质量检测中心和遗传评估中心为保障的畜禽良种繁育体系框架。与此同时，国家畜禽良种联合攻关计划等推动支持企业牵头组建多种形式的联合育种实体，以企业为主体、产学研用相结合的商业化畜禽育种机制初步建立。截至 2020 年底，遴选建设国家核心育种场 191 个、良种扩繁推广基地 32 个，夯实了我国畜禽良种稳定供应的基础。其中，生猪核心育种场 89 个、种公猪站 4 个；奶牛核心育种场 10 个；肉牛核心育种场 42 个；蛋鸡核心育种场 5 个，良种扩繁推广基地 16 个；肉鸡核心育种场 17 个，良种扩繁推广基地 16 个；肉羊核心育种场 28 个。

我国系统开展了新品种培育和引进品种的本土化选育工作，近十年来国家畜禽遗传资源委员会共审定通过的自主培育的畜禽新品种和配套系超过 100 个。随着多项技术的突破，多个原本为国外所垄断的领域也逐渐被打破。例如 2009 年审定通过的峪口禽业京红、京粉系列蛋鸡配套系及其高效推广扭转了国外品种占绝对主导的局面，2018 年审定通过的塞飞亚股份中畜草原白羽肉鸭、中新白羽肉鸭配套系填补了我国瘦肉型白羽肉鸭原种的空白，2021 年审定通过的福建圣农圣泽、新广农牧广明、峪口禽业沃德白羽肉鸡配套系实现了我国白羽肉鸡自主品种零的突破。目前我国生猪种源自给率超过 90%，肉牛约 70%，奶牛约 30%，肉羊约 90%，蛋鸡约 70%，黄羽肉鸡为 100%（文杰，2021）。2020 年奶牛年单产水平达到 8 300 千克，约是 20 年前的 2.5 倍；蛋鸡 72 周龄产蛋数超过 310 枚，达到国际先进水平。总体来看，我国畜禽种业自主创新能力稳步提升，良种供给能力显著增强，主要畜禽品种种源自给率不断提高，畜禽生产性能持续改进，为保障国家食物安全、产业安全，以及促进农民增收，做出重要贡献。

二、我国畜禽种业发展面临的问题和挑战

由于我国现代畜禽种业起步晚，国内畜禽种业发展水平与发达国家还存在明显差距，存在着遗传资源保护利用相对不足，育种基础性工作薄弱，繁育技术水平滞后，部分核心种源长期依赖进口，商业化育种体系尚未有效建立，以及种源疫病防控与净化仍待提升等较为突出的问题。

（一）部分畜禽遗传资源灭失风险加剧与开发利用不足共存

在畜禽遗传资源保护方面，虽然我国是世界畜禽遗传资源保护最好的国家之一，但畜禽遗传资源灭失风险加剧问题不容忽视。一是随着规模化集约化转型加剧，再加上禁养限养导致畜禽散养户快速退出，地方品种生存空间受到挤压；二是单方面追求高效率导致商业化品种大量推广或盲目引种杂交改良，造成部分地方品种灭失；三是 2000 年以来禽流感、非洲猪瘟等动物疫病频发，对地方品种构成了较大威胁，进一步加大了畜禽遗传资源消失风险。根据第二次全国畜禽遗传资源普查结果，我国超过一半的地方品种数量呈下降趋势，濒危和濒临灭绝品种数量约占地方畜禽品种总量的 18％。

在畜禽遗传资源利用方面，当前畜禽种质资源保护和利用缺乏中长期的发展规划和稳定、持续的项目支持，保存能力不足、保种技术落后，尤其是对国际优良种质、特色种质资源的收集保存力度不足。近一半的地方品种尚未产业化开发，已开发的也多处于低水平状态，显著的资源优势尚未充分转化为产业优势（农业农村部种业管理司和全国畜牧总站，2020）。同时，对保存资源的系统化鉴定和评价投入不足，缺乏高水准的软硬件平台，已开展深度鉴定的资源不足 5％，严重制约着优异种质资源的创新利用（文杰，2021）。

（二）自主培育品种生产效率低，核心种源对外依存度高

根据农业农村部发布的《全国畜禽遗传改良计划（2021—2035 年）》，我国畜禽核心种源自给率已超 75％，但支撑我国肉蛋奶产量的核心种源很大程度上依赖进口，尤其生猪、白羽肉鸡、奶牛、肉牛等重点畜种核心种群长期主要依赖进口。种业对整个畜禽产业发展的支撑力度明显不足，产业安全风险较大。

我国目前的畜禽地方品种和自主培育品种大多数具有优异的产品品质特征，但是生产效率相对较低，与国际先进水平仍有很大差距，突出表现为"吃

的多、长的慢、产的少"。以生猪为例，"杜长大"引入品种 6 个月体重能达到 120 千克，料肉比 2.5：1，而地方品种体重达 90～100 千克需 1 年以上，料肉比高达 4：1，养殖效益明显低于引入品种。此外，目前我国每头母猪年均提供的断奶仔猪数量比发达国家低约 30%，奶牛产奶水平是国际先进水平的 80%，缺乏市场竞争力。总体来看，自主培育品种生产性能有待提升，尚无法完全满足现代高效畜禽养殖业高质量发展的需要。

（三）畜禽育种基础工作薄弱，繁育技术水平相对滞后

发达国家畜禽育种已经有二三百年历史，而我国仅有四五十年发展历程，由于育种工作跟不上产业快速发展需要，导致育种资源群体规模有限，表型数据测定基础薄弱，数据规模小、质量差。由于畜禽育种周期长、投入大、技术高，且畜禽种源更容易被复制，使得引种比育种在时间和效益上更划算，导致在较长一段时期内国内对于畜禽种源"买"还是"育"的问题上存在认识的误区。2008 年国家启动实施畜禽遗传改良计划，十余年来畜禽种业发展的整体性、系统性明显提高，虽然畜禽良种"有没有""够不够"的问题基本得以解决，但畜禽良种"好不好""强不强"的问题仍然存在。

在繁育技术方面，我国畜禽育种理论和繁育技术研究部分实现并跑，大部分尚处于跟跑阶段。育种技术落后是制约我国自主品种培育的重要障碍，主要表现在：由于我国畜禽育种时间短，规模化、集约化的育种企业较少，育种群分散、有效育种群规模小，制约了遗传评估及选择准确性的提高；国内育种企业大多采用传统方法选种，自动化程度高、测定准确的生产性能测定设备设施少；全基因组选择技术在我国已经进入应用阶段，但是在参考群体规模和质量、遗传评估准确性等方面与发达国家存在较大差距。

（四）畜禽育种组织体系和运行机制有待进一步完善

当前我国 80% 的种业科技资源和人才资源集中在科研单位（唐仁健，2021）。近年来我国重视推进企业为主体、高校和科研院所为科技支撑力量的畜禽联合育种组织建设，然而我国集团化、专业化畜禽种业龙头企业尚处于起步阶段，经济和技术实力总体较弱。同时，畜禽育种企业对高端人才的吸引力不足，企业与高校和科研院所之间的人才共享、成果共享机制尚未形成，且科研机构普遍重论文、轻应用，造成科研机构研发和企业产业应用"两张皮"现象突出。

畜禽育种产业发展阶段决定了现阶段我国畜禽种业科技创新属于半公益

性、半商业化产业，然而由于持续投入不足，重大科技设施和育种基地建设及运行经费缺乏保障，与畜禽种业科技创新的公益性属性不匹配，难以支撑畜禽种业的持续稳定发展。此外，我国畜禽种业品种权保护力度不够，一方面导致种畜禽市场价格没有真正反映培育成本和价值，专业化种业公司积极性受到挫伤；另一方面导致育种企业上、下游联合与横向联合的育种机制不健全，企业间信任度不够，难以实现企业之间优秀育种资源的交流共享，直接影响育种资源整体性能的提升。

（五）动物疫病净化和核心育种场生物安全防控有待加强

我国作为畜禽养殖大国，动物疫病病种多、病原复杂、流行范围广、防控难度大的特征尤为显著。改革开放以来，我国畜牧业疫病防控体系虽然有了一定发展，但面对动物疫病的多发态势和不确定性，畜禽养殖疫病防控能力明显不足。仅就生猪产业来讲，2000 年以来全国大范围接连暴发猪蓝耳病、口蹄疫、流行性仔猪腹泻、非洲猪瘟等一系列重大疫病，对整个畜牧业发展造成严重冲击。特别是 2018 年 8 月非洲猪瘟在我国暴发后，传统的疫病防控手段和措施受到了前所未有的挑战，我国畜牧业生物安全防控体系建设滞后问题凸显。

面对复杂的疫病环境，核心育种群疫病防控工作尤为重要。我国畜禽核心育种场在疫病防控的主动意识、技术应用和实际成效方面，相比发达国家还存在较为明显的差距（农业农村部种业管理司和全国畜牧总站，2020），畜禽核心育种场的疫病净化和生物安全防控仍待加强。近年来，我国畜禽核心育种场疫病甚至毁灭性重大传染病仍时有发生，导致育种工作受阻甚至中断，严重影响了畜禽育种进程和成效。例如，黄羽肉鸡以禽白血病为代表的疫病形势依然严峻，净化成本高昂，净化效率不高，对黄羽肉鸡种业的威胁依然存在。

三、国际畜禽种业发展主要做法和经验

作为畜牧业的基础，国际畜禽种业的持续发展带动了畜牧业整体生产水平的大幅提升。在国际畜禽种业发展过程中，尽管由于资源禀赋、技术积累等存在差异，在发展路径、模式、机制和政策支撑等方面有不同的特点，但是大致的发展演变趋势相同，有许多共性做法和经验。

（一）政府引导，以企业为主体构建专业化、商业化种业产业链

国际上畜禽种业发展已经较为成熟，以企业为主体、市场为导向，企业与

科研机构合作研发的技术创新体系以及成果转化模式已经确立。坚持畜禽育种的公益性，政府支持畜禽种业发展，是多数国家的通行做法。尤其是在商业化育种起步阶段，多是由政府组织引导，将公立科研机构与企业联合起来，共同进行育种工作。德国、法国、荷兰、丹麦等通过政府项目长期资助，建立国家育种体系。随着种业的发展和育种企业综合实力的提升，各国政府越来越认识到整合社会各类资源培育壮大种业龙头企业是种业强大的必由之路，通过立法保障、政策支持、项目资助等多种方式，扶持大型企业进行育种技术研发、产业并购，着力打造大型种业龙头企业。当前专业化、商业化育种成为主流，种业龙头是发达国家种业战略的核心载体（王振忠和卢兵友，2017），育繁推一体化布局成为发达国家种业体系的显著特征（王卫中，2005）。龙头企业拥有高水平的育种技术、现代化的管理理念和先进的产品销售模式，培育了全球育种网络和产品销售网络，构建起育繁推一体化种业产业链，市场竞争力强劲。

（二）产业集中，育种龙头企业集团化、国际化趋势明显

随着畜禽种业市场竞争加剧，国际畜禽育种企业不断并购、重组，催生出大型集团化、专业化育种公司。同时，大型育种公司主导品种从原产地向全球扩散，经本土化选育形成适应各国养殖环境和需求的差异化品系，确立了在全球种畜禽市场的主导地位。目前，国际上生产性能领先、市场占有率高的畜禽品种集中在少数几个大型国际化集团公司。例如，生猪育种资源和市场主要集中在英国 Genus 集团下的 PIC 公司、丹麦 DanBred 公司、荷兰 Topigs-Norsvin 公司、荷兰 Hendrix 集团旗下的 Hypor 公司、法国 Cooperl 集团旗下的 Nucleus 公司；蛋鸡育种资源和市场主要集中在德国 EW 集团旗下的 Hy-Line、Lohmann、H&N 三家公司和荷兰 Hendrix 集团旗下的 ISA 公司，仅 EW 集团占全球蛋种鸡市场的份额就超过 50%；白羽肉鸡育种资源和市场主要集中于 EW 集团旗下的 Aviagen 集团和美国 Tyson 集团旗下的 Cobb 公司，两大集团占全球白羽肉种鸡市场的份额超过 90%；肉鸭育种资源和市场主要集中于英国 Cherry Valley Farm 公司和法国 Grimaud 集团。

（三）创新驱动，生物技术和信息技术紧密结合

科技创新是世界各国畜禽种业发展的关键。当前，美国、加拿大、法国等加快以全基因组选择为核心的畜禽分子育种技术研发和推广应用，推动国际畜禽育种从表型选择的常规育种进入全转基因组选择的分子育种时代，实现了从

"经验育种"到"精准育种"的转变。随着基因测序技术的广泛应用，必然产生海量数据，大数据库管理、信息传递、检索和资源共享均依赖强有力的计算机硬件支持，而数据库构建、引物设计、质粒绘图、序列分析、结构分析、生化模拟均需要功能强大的软件支持，生物技术与信息技术成为驱动畜禽种业创新发展密不可分的整体。同时，国外育种企业在全球建立繁育基地，借助网络技术和信息技术，充分利用性能测定信息、系谱信息和基因组信息实现全球布局联合育种，提高选育强度，缩短选育周期，提升育种效率。此外，转基因技术、基因编辑技术、干细胞育种技术、抗病育种技术、表观基因组学技术等现代生物技术开始在畜禽育种领域得到广泛重视，与信息技术相结合共同支撑和引领畜禽育种科学向更高层面发展。

（四）投资巨大，从政府投资引导向企业投资主体转变

畜禽种业既是科技密集型产业，也是资本密集型产业。国际大型育种企业历史悠久，虽然经历了兼并重组，但一直保持着企业育种工作的长期稳定性，且经过多年政府扶持，国际大型育种企业已经成为畜禽育种研发投入的主体，种业研发投入占营业收入的比例普遍在 10% 左右，甚至更多（毛长青等，2021）。例如，2020 年荷兰 Topigs 在生猪育种上的研发投入达到 2 250 万欧元，美国 Aviagen 在肉鸡育种上的研发投入超过 2 亿欧元，新西兰 LIC 在奶牛育种上的研发投入达到 1 600 万美元，英国 Genus 在猪、牛育种上的研发投入超过 6 000 万英镑。

（五）组织协调，协会发挥重要管理和协调职能

畜禽育种发达国家普遍建立了不同畜禽品种的行业协会，行业协会作为一个育种组织与协调机构发挥了重要作用。除了会员服务等常规工作外，协会负责组织协调性能测定、遗传评估、生产销售等，形成了较为完善的种业产业链服务模式，为种质培育及种质产品贸易提供了强有力的技术支撑，甚至成为跨国种业集团育种的重要技术补充，有效地推动了种业发达国家的品种培育工作。协会经费来源包括会员会费、专业活动、社会捐助，以及政府配套资金或委托服务等。以欧美肉牛协会为例，协会的主要任务是制定品种选育计划，组织开展品种登记，收集生产性能测定等育种数据，进行遗传评估及其结果发布，并提供技术和信息服务，开展种牛拍卖活动等；同时，协会也加强与科研机构和商业公司的合作，研发和应用最新育种技术，提高育种效率和质量。

四、国内畜禽种业成功企业案例分析

相比于植物育种，畜禽育种具有自身特殊的属性和特点，其因不同的畜禽品种、生产方式、市场需求、生态环境各有差异，且最为突出的一点是周期更长、成本更高。对于高度集约化养殖畜种，种业龙头企业长期持续投入的重要性和必要性也更为突出。我国蛋鸡和奶牛种业发展取得巨大成就，两大育种企业北京市华都峪口禽业有限责任公司（简称"峪口禽业"）和奶牛育种企业北京首农畜牧发展有限公司奶牛中心（简称"北京奶牛中心"）在我国畜禽育种领域极有代表性和典型性，本报告通过对上述两个企业开展典型案例分析，总结我国畜禽育种的有益经验。

（一）北京市华都峪口禽业有限责任公司

2010 年起我国国产祖代蛋种鸡存栏数量开始超过国外引进品种数量，2020 年我国新增祖代蛋鸡国产自主培育品种占比达到 73.03％，蛋鸡产业已经完全摆脱对引进品种的依赖，国产品种祖代蛋鸡的供种能力已完全能够满足国内需求[①]。其中，峪口禽业从 2009 年培育成功"京红 1 号""京粉 1 号"并在短期内实现了大规模推广，到其持续发展过程中打造出我国蛋鸡第一品牌"京系列蛋鸡"并实现了超过 50％的市场占有率，为扭转中国蛋鸡产业为"洋鸡"品种主导的局面做出重大贡献[②]。峪口禽业是北京首农食品集团旗下的蛋鸡育种企业，历经 40 余年的发展，已跻身世界三大蛋鸡育种公司之列，其发展具有以下特点：

1. 种源安全责任担当：坚定走自主育种道路，持续加大种业研发投入

峪口禽业 1998 年退出商品代蛋鸡养殖，转入蛋种鸡经营，但种源一直由国外引进。因国际蛋种鸡企业通过调整供种数量和时间等措施控制峪口禽业发展规模、抑制峪口禽业自主育种（周宝贵，2008），双方产生摩擦并于 2008 年

---

① 2010—2020 年，国产自主培育品种在新增祖代蛋鸡中的比重在 2019 年达到历史最高点，2019 年我国新增祖代蛋鸡 49.02 万套，其中国产自主培育品种占比达到 81.69％。目前新增祖代蛋鸡中国外品种 20％～30％的市场占比，是国外品种竞争国内市场份额的结果，不是国内蛋鸡产业对国外品种的必然依赖。

② 我国蛋鸡专业化现代育种起始于国家把蛋鸡育种列为"六五"科技攻关项目，1993 年培育成功的"京白 939"、2000 年的"新杨褐壳蛋鸡"、2004 年的"大三号矮小型蛋鸡"虽特点鲜明，在一定程度上冲击着国外蛋鸡品种对我国蛋鸡业的垄断，但并未能大规模推广，市场占有率较低。

停止合作。严峻的"卡脖子"现实让峪口禽业认识到种源依赖进口的危机，坚定了加快自主育种步伐。在长期积累具备的家禽育种资格、育种基地、育种资源、育种人才基础上，在各级政府支持下，峪口禽业进一步强化育种人才建设和技术研发能力，持续加大科技创新投入，2009 年成功培育出具有自主知识产权的"京红 1 号""京粉 1 号"两个蛋鸡新品种并通过审定。至目前，峪口禽业总计培育了 5 个具有自主知识产权的生产性能好、适应性强的蛋鸡新品种。企业每年科技研发投入占营业收入的比重达到 3％～5％，明显高于行业平均水平。近十年（2011—2020 年）研发经费累计投入 4.8 亿元，近三年（2018—2020 年）累计投入 1.44 亿元，2020 年达到 4 910 万元。

2. "金三角"科技创新：汇聚各方优势资源，"政产学研"协同创新

峪口禽业于 2008 年加入国家蛋鸡产业技术体系，与岗位科学家团队和试验站企业建立了紧密的科研协作关系，在此基础上，进一步构建了政府引导、企业主导、院校支持的"金三角"家禽种业科技创新模式，成立了家禽种业创新中心，同中国农业大学、中国农业科学院等国内 20 余所高水平科研机构建立对接，与包括三位院士和国家蛋鸡产业技术体系首席科学家在内的 60 多位专家团队开展科研合作，形成科研优势资源聚集、跨领域多学科融合、成果高效转化应用的家禽种业创新平台，共同围绕产业链关键问题进行联合攻关和协同创新，全面解决制约我国家禽产业的核心问题，实现了"凤芯壹号"基因芯片开发、禽白血病净化等多项关键技术从 0 到 1 的突破。

3. "智慧农业"生态链：育繁推一体化，提升市场竞争力

峪口禽业建立了涵盖原种、祖代、父母代三级良种繁育体系，形成以北京为中心、辐射全国、放眼"一带一路"沿线的产业布局，通过延伸产业链条进一步挖掘品牌价值，提升产业链附加值，通过育繁推一体化实现源头科技创新与终端产业应用良性互动。峪口禽业在全国 12 个省市拥有 16 家分（子）公司，存栏祖代蛋种鸡 40 万套、父母代蛋种鸡 500 万套，年产商品代蛋雏鸡 4 亿只，市场占有率 50％以上。

依托育繁推一体化产业体系，峪口禽业开发"智慧蛋鸡"APP，建立了线上线下一体化智慧服务模式，实现了联合体内各经营主体联合发展，延伸了产业链，促进产业增效增值、农民增产增收。在线上，为养殖户及时推送养殖技术信息和"一场一批一策"的养殖预案，提供生产记录和数据实时分析服务，帮助养殖户实现从粗放经营升级到精细化管理的科学养殖；并通过"坐堂兽医"和"专家门诊"一对一技术服务，即时解决养殖户的疑难问题，养殖户足不出户就能轻松养好鸡。在线下，由流动蛋鸡超市开展鸡蛋回收，并进行挑选、清洁等处理后销往盒马鲜生、稻香村等合同销售终端。智慧农业生态链依托农业龙头企业，带动农业产业链各环节经营主体以农业产业链价值提升为目标，共同推进生产加工、销售推广等。同时，依托互联网等技术可以对生产全过程进行精准调控，实现自动与远程控制，提高产业智能化水平，推动产业现代化进程。

4. 知识产权"保驾护航"：强化知识产权保护，助力种业科技创新

通过知识产权的系统布局和不断优化，为种业创新"保驾护航"。峪口禽业培育了具有自主知识产权的"京系列"5个蛋鸡品种和"沃德系列"3个肉鸡品种，并取得新品种（配套系）证书，并以品种为核心，围绕育种制种、饲料营养、疾病防控和种鸡扩繁等领域进行了系统的知识产权布局。一系列核心技术均已获得发明专利授权，并在品种培育和持续选育中进行了产业化应用，有效支撑了家禽种业创新发展。截至2021年底，累计申请专利168件，授权118件，其中发明专利24件，登记软件著作权11项。同时，公司持续加强知识产权保护与管理工作，制定颁布了《北京市华都峪口禽业有限责任公司专利管理规定》，2011年获批成为北京市知识产权试点单位，2020年被北京市知识产权局认定为北京市知识产权示范单位，并制定了"十四五"成为国家知识产权优势企业的发展目标。

（二）北京首农畜牧发展有限公司奶牛中心

尽管在1985年我国就培育出自己的奶牛品种[①]，奶牛种业取得较快发展，但选育体系的完整性、选择的准确性尚不能完全满足我国奶业高质量发展的需要。我国自主培育的优秀奶牛种公牛的占比仅为30%，大部分优质种公牛精液和胚胎从国外引进，其中进口冻精占中国荷斯坦牛冻精市场比例高达70%左右。面对激烈的市场竞争，国内大量种公牛站退出市场；北京奶牛中心作为我国建立最早、规模最大、综合实力最强的国家级奶牛良种繁育及供种基地，致力于我国优秀种公牛自主培育及奶牛群体遗传改良，参与了我国自有奶牛品种的联合培育，并长期引领奶牛种业发展，为奶牛群体遗传改良和奶业振兴作

[①] 奶牛育种与猪、禽等繁殖力高的畜禽品种不同，因为奶牛是单胎动物、繁殖效率低、时代间隔长，不能广泛开展杂交和杂交优势利用，也不可能持续培育新品种，而是在本品种纯繁基础上实施系统遗传改良（张胜利和孙东晓，2021）。荷斯坦牛原产于荷兰，是世界公认产奶量最高、产奶效率最高的奶牛品种；我国地方黄牛中没有专门乳用品种，主要是在引进荷斯坦奶牛与我国地方黄牛杂交的基础上进行长期系统选育提高，并实现持续遗传改良，成功培育出我国自己的奶牛品种"中国黑白花奶牛"（1992年更名为"中国荷斯坦牛"）。

出重要贡献。北京奶牛中心奶牛育种工作具有以下特点：

1. 以科技平台建设为支撑，实现科技引领

北京奶牛中心承建有 7 个国家和省部级科研平台，包括：科学技术部国家奶牛胚胎工程技术研究中心、农业农村部牛冷冻精液质量监督检验测试中心（北京）、农业农村部乳品质量监督检验测试中心（北京）、农业农村部奶牛遗传育种与繁殖专业重点实验室、人力资源和社会保障部博士后科研工作站、国家外专局引智示范基地、北京市奶牛遗传育种与繁殖重点实验室等。在此基础上，依托首农食品集团 9 万头良种荷斯坦牛资源群体，发挥自身种源、技术和人才优势，长期致力于构建符合我国奶牛养殖业需求的高水准、高效率、高可靠性的奶牛育种体系，打破我国奶业对国际种源的依赖。北京奶牛中心基于数十年奶牛育种表型数据积累，早在 20 世纪 80 年代就作为主要参与单位联合培育成功"中国黑白花奶牛"（后更名为中国荷斯坦牛），荣获国家科技进步一等奖；20 世纪 90 年代在全国率先开展系统的种牛遗传评估工作，也是《种牛遗传评估概要》发布的重要支撑单位；2001 年和 2017 年分别参与完成"中国荷斯坦牛 MOET 育种体系的建议与实施""中国荷斯坦牛基因组选择分子育种技术体系的建立与应用"，均获国家科技进步二等奖，且北京奶牛中心对依托后者项目成果建立的目前我国唯一官方奶牛基因组选择评估平台的数据贡献率超过 80%。上述成果有力推动了我国奶牛育种产业的进步，北京奶牛中心为上述成果的取得贡献了大量原始数据和技术经验，同时也实现了对行业的科技引领，种公牛和冻精市场占有率长期全国领先。

2. 以全产业链协同为核心，实现组织引领

北京奶牛中心奶牛育种工作向上游养殖和下游加工延伸产业链条，通过建立商业化创新联合体、开展全产业链协同创新，实现了组织引领。

建立商业化创新联合体，巩固壮大育种龙头实力。2016 年，在原农业部、北京市政府大力支持下，北京奶牛中心牵头联合中国农业大学等科研机构以及国内 6 家大型养殖企业组建国家农业科技创新联盟"奶牛育种自主创新联盟"，建立了龙头企业牵头、政产学研深度融合的创新联合体，覆盖牛群规模达到 50 万头，育种资源群体规模国内领先。联盟聚焦我国奶牛育种关键"卡脖子"技术短板，基于数十年我国自有牧场 30 余万头牛群规模的育种数据积累，在传统选择指数基础上拓展形成与国际接轨的覆盖六大类 40 个性状的综合选育体系，制定并发布了"UTPI 综合选择指数"，该指数在经济学上可实现更为准确的种质评估，总体评估可靠性水平达到奶业发达国家同等水平。此外，联盟经农业农村部科教司组织评估被评为全国农业创新联盟标杆联盟。

以市场为导向推动科技成果转化,开展从选育到养殖、从加工到终端的全产业链协同创新。基于国家"863计划"课题"奶牛重要经济性状的功能基因组学研究",北京奶牛中心挖掘验证了一批具有重要意义的基因突变位点和功能基因,在此基础上联合华智生物在国内率先开发奶牛基因组选择高密度液相芯片,有望打破国外在该领域的垄断。此外,在国内率先建立了较为完善的种牛质量安全控制体系,开展奶牛特色种质资源开发与利用并在首创A2-β酪蛋白牛奶生产技术体系,持续创新开发Kappa酪蛋白牛奶等功能性乳制品。

3. 以服务体系建设为抓手,实现产业引领

北京奶牛中心通过打造育繁推一体化种业产业链,实现了产业引领。一是构建了牧场一站式精准服务模式。组建专业化牧场技术服务团队,通过"需求牵引—技术集成—精准服务—牧场增效"服务手段,使推广技术"零环节"落地实施,精准解决牧场终端应用问题,确保技术推广和服务取得实效。二是成立营销服务中心,组建冻精营销、技术托管、牧场托管、装备销售、市场营销五大模块,建立了目前国内业务最全面、服务规模最大的包括精准育种服务、繁殖包配、牧场托管、修蹄服务、冻精饲料兽药器械装备等产品保障以及乳品、营养、疾病、基因等检测服务在内的奶牛养殖社会化服务体系,服务区域覆盖黑、吉、辽、京、津、冀、鲁、苏、蒙、晋、宁等全国奶业主产区约40%的牧场。通过建设社会化服务体系,实现育繁推一体化,有力支撑了奶牛良种推广。同时,服务体系的建设与拓展也有力支撑了育种资源群体规模的拓展和育种综合实力的提升,实现了育种与服务的相互促进、融合发展。

五、对策建议

畜禽种业安全是国家种业安全的重要组成部分,要把提高畜禽种业安全作为保障国家安全、实现农业农村现代化的基础性、战略性措施来抓,要"集中力量破难题、补短板、强优势、控风险,实现种业科技自立自强,种源自主可控"(习近平,2021)。

(一)加强畜禽资源保护和利用,夯实畜禽种业发展基础

畜禽遗传资源是畜禽种业的源头,畜禽遗传资源保护和利用是一项具有基础性、公益性、长期性、连续性和战略性的系统工程。优秀地方良种的保护开

发利用是未来畜禽种业发展的重中之重。

一是健全畜禽遗传资源保护体系，建立国家统筹、分级负责的有机衔接的畜禽资源保护机制。加大中央财政对畜禽遗传资源保护的支持力度，提升保护体系的软硬件水平。完善畜禽遗传资源保护理论和方法，制定国家级、省级保种场个性化保种方案，提升保种效率。加大力度统筹布局畜禽活体与遗传材料、国家与地方保护体系建设，继续建设一批国家级和省级畜禽遗传资源保种场（区、库），做到"应保尽保"；推进国家畜禽种质资源库建设，实现对畜禽遗传资料的长期战略保存。

二是加强畜禽遗传资源深度挖掘利用，促进资源优势向经济优势转变。将畜禽遗传资源利用作为相关责任主体工作考核的重要指标，确保资源保护和利用双向推进。强化畜禽资源鉴定和发掘技术研究，搭建鉴定评价与发掘平台，形成统分结合的鉴定评价体系。设立"优异畜禽遗传资源深度挖掘"专项行动，开展地方优质畜禽遗传资源特性鉴定评价与分析。建立和完善畜禽资源保护与共享激励机制，探索建立国家农业种质资源共享平台，通过强化市场力量进一步提升畜禽遗传资源保护利用的质量和效益。

（二）强化企业主体地位，建立产学研深度融合的商业化育种体系

科技创新以企业为主体是种业发达国家保持领先优势的基本经验。构建企业为主体、产学研高度融合的商业化育种体系，解决科技与产业"两张皮"现象，是打好我国畜禽种业翻身仗的关键。

一是强化企业主体地位，培育领军型、航母型畜禽育种龙头企业。围绕种业龙头企业扶优扶强、做大做强，遴选一批科技创新能力强、发展潜力大的"育繁推"优势企业，促进技术、人才和资金等要素资源向其集聚。设立育种攻关创新链"人才特区"，支持种业企业加快人才队伍建设（毛世平，2021）。完善金融支持创新体系，鼓励和支持种业企业跨地区兼并重组和上市融资，在有序的市场竞争中不断壮大；引导和支持金融机构探索开发中长期科技贷款的金融产品，落实企业融资机制。

二是推动建立产学研深度融合、科企高效联合的商业化育种体系。鼓励企业牵头组建行业联盟、行业创新联合体，或者参与行业联合创新组织；扶持有行业代表性、有实力的行业科技创新联盟或创新联合体发展。鼓励从事商业化育种的科研单位或人员进入育种企业开展育种研发，切实解决企业人才所需。国家级重大科技创新项目从设计到组织、从实施到验收，均要组织企业、科研机构联合攻关。推动企业和科研机构共建高标准实验室、育种研发中心和繁种

基地。鼓励"政府搭台，企业出题，科研机构答卷"，企业围绕前瞻性技术，委托科研机构开展原始技术创新，培育中远期发展核心竞争力。

（三）做好育种长期规划和顶层布局，创新关键技术研发机制

针对我国畜禽育种中重要经济性状分子遗传解析不够、品种选育遗传进展缓慢、良种扩繁水平滞后等短板，做好顶层设计，创新攻关机制，保障畜禽种业供给安全。

一是做好育种长期规划和顶层布局。从国家层面制定长期育种规划和实施方案，设立重大项目支撑关键核心技术研发，支持科研机构开展育种理论和育种技术编程等基础前沿共性研究，以基础性、战略性重大种业科技突破带动整体创新能力跃升，形成一批具有自主知识产权的突破性成果。从国家层面提供优惠政策和管理办法，通过企业税收减免、育成品种后补助等措施给予育种企业相应的补贴和奖励，充分调动企业参与育种工作的积极性。

二是创新攻关机制。对育种重大科学问题，尤其是技术难题，采取"揭榜挂帅"制，集育种、遗传和疾病防制等各方科技力量，开展全国性联合协作攻关，切实取得实质性新突破，加快推进育种技术升级换代，全面提高育种水平，显著提升品种竞争力。

（四）提升疫病防控能力，保障畜禽种业健康安全

最大限度地降低动物疫病风险，是畜禽种业持续健康发展的重要保障，也是提升国际产品竞争力的重要因素。在我国目前的饲养环境下，畜禽种业疫病防控必须放在重要位置。

一是深入贯彻落实《中华人民共和国动物防疫法》，构建国家主要畜种和关键种源生物安全防控体系。抓好国家级核心育种场、种公畜站、重点种源基地疫病防控和疫病监测工作，将主要疫病监测结果作为遴选国家级畜禽育种基地的前置审核条件。采取长牙齿的硬措施构建规范的种畜禽生物安全防控体系，从严从实抓好综合防控，做好基础免疫、监测预警、清洗消毒、应急处置、无害化处理等工作。

二是加强种源垂直传播疫病净化。高度重视种源疫病净化技术水平提升，利用分子生物学和免疫学技术筛选优势抗原，研发种源疫病净化措施和快速检测技术。加快建设动物疫病净化场、净化区，大力推进主要畜禽种源疫病净化。此外，进一步加大对国产、进口种畜禽遗传物质监管，建立主要遗传缺陷基因筛查机制，防止严重遗传缺陷基因在群体内的大规模扩散。

（五）加强种业知识产权保护，优化种业创新环境

种业知识产权是国家农业发展战略性资源和国际竞争力核心要素。回应新技术、新形势对种业知识产权制度变革提出的挑战，加快推进改革发展，建设具有中国特色并具备世界先进水平的种业知识产权强国，对实现更高质量的畜禽种业发展意义重大。

一是健全法律法规，强化市场监管。针对目前我国尚无专门法律保护动物新品种权、品种成果缺乏有效法律保护的实际现状，通过修订《畜牧法》，设立相应的审查条件，有效保护育种主体的合法利益。针对假冒套牌、仿冒仿制等行为，开展以种业知识产权保护为核心的种业执法年活动，净化种业市场。广泛开展种业知识产权保护宣传，探索侵权主体"黑名单"制度，提升种业知识产权保护意识。

二是构建育种主体成果共享机制和联合体内部利益共享机制。加强有利于商业化育种、联合创新攻关和品种转让交易等的制度设计和政策激励。完善知识产权管理体系，建立数据管理加密机制。针对目前国家层面对产学研联合育种成果共享机制缺乏明确规定、科研机构等协作单位难获分享的现状，根据贡献大小正确处理企业、科研机构等参与主体知识产权分配问题，构建畜禽育种联合体内部合理的利益共享机制，促进各类育种主体真正形成合力。

参考文献

[1] 李晨. 科技绘就畜禽种业高质量发展"路线图"[J]. 中国农村科技，2021 (10)：31-33.
[2] 毛长青，许鹤瀛，韩喜平. 推进种业振兴行动的意义、挑战与对策 [J]. 农业经济问题，2021 (12)：137-143.
[3] 农业农村部种业管理司，全国畜牧总站，中国畜禽种业发展报告2019 [M]. 北京：中国农业出版社，2020.
[4] 时建忠，中国是世界畜禽遗传资源保护最好国家之一 [R]. 北京：第二届北京畜禽种业峰会，2021年10月19日.
[5] 王卫中. 产业整合与我国种业发展的路径选择 [J]. 农业经济问题，2005 (06)：34-37.
[6] 文杰，畜禽种业发展现状、瓶颈与战略举措 [R]. 北京：中国农业科学院战略研究中心"农经观察：打赢种业翻身仗的战略思考"，2024年4月15日.
[7] 习近平. 在中央全面深化改革委员会第二十次会议上的讲话（2021年7月9日）[N]. 人民日报，2021年7月10日.

［8］于文静．打好翻身仗的关键一招：我国将采取多项举措扶优种业企业［OL］．https://baijiahao. baidu. com/s? id＝1717318386640504797＆wfr＝spider＆for＝pc，2021 - 11 - 24/2022 - 01 - 23.

［9］张胜利，孙东晓．奶牛种业的昨天、今天和明天［J］．中国畜牧业，2021（15）：22 - 26.

［10］周宝贵．为什么峪口禽业与海兰公司停止合作？［J］．中国禽业导刊，2008，25（22）：6 - 7.

确立人物并重的新冠肺炎疫情防控策略
高度重视进口畜禽及水产品疫情传播风险

辛翔飞[1]　王祖力[1]　王济民[1,2]　吴敬学[1]

(1. 中国农业科学院农业经济与发展研究所；
2. 农业农村部食物与营养发展研究所)

在全国本土新冠肺炎疫情传播已基本阻断，国内新冠肺炎疫情防控形势持续向好发展的形势下，"外防输入"成为当前新冠肺炎疫情防控工作的重点。总体来看，在人流传播病毒防控方面，通过减少入境航班、全员隔离等措施成效显著。但2020年6月以来我国已连续发生数起由进口畜禽及水产品携带病毒引起的疫情，10月末又连续出现数起外包装检出新冠阳性的进口猪肉流入市场的案例，表明**冷链运输或成为新冠肺炎病毒传播的新途径，且我国在物流传播病毒防控方面存在漏洞**。我国是畜禽和水产品进口大国，进口量持续大幅上涨，国际贸易中畜禽及水产品的进口大都采用冷链运输。当前正值新冠肺炎疫情防控的关键期，国内形势总体平稳，但国外形势仍然严峻，新冠肺炎疫情"外防输入"工作必须调整防控战略，由防人重于防物转向"人、物并重"，高度重视进口畜禽及水产品疫情传播风险问题。

一、境外新冠肺炎疫情仍在加剧，当地畜禽及
水产品加工企业是重灾区

新冠肺炎疫情在全球暴发和蔓延，对畜禽屠宰及水产品加工企业产生了巨大冲击。欧美等地区国家，由于观念的差异，对口罩佩戴和体温检测等防控措施接受度差，导致疫情失控和反复。加工厂人流复杂，在严格遵守社交距离和卫生措施规定等方面存在难度，且加工厂的低温环境易加剧新冠肺炎疫情风险，当地畜禽及水产品加工企业成为新冠肺炎疫情的重灾区。美国疾控中心5月初发布的数据显示，全美已有115个屠宰加工厂出现新冠肺炎疫情。另据媒

体报道，美国泰森食品（Tyson）一处猪肉加工厂发生的聚集性感染新冠肺炎病毒人数接近900人确诊，约占该厂员工总数的40%；德国通尼斯（Tönnies）肉联厂发生的聚集性感染新冠肺炎病毒人数超过1 300人；加拿大嘉吉（Cargill）肉类加工厂发生的聚集性感染新冠肺炎病毒人数超过1 200人。聚集性感染新冠病毒事件在各国加工厂频发。我国肉类和水产品进口主要来源国，如美国、巴西、英国、西班牙、德国、澳大利亚、俄罗斯、加拿大、法国等都是重疫区，新冠肺炎疫情仍然严峻。

二、我国畜禽及水产品进口大幅增长，给新冠肺炎疫情传播带来重大隐患

近年来，我国畜禽及水产品进口大幅增长。2019年我国畜产品进口362.2亿美元，同比增27.0%；水产品进口187.0亿元，同比增25.6%。其中，猪肉进口199.4万吨，增67.2%；猪杂碎进口113.2万吨，增17.9%；牛肉进口166.0万吨，增59.7%；羊肉进口39.2万吨，增23.0%；水产品进口量626.5万吨，增19.9%。2020年前三季度，我国肉类（含杂碎）进口741.1万吨，同比增72.1%，已经超过2019年全年进口量123.4万吨。根据当前国内供需形势和历年进口规律，2020年我国第四季度畜产品及水产品进口量仍将继续大幅增长。一方面，我国大幅增长的畜禽及水产品进口为弥补国内供需缺口、平衡国际贸易、巩固我国在全球产业链地位发挥了重要作用；但另一方面，畜禽及水产品的主要贸易形式为冷链冻品，冷链环境下，病毒更易存活和传播，我国畜禽及水产品进口数量大、进口来源地多，给新冠肺炎疫情传播带来重大隐患。2021年第四季度，值国内新冠肺炎疫情内防反弹的关键期，叠加畜产品和水产品进口集中期，畜禽及水产品冷链进口的疫情防控应作为重中之重。

三、国内多次出现进口畜禽及水产品引致的新冠肺炎疫情，必须加大"外防输入"的物流防控力度

在党中央的坚强领导下，我国疫情防控工作很快取得如期成效，并适时将疫情防控工作从应急状态转为常态化，国内民众生活、经济发展以及国际贸易正逐步回归常态。但由于国外疫情持续蔓延、加剧，使我国新冠肺炎病毒"外

防输入"的任务异常艰巨。我国已出现了多起由进口畜禽及水产品携带病毒引发的新冠肺炎疫情，如 2021 年 6 月的北京新发地疫情、7 月的大连凯洋海鲜公司疫情、9 月的青岛港疫情，以及 10 月的青岛市疫情等。此外，还出现了超过 20 起进口冷链畜禽及水产品新冠肺炎病毒核酸检测呈阳性的案例，且多起此类案例仍在相继出现。10 月 17 日中国疾病预防控制中心发布信息称，对青岛新冠肺炎疫情溯源调查过程中从冷链食品外包装分离到新冠肺炎活病毒。10 月 29～30 日山东乳山、烟台、文登、安丘四地分别发布通告，有进口冻猪肉外包装检出新冠肺炎病毒阳性，且部分已流入市场。上述案例表明，冷链运输或成为新冠肺炎病毒传播的新途径，且当前我国畜禽及水产品进口仍存在防控漏洞。回顾国内新冠肺炎疫情的发生发展，武汉疫情始发于海鲜批发市场，之后出现的北京、大连、青岛疫情亦均与畜产品或水产品冷链进口有关，表明新冠肺炎病毒初始有很大可能性是通过冷链运输传入国内的，进口畜禽及水产品新冠肺炎疫情传播风险问题需高度重视。在我国"外防输入"人流防控成效显著、国内形势总体平稳的形势下，必须进一步加强物流防控，严密封堵新冠肺炎疫情防控漏洞。

四、畜禽及水产品进口新冠肺炎疫情风险防控政策建议

随着我国畜禽及水产品消费需求的增长和贸易大国地位的提升，畜禽及水产品进口在缓解国内资源和环境压力、满足消费需求、稳定市场价格、维护多边贸易平衡等方面的功能和作用已不容忽视。因此，在全球新冠肺炎疫情存续期间，应确立人、物并重的新冠肺炎疫情防控策略，高度重视畜禽及水产品进口可能带来的新冠肺炎疫情传播风险。结合冷链畜禽及水产品携带新冠肺炎病毒特点，提出以下政策建议：

一是调整完善新冠肺炎疫情防控策略和应对举措，建立人防、物防并重的指导方针。当前，"外防输入"成为当前新冠肺炎疫情防控工作的重点，人流防控已取得显著成效，要因应国内外疫情防控新形势，调整转变防控观念，高度重视物流防控，切实做到"人、物并重"。

二是设立畜产品及水产品出口产品核酸检测准入制度及进口熔断机制。设立畜产品及水产品准入制度，所有出口至我国的畜产品及水产品均需提供产品及外包装核酸检测证明。国内海关对所有进口批次产品做到百分之百检测，一旦发现有新冠肺炎病毒核酸检测呈阳性的产品，立即对相关出口商启动畜产品

及水产品进口熔断机制。

三是建立健全进口冷链冻品追溯体系，进一步强化进口冷链冻品全链条监管。以各地进口冷链食品生产经营单位作为首站，在冷链冻品追溯系统上传相关产品品种、规格、批次、产地、检验检疫等追溯数据。在销售、流转的各个环节，生产经营单位均通过扫码方式便捷上传产品收发货等数据。所有进口冷链冻品均需上传追溯数据，并落实电子追溯码赋码、贴码才可销售。

四是加大进口冷链冻品检测和防控力度。建立并强化冷链冻品进口单位、畜禽及水产品批发市场人员进行定期核酸检测制度。在继续抓好已有措施执行的基础上，进一步查找漏洞，完善防控流程，着力把好贮存关、检测关、追溯关。坚决贯彻落实国务院应对新型冠状病毒肺炎疫情联防联控机制综合组印发的《冷链食品生产经营新冠病毒防控技术指南》《冷链食品生产经营过程新冠病毒防控消毒技术指南》。

五是加大对走私行为打击力度。伴随着国内畜禽及水产品与国外价差的扩大，畜禽及水产品走私活动也有增加的迹象。畜禽及水产品走私可能带来的疫情风险隐患更难防控，必须以更加严厉的措施予以打击。

畜牧业减排国际话语权不容忽视

周　慧[1]　麻吉亮[1]　李　阔[2]　董利峰[3]　刘晓洁[4]

(1. 中国农业科学院农业经济与发展研究所；
2. 中国农业科学院农业环境与可持续发展研究所；
3. 中国农业科学院饲料研究所；
4. 中国科学院地理科学与资源研究所)

畜牧业减排国际话语权不容忽视，讲好中国畜牧业减排故事，对于树立负责任大国形象具有重要意义。由于我国系统性监测数据缺乏、官方权威信息少，话语权被发达国家掌控，对于发达国家的指责难以进行精准、有力反驳。建议加强顶层设计与战略规划，建设常态化数据监测体系，积极参与国际畜牧排放标准制定，建立定期发布机制，加大畜牧业科技创新投入，建设畜牧业减排先行示范区。

一、畜牧业是重要的非二氧化碳温室气体排放源，是全球公认的气候变化责任方

2020 年 9 月，习近平总书记在第七十五届联合国大会一般性辩论上提出，中国将提高国家自主贡献力度，采取更加有力的政策和措施，努力争取 2060 年前实现碳中和。当前关注的重点主要在能源领域，采取的措施主要针对二氧化碳，但是碳中和目标不仅针对二氧化碳，还包含非二氧化碳温室气体（如甲烷、氧化亚氮等），且非二氧化碳温室气体危害更大，畜牧业是重要的非二氧化碳温室气体排放来源。

2013 年联合国粮农组织（FAO）报告指出，以二氧化碳当量计算，畜牧业温室气体排放高达 71 亿吨，占人类活动温室气体排放的 14.5%，高于交通运输所占份额。2020 年联合国政府间气候变化专门委员会（IPCC）报告测算发现畜牧及食品行业贡献 21%～37% 的温室气体排放。

2018 年 12 月，我国发布的《中华人民共和国气候变化第三次国家信息通

报》明确指出：甲烷和氧化亚氮的排放主要来自于畜牧业，占比高达 40.5％
和 65.4％。随着生活水平的提高，居民膳食结构持续升级，优质动物蛋白需
求增长潜力大。据 2020 年中国农科院发布的《中国农业产业发展报告》预测，
2030 年我国肉蛋奶总产量将达到 1.77 亿吨，较 2018 年增长 24％，将导致畜
牧业温室气体排放量的进一步增加。

　　近年来国际社会高度重视畜牧业及相关行业带来的温室气体排放。自
2005 年以来，FAO 相继发布《从畜牧业着手应对气候变化》《反刍动物供给
链的温室气体排放》《猪与鸡供给链的温室气体排放》《奶业温室气体排放》等
14 个相关报告。美、英、日等发达国家每年定期发布温室气体报告，畜牧业
是其中的重要部分，2020 年美国环境署发布的报告围绕畜种和畜牧生产活动
进行了精细化测算。

二、我国畜牧碳排放官方权威信息少，话语权被发达国家掌控

　　我国官方发布的相关报告数量较少且滞后。自 1994 年《联合国气候变化
框架公约》生效以来，仅在 2004 年、2012 年和 2018 年分别发布《中华人民
共和国气候变化国家信息通报》。2018 年报告中通报了我国 2010 年温室气体
排放情况，受数据限制，畜牧业排放系数仍采用 1996 年 IPCC 推荐值。

　　话语权始终被发达国家掌控，我国难以进行精准、有力反驳。近年来，西
方媒体和机构多次针对我国快速增长的畜产品消费和迅猛发展的畜牧业进行抨
击。2014 年 12 月英国《经济学人》杂志无端指责，中国日渐增长的猪肉消费
是全球变暖的罪魁祸首；2015 年 11 月英国皇家国际事务所发布报告，公开指
责中国政府将提升肉类消费作为国家战略，是导致全球畜牧业环境问题和温室
气体排放的不负责行为。

　　我国缺乏系统性的畜牧业温室气体排放监测数据，来自不同部门的指
标存在较大差异；尚未考虑区域、生产方式、品种等的差异性，部分数据
存在空白点，最终导致无法核算本土化的排放因子。而排放因子是计算国
家或地区温室气体排放清单的核心参数。为了更加精准估算，欧美等发达
国家组织科研团队开发本土化排放系数，避免温室气体排放量被高估。以
美国为例，环境保护署（EPA）自主开发了 CEFM 工具，用于测算不同生
产类型下的本土化排放系数。其中，奶牛的甲烷排放因子为 5.7％，育肥
肉牛为 3.0％，而 IPCC（2006）的推荐值为 6.5％；测算的温室气体排放

量远低于采用 IPCC 推荐值得出的结果，间接推动了美国温室气体减排目标的实现。

目前，我国只能采用 IPCC 推荐的通用排放系数进行估算，导致温室气体排放量被高估。2015 年 8 月，中国科学院、清华大学等单位发表在《Nature》上的研究指出：由于采用了 IPCC 推荐的通用排放因子，2000—2013 年间我国 CO_2 排放量被高估了 106 亿吨，相当于自 1994 年以来西方发达国家实际减排量的百倍。

三、畜牧业减排协调需从国家层面统筹协调

畜牧业减排作为"碳达峰"工作的重要组成部分，需高度重视从国家层面统筹协调。开展国家和地方层面畜牧业减排增效发展规划和战略研究，明确畜牧业减排的阶段目标、工作重点、发展路径和战略措施，编制畜牧业温室气体排放"达峰"和"中和"路线图。

建设常态化数据监测体系，编制畜牧业排放清单。整合已有的相关平台网络资源，建设我国畜牧业碳排放数据监测体系，构建系统性、常态化畜牧业碳排放数据库；围绕典型畜种，研发多区域、多饲养模式、多饲料类型的温室气体排放核算模型，形成本土化、系统性的温室气体排放系数，编制我国畜牧业碳排放清单。

积极参与国际畜牧排放标准制定，建立定期发布机制。加强与各国政府及国际组织的对话，准确把握国际畜牧减排前沿和最新动态，积极参与相关国际标准的制定；加强国内外科研机构的联合攻关，搭建畜牧业碳排放国际交流平台，组织非政府间高端论坛或学术会议；定期发布畜牧业温室气体减排进展报告，及时传播中国畜牧减排声音。

以关键技术短板为重点，加大畜牧业科技创新投入。以畜牧减排和提质增效为导向，以饲料资源开发和营养配置、智慧畜牧创新、动物种质和遗传性能改良等关键技术短板为重点，加大集成创新与突破性创新的研发投入。依托畜牧业大省，通过部省联动机制，组织实施畜牧业重大科技任务、共建产学研一体化基地，调动地方财政对畜牧减排应用与关键技术研究的支持。

以农牧科技园区和现代产业园为重点，建设畜牧业减排先行示范区。制定畜牧业减排先行示范区的指导意见，建立以畜牧业减排为导向的考核指标体系；通过资金扶持或者政策倾斜，鼓励现代产业园区和农业科技园区率先行

动，按照标准建设畜牧业减排先行示范区；建立畜牧业温室气体监测、核算与核查技术体系，探索国家、区域和企业不同层次的碳交易规则；开展低碳畜产品、低碳养殖方式的认证认可，充分挖掘低碳产品的附加值。

畜禽粪便资源化利用研究综述
与对策建议
——基于供给与需求二维度视角

刘晨阳[1]　马广旭[2]　刘　春[1]　王济民[1,2]　辛翔飞[1]

(1. 中国农业科学院农业经济与发展研究所；
2. 农业农村部食物与营养发展研究所)

畜禽粪便是我国农业生产的重要有机肥来源，种养结合模式支撑了我国农业几千年的发展（董红敏等，2019）。自改革开放以来，我国畜禽养殖业持续发展，规模化、集约化已经成为现代畜牧业的重要特征，在此背景下大量畜禽粪便集中排放，在一定时空下缺乏足够的配套耕地对其进行消纳，造成环境污染问题日益严峻。然而，如果对畜禽粪便进行合理的资源化利用，不仅可以改良土壤，还可以提升农产品品质，创造经济价值。随着城乡居民消费结构中动物源性食物消费比重不断增加，畜牧业生产规模还将继续扩大，畜禽粪便资源化利用对于促进畜禽养殖业和种植业可持续发展、保障食物安全的意义更加凸显（辛翔飞等，2020；辛翔飞和王济民，2019）。

面对畜禽粪便污染及资源浪费双重问题共存且亟待解决的现状，我国出台了一系列法律法规和政策措施推进畜禽粪便资源化利用，相关学者也从不同角度进行了研究。初期的研究主要从养殖场（户）的角度分析畜禽粪便的资源化利用意愿及利用方式，近几年逐渐有研究开始关注畜禽粪便资源化产品需求的问题。我国畜禽粪便资源化利用问题的研究起步相对较晚，有学者就畜禽粪便排放量（刘春等，2021）、环境对畜禽粪便的承载力（李鹏程等，2020）、畜禽粪便资源化利用管理模式（胡曾曾等，2019）和技术方法（赵馨馨等，2019）等进行了较为详细的综述，也有学者就肉鸡等家禽养殖粪便排放问题进行了较为详细的综述（刘春等，2021）。但总体来看，已有研究主要是基于畜禽粪便供给视角。然而畜禽粪便的资源化利用率，既取决于作为供给方的养殖场（户）对粪便进行资源化处理的能力，也取决于作为需求方的粪便资源化产品使用者相应的需求和使用意愿，从供给和需求两个角度进行全面、系统的分析有助于找到畜禽粪便资源化利用推进过程中的难点及其解决办法。因此，笔者系统梳理了我国畜禽粪便资源化利用的相关法律法规与政策，从供给与需求二维度视角分析了畜禽粪便资源化利用的现状和制约因素，就进一步推进畜禽粪便资源化利用提出对策建议，对于促进畜禽粪便资源化利用、降低畜禽粪便污染以及推动畜牧业绿色发展具有重要的现实意义。

一、畜禽粪便资源化利用概念界定、法律法规与政策

（一）畜禽粪便资源化利用相关概念界定

1. 畜禽粪便的概念

根据农业行业标准《畜禽粪便无害化处理技术规范》（NY/T 1168—2006）将畜禽粪便定义为畜禽养殖业中产生的一类农村固体废弃物，即畜禽养殖产生的粪、尿液等排泄物的总称。

2. 畜禽粪便资源化利用的概念

畜禽粪便资源化利用是将畜禽排泄物视为特殊形态的农业资源，通过各项措施将其转化为能源以及种植业的投入品，将畜禽粪便进行无害化处理，减少甚至消除其对生态环境以及人体健康的危害，并最大限度地发挥出其可能产生的生态价值、经济价值，实现种植业与养殖业之间的生态循环（舒畅和乔娟，2019）。

（二）畜禽粪便资源化利用法律法规与政策

早在21世纪初，我国就针对养殖业污染出台了一系列法律法规，对畜禽粪便资源化利用做出相关政策引导和规定。2001年3月，国家环境保护总局颁布《畜禽养殖污染防治管理办法》，提出畜禽养殖污染防治实行综合利用优先；2001年12月，国家环境保护总局颁布《畜禽养殖业污染物排放标准》，对废水、恶臭、废渣的无害化排放标准做出规定。但上述畜禽粪污治理政策未能引起行业的足够重视。2013年以来，我国政府部门在加强养殖污染监管的同时，也相继出台政策对畜禽粪污资源化利用工作给予扶持，逐步加大了环境治理力度。在农业农村宏观发展规划、环境整治政策及法规中，全国人民代表大会常务委员会相继对《中华人民共和国农业法》《中华人民共和国环境保护法》《中华人民共和国畜牧法》《中华人民共和国固体废弃物污染环境防治法》《中华人民共和国水污染防治法》等法律进行修订，增加畜禽粪便资源化处理

相关内容，以促进农业污染治理及畜牧业健康发展；国务院、农业农村部、国家发展与改革委员会及生态环境部等发布实施的《水污染防治行动计划》《"十三五"生态环境保护规划》《"十三五"节能减排综合工作方案》《全国农村经济发展"十三五"规划》《全国农业现代化规划（2016—2020 年）》《全国农村环境综合整治"十三五"规划》等一系列政策法规对养殖业污染排放做出了严格的规定。在畜禽粪便资源化利用的专项政策和法规中，国务院办公厅及农业农村部相继出台了《开展果菜茶有机肥替代化肥行动方案》《关于加快推进畜禽养殖废弃物资源化利用的意见》《畜禽粪污资源化利用行动方案（2017—2020 年）》及《全国畜禽粪污资源化利用整县推进项目工作方案（2018—2020 年）》等一系列专项政策法规，促进了畜禽粪便资源化利用工作的顺利开展，提升了畜禽粪便资源化利用行业建设管理水平。

二、基于供给视角的畜禽粪便资源化利用研究

近几年在我国法律法规和政策措施的作用下，畜禽养殖场（户）环保压力明显加大，但畜禽粪便资源化利用水平明显提升。本部分基于供给视角对畜禽粪便资源化利用现状和制约因素进行分析。

（一）基于供给视角分析畜禽粪便资源化利用现状

当前我国畜禽粪便年产生量近 40 亿吨（赵俊伟等，2019），资源化利用率达到 75% 左右，但是仍有近 25% 的畜禽粪便尚未得到利用（胡曾曾等，2019），畜禽粪便污染的压力长期存在。当前我国畜禽粪便资源化利用方式主要有肥料化、能源化和饲料化 3 种，三者之间处理比例目前还没有较为准确的统计数据，但已有观点一致认为肥料化利用是其主要方式（赵俊伟等，2019；舒畅等，2016；陈俊红等，2019）。

1. 肥料化利用

肥料化是指畜禽粪便通过自然堆沤腐熟法或生物好氧高温发酵等方式制作成可以利用的肥料（刘春等，2021）。养殖场（户）除了通过自家及周边种植户以粪肥形式还田、养殖食用菌外（廖青等，2013；舒畅等，2017；陈红和王浩岩，2020；张玉梅和乔娟，2014），还可销售给有机肥加工企业等第三方组织（国辉等，2013），由第三方组织集中进行畜禽粪便资源化处理。部分养殖场（户）还将粪肥卖给水生植物种植户、鱼虾养殖户等用于增加水体营养（国辉等，2013），但此举对环境亦可能造成破坏，存在一定争议。上述养殖场

（户）畜禽鲜粪或粪肥的直接出售几乎不存在运营成本，具有较强的普适性。近几年随着养殖规模的逐渐扩大，畜禽粪便产生量逐渐增多，在政府倡导以及符合养殖场自身发展利益的前提下，部分规模化养殖场将养殖过程中产生的畜禽粪便作为原料，生产商品有机肥。这种方式前期投资和运营成本较大，目前仅适用于规模较大的养殖场。

2. 能源化利用

能源化是指将畜禽粪便经过厌氧发酵或燃烧等方式转化为沼气或电等可用的能源（仇焕广等，2013；何思洋等，2020）。畜禽粪便能源化利用可以为市场提供沼气或电力。养殖场通过建设沼气发酵池，将鸡粪、猪粪等动物粪便进行厌氧发酵，产生沼气，沼气可以直接用于养殖场生产生活需要，降低经济成本，也可以经简单提纯后通过管道将沼气提供给附近居民使用（国辉等，2013），获取对外经济收益。沼气的副产品沼渣、沼液还可以制成有机肥料以及植物营养液，提供给种植户。发电也是畜禽粪便能源化的利用方向，大规模养殖场畜禽粪便发电有两种方式：一种是直接燃烧干粪或混合其他可燃废弃物驱动发电机组进行发电，另一种是发酵制取沼气后燃烧沼气发电，养殖场内电厂需达到相关国家标准，允许并网后便可以对外销售电力（贾伟等，2017）。

3. 饲料化利用

饲料化是指对畜禽粪便通过干燥法或发酵法等工艺加工处理，制作成可供畜禽二次食用的饲料（刘春等，2021）。但畜禽粪便饲料化过程中，若技术处理达不到标准，易造成环境污染及生物体内重金属富集（舒畅等，2016），具有一定的安全隐患。由于饲料化的环境效益和经济效益相对较小，其应用受到一定限制。但在我国当前饲料粮相对紧缺的形势下（辛翔飞和王济民，2019；刘晨阳等，2020），畜禽粪便饲料化利用得到一定程度的发展。与其他畜禽粪便相比，鸡粪的饲料化利用价值最高，这主要是由于其消化道较短，饲料没有完全消化吸收，鸡粪中营养成分更为丰富（刘春等，2021），加之其含水量低，在饲料化过程中相对容易被利用。

（二）基于供给视角分析畜禽粪便资源化利用的制约因素

在相关法律法规和政策措施的引导下，养殖场（户）对畜禽粪便处理进行了优化，切实提高了养殖区域的环境效益和社会效益，但存在畜禽粪便资源化利用成本高收益低、技术支撑不足，以及种养区域布局与规模不匹配等问题，阻碍了畜禽粪便资源化利用的顺利推进。部分学者基于微观层面，利用计量模型对养殖场（户）进行畜禽粪便资源化利用的影响因素做了分析，包括养殖场（户）个人、家庭和养殖特征，对畜禽粪便认知情况，外部环境建设以及政策等影响因素（赵俊伟等，2019；舒畅等，2017；于婷和于法稳，2019；王建华等，2019；饶静和张燕琴，2018；赵俊伟等，2019）。总体来看，主要包括以下三个方面。

1. 畜禽粪便资源化利用成本高收益低

尽管当前政府对畜禽粪便资源化利用补贴力度较大，但在各供应主体实际运营过程中仍存在难以盈利或者亏损的现象。由于畜禽粪便处理工程初始投资较大，小规模养殖场（户）难以承担巨大的资金压力，多数选择将畜禽鲜粪或者粪肥出售给附近的种植户（虞祎，2012），出售价格较低，基本上处于"半卖半送"的状态（潘丹，2015；潘丹和孔凡斌，2015）。部分养殖场采用粪污发电，但是粪污发电投入成本和运营成本较高，对政府补贴依赖程度较高。大中等规模养殖场大多利用生物发酵技术生产商品有机肥，但商品有机肥在肥料市场上所占份额较小，加上近几年有机肥生产企业数量持续增加，使得市场竞争激烈，盈利较少。此外，大部分商品有机肥生产企业经济实力较弱，融资存在困难。由于社会资本介入较少，银行贷款是其获得融资的唯一渠道（苏莹，郝成磊，2019），但是当前商品有机肥生产企业多数资质较浅，获得的银行贷款金额十分有限。

2. 畜禽粪便资源化利用技术支撑不足

高温好氧发酵有机肥是目前应用较为广泛的畜禽粪便处理技术，但是该项技术在我国并不十分完善，存在氮素损失大、发酵热能未充分利用等问题（廖青等，2013）。在能源化方面，生产沼气是能源化利用的主要方向，但综合利用率较低，盈利较少。由于沼气产气量受气温影响较大，沼气供应的季节性强、持续性差，间接导致发电量的季节波动，因而给电网带来很大的管理压力。而且沼气已建工程多采用常温发酵方式，热电联产比率低，影响了沼气工程在循环农业中的应用水平（王登山等，2019）。在饲料化方面，传统自然干燥制作饲料的方式损失了一定的养分，而且易导致空气二次污染，运用热喷处理法、混合青贮法等方法生产饲料存在一定的技术难点（侯世忠，2013）。

3. 种养区域布局与规模不匹配

种养结合是实现畜禽粪便资源化利用、减少养殖污染的重要途径（孟祥海，2018），通过还田的方式可以最大限度地将畜禽粪污消纳处理（张郁等，2015）。而且即使通过粪便制作沼气，其副产物如沼渣、沼液也需要通过还田消纳。过去小规模养殖场（户）畜禽粪便产生量相对较少，造成的环境污染问题尚不突出，粪便处理起来相对简单容易；而随着公司化养殖模式的发展，畜禽养殖规模化水平大幅提升，粪便产生量大且相对集中，周边缺乏足够的配套耕地来消纳（辛翔飞和王济民，2019）。从区域内部看，种养区域布局和规模不匹配，区域内部的种养不平衡阻碍了畜禽粪便资源化利用（仇焕广等，2012）。养殖业的合理布局和畜禽粪便资源化利用方式的合理选择是顺利推进畜禽粪便资源化利用的重要着力点。

三、基于需求视角的畜禽粪便资源化利用研究

随着畜禽粪便资源化利用的逐步推进，研究人员逐渐认识到，除了供给方面的因素影响和制约畜禽粪便资源化利用以外，需求方面的因素也同样影响畜禽粪便的资源化利用。本部分基于需求视角对畜禽粪便资源化利用的现状和制约因素进行分析。

（一）基于需求视角分析畜禽粪便资源化利用现状

从需求方向来看，畜禽粪便资源化利用同样可分为肥料化、能源化和饲料化三种方式。种植业生产对于畜禽粪便及其资源化产品的需求量最大，种养结合的模式对畜禽粪便的消纳具有重要的意义。我国自古以来就有种养结合的农业经营传统，在化肥得到普及之前，养殖业一直是种植业获取肥料最有效的途径。从经济角度来讲，种养一体化模式中种养户间纵向关系最为紧密，交易成本也最低。同时种养结合模式具有良好的正外部性效应，可以实现社会效益、生态效益和经济效益统一（隋斌等，2018）。规模化的生物质发电厂、生物燃气公司等在一定区域内的畜禽粪便有较大的需求，但是因其分布数量较少，对大范围内的畜禽粪便消纳有一定的局限性，且在成本收益上不经济，因此学者们并没有将其作为畜禽粪便主要需求方向。

从需求区域来看，畜禽粪便及其资源化产品往往由于体积及技术方面的限制，在运输上存在不便性，加之需求市场的相对集中，需求呈现出一定的区域性（姜茜等，2018）。当前的畜禽粪便及其资源化产品市场主要集中于农村区域，尤其是种植业相对发达的地区。种植户是畜禽粪便资源化产品的主要需求主体，粪肥及有机肥是其主要的需求产品。商品有机肥生产企业以及生物质发电厂作为畜禽粪便的需求方，受原料、地价等综合因素影响也大多分布在农村地区（王登山等，2019）。

（二）基于需求视角分析畜禽粪便资源化利用的制约因素

随着畜禽粪便资源化利用的大力推进，畜禽粪便资源化利用率大大提高，但仍存在畜禽粪便资源化产品需求不足的问题，部分学者基于微观调研数据对制约种植户进行畜禽粪便资源化利用的因素做了分析，包括种植户个人特征、家庭经营特征、政府支持政策等影响因素（许佳彬等，2021；闫阿倩和罗小锋，2021；郭清卉等，2021；杨辉等，2020），总体来看，主要包括以下三个方面。

1. 畜禽粪便资源化产品替代品较多

畜禽粪便制作成的有机肥是增加土壤有机质、改善农产品品质的重要肥料来源。现代农业发展过于片面地追求粮食产量和经济效益最大化，有机肥相比于化肥在增产效果方面处于劣势，且施用过程中对劳动力的需求高，明显增加了种植户的生产成本（刘晨阳等，2021）。目前，高效化肥仍占据种植业肥料的主流地位（左喆瑜，2015），这就使得有机肥的消费潜力难以释放。同时在畜禽粪便的饲料化、能源化利用方面，可替代产品也相对较多，这就造成了畜禽粪便资源化产品的市场竞争弱势局面。

2. 畜禽粪便资源化产品缺乏相关技术标准

化肥有固定的成分，在标准方面比较容易界定，而除商品有机肥有质量标准外，粪肥、沼肥均无国家级质量标准（舒畅和乔娟，2019），难以对有机肥的发酵程度、有害寄生虫数量、病原菌、重金属及抗生素残留等关键指标进行量化评价，肥料质量难以保障。而且部分养殖场户自发进行的鲜粪或简单堆肥出售更是难以用相应的标准进行界定，畜禽粪便资源化产品缺乏统一标准，产品市场认可度较低。

3. 我国缺少种养结合的养分平衡管理制度

欧美国家实施粪便综合养分管理制度，充分考虑畜禽粪便养分供给量、土壤养分含量以及其他环境参数，强制规定养殖场（户）设置养殖量与粪污还田量，确保养殖场（户）粪污不会对周围水体造成污染。这种"以种定养"的制度设计可以充分满足畜禽粪便的还田需求。而目前我国对于耕地质量的监管不够严格，对于畜禽粪污全量还田利用仍持鼓励态度，并未上升至强制行为。

四、结论和对策建议

本研究通过对畜禽粪便供需相关文献进行梳理，主要得出以下研究结论：

我国相继出台的一系列法律法规显著提升了畜牧行业对废弃物进行资源化利用的重视程度。目前畜禽粪便资源化利用方式主要有肥料化、能源化、饲料化三大类，其中肥料化是主要的利用方式。制约畜禽粪便资源化利用的因素主要包括畜禽粪便处理成本高、收益低，畜禽粪便资源化利用缺乏核心技术支撑，种养区域布局与规模不匹配，畜禽粪便资源化产品替代品数量较多，产品缺乏相关技术标准，以及种养结合的养分管理制度不健全。基于我国畜禽粪便资源化利用现状及存在的问题，提出以下对策建议：

一是加大畜禽粪便资源化利用的政策扶持。政府应对配备粪便处理设施设备的养殖场给予适当的政策优惠和财政补贴，因地制宜、分类施策地推广便捷可行的畜禽粪便资源化利用优良模式。

二是建立健全畜禽粪便资源化产品质量标准体系。要想打造畜禽粪便资源化利用产品产业链，实现畜禽粪便资源化产品标准化生产，必须制定完善的质量标准体系。政府不仅要进一步完善有机肥国家标准，还要将沼液、沼渣、粪肥等纳入到政策监管范围，提高其还田质量。

三是积极引导种植户施用有机肥。政府应加大对有机肥以及有机肥施用农机的补贴，引导种植户将有机肥施用范围从主要集聚在果蔬等经济作物扩展到大田作物上，在更大范围实现有机肥合理替代化肥。

四是建立畜禽粪便养分管理的相关制度。借鉴欧美国家粪便综合养分管理计划，以种养结合为基础，合理安排养殖场空间分布及规模，要求养殖场必须配套足够的农田面积用以消纳畜禽粪便，或以签订合同等形式委托周边农户合理施用畜禽粪便。

参考文献

[1] 陈红，王浩岩. 黑龙江省整县推进畜禽粪污资源化利用路径与对策建议 [J]. 黑龙江畜牧兽医，2020 (07)：71-74.

[2] 陈俊红，刘合光，秦富，等. 蛋鸡粪循环利用模式评价与政策建议 [J]. 农业环境与发展，2011，28 (02)：30-35，39.

[3] 仇焕广，蔡亚庆，白军飞，等. 我国农村户用沼气补贴政策的实施效果研究 [J]. 农业经济问题，2013，34 (02)：85-92，112.

[4] 仇焕广，莫海霞，白军飞，等. 中国农村畜禽粪便处理方式及其影响因素——基于五省调查数据的实证分析 [J]. 中国农村经济，2012 (03)：78-87.

[5] 董红敏，左玲玲，魏莎，等. 建立畜禽废弃物养分管理制度 促进种养结合绿色发展 [J]. 中国科学院院刊，2019，34 (02)：180-189.

[6] 郭清卉，李昊，李世平，等．基于行为与意愿背离视角的农户亲环境行为研究——以有机肥施用为例［J］．长江流域资源与环境，2021，30（01）：212-224.

[7] 国辉，袁红莉，耿兵，等．牛粪便资源化利用的研究进展［J］．环境科学与技术，2013，36（05）：68-75，107.

[8] 何思洋，李蒙，傅童成，等．中国畜禽粪便管理政策现状和前景述评［J］．中国农业大学学报，2020，25（05）：22-37.

[9] 侯世忠，胡洪杰，张淑二，等．山东省畜禽粪污处理及资源化利用［J］．黑龙江畜牧兽医，2013（10下）：36-38.

[10] 胡曾曾，于法稳，赵志龙．畜禽养殖废弃物资源化利用研究进展［J］．生态经济，2019，35（08）：186-193.

[11] 贾伟，臧建军，张强，等．畜禽养殖废弃物还田利用模式发展战略［J］．中国工程科学，2017，19（04）：130-137.

[12] 姜茜，王瑞波，孙炜琳．我国畜禽粪便资源化利用潜力分析及对策研究——基于商品有机肥利用角度［J］．华中农业大学学报（社会科学版），2018（04）：30-37，166-167.

[13] 李鹏程，石自忠，王明利．我国畜禽粪尿排放污染防治研究综述［J］．中国农业资源与区划，2020，41（09）：37-44.

[14] 廖青，韦广泼，江泽普，等．畜禽粪便资源化利用研究进展［J］．南方农业学报，2013，44（02）：338-343.

[15] 刘晨阳，张蕙杰，辛翔飞．世界高粱供需格局变动及趋势分析［J］．中国食物与营养，2020，26（03）：42-46.

[16] 刘晨阳，张蕙杰，辛翔飞．中国高粱产业发展特征及趋势分析［J］．中国农业科技导报，2020，22（10）：1-9.

[17] 刘晨阳，马广旭，刘春，等．畜禽粪便资源化处理及成本收益分析——以6省（区）251户肉鸡养殖场户为例［J］．世界农业，2021（02）：45-53，131-132.

[18] 刘春，刘晨阳，王济民，等．我国畜禽粪便资源化利用现状综述与对策建议［J］．中国农业资源与区划，2021，42（02）：35-43.

[19] 孟祥海，周海川，周海文．区域种养平衡估算与养殖场种养结合意愿影响因素分析——基于江苏省的实证研究［J］．生态与农村环境学报，2018，34（02）：132-139.

[20] 潘丹，孔凡斌．养殖户环境友好型畜禽粪便处理方式选择行为分析——以生猪养殖为例［J］．中国农村经济，2015（09）：17-29.

[21] 潘丹．规模养殖与畜禽污染关系研究——以生猪养殖为例［J］．资源科学，2015，37（11）：2279-2287.

[22] 饶静，张燕琴．从规模到类型：生猪养殖污染治理和资源化利用研究——以河北LP县为例［J］．农业经济问题，2018（04）：121-130.

[23] 舒畅，乔娟，耿宁．畜禽养殖废弃物资源化的纵向关系选择研究——基于北京市养殖场户视角［J］．资源科学，2017，39（07）：1338-1348.

［24］舒畅，乔娟．我国种养一体化模式治理畜禽粪污的发展问题研究［J］．中国畜牧杂志，2019，55（08）：146－150．

［25］舒畅，王瑾，乔娟．生猪养殖废弃物资源化利用现状及问题探讨——以北京市为例［J］．农业展望，2016，12（09）：57－60．

［26］苏莹，郝成磊．金融支持畜禽产业绿色发展的对策研究——以重庆市荣昌区实践为例［J］．金融理论与实践，2019（07）：99－104．

［27］隋斌，孟海波，沈玉君，等．丹麦畜禽粪肥利用对中国种养结合循环农业发展的启示［J］．农业工程学报，2018，34（12）：1－7．

［28］王登山，刘刘，冉毅，等．推动农村沼气高质量发展的思路与措施［J］．中国农业科技导报，2019，21（09）：12－19．

［29］王建华，陶君颖，陈璐．养殖户畜禽废弃物资源化处理受偿意愿及影响因素研究［J］．中国人口·资源与环境，2019，29（09）：144－155．

［30］辛翔飞，刘锐，王济民．破除自给率越高粮食越安全的迷误［J］．农业经济问题，2020（10）：19－31．

［31］辛翔飞，王济民．2018年我国肉鸡产业形势分析与对策建议［J］．中国家禽，2019，41（03）：68－72．

［32］辛翔飞，王济民．我国粮食自给水平目标设定：研究综述与政策启示［J］．自然资源学报，2019，34（11）：2257—2269．

［33］许佳彬，王洋，李翠霞．农户有机肥施用意愿与行为背离原因何在——基于对黑龙江省的调查［J］．农业现代化研究，2021，42（03）：474－485．

［34］闫阿倩，罗小锋．务农意愿对农户有机肥技术采纳行为的影响［J］．华中农业大学学报（社会科学版），2021（05）：66－74，194．

［35］杨辉，焦燕妮，于鑫浣，等．需求端视角下农户有机肥购买使用意愿研究——基于黑龙江省13个地市47个样本村的实证分析［J］．东北农业大学学报（社会科学版），2020，18（06）：9－18．

［36］于婷，于法稳．环境规制政策情境下畜禽养殖废弃物资源化利用认知对养殖户参与意愿的影响分析［J］．中国农村经济，2019（08）：91－108．

［37］虞祎，张晖，胡浩．排污补贴视角下的养殖户环保投资影响因素研究——基于沪、苏、浙生猪养殖户的调查分析［J］．中国人口·资源与环境，2012，22（02）：159－163．

［38］张玉梅，乔娟．生态农业视角下养猪场（户）环境治理行为分析——基于北京郊区养猪场（户）的调研数据［J］．技术经济，2014，33（07）：75－81．

［39］张郁，齐振宏，孟祥海，等．生态补偿政策情境下家庭资源禀赋对养猪户环境行为影响——基于湖北省248个专业养殖户（场）的调查研究［J］．农业经济问题，2015，36（06）：82－91，112．

［40］赵俊伟，陈永福，尹昌斌．生猪养殖粪污处理社会化服务的支付意愿与支付水平分析［J］．华中农业大学学报（社会科学版），2019（04）：90－97，173－174．

［41］赵俊伟，姜昊，陈永福，等．生猪规模养殖粪污治理行为影响因素分析——基于意愿转化行为视角［J］．自然资源学报，2019，34（08）：1708－1719．

［42］赵馨馨，杨春，韩振．我国畜禽粪污资源化利用模式研究进展［J］．黑龙江畜牧兽医，2019（04）：4－7，13．

［43］左喆瑜．农户对环境友好型肥料的选择行为研究——以有机肥及控释肥为例［J］．农村经济，2015（10）：72－77．

兽药减量经济学国际前沿研究进展

张灵静[1]　王济民[1,2]　辛翔飞[1]　孙　振[3]

(1. 中国农业科学院农业经济与发展研究所；
2. 农业农村部食物与营养发展研究所；
3. 华北科技学院管理学院)

兽药残留环境污染是当前热点问题。20 世纪 50 年代，兽药开始应用于畜牧业，随之引起的环境污染问题日益严重。20 世纪 90 年代初期，部分畜牧业生产大国开始调查兽药残留环境污染程度，结果表明，全球约 60% 的河流检出药物，丹麦水体中检测出 68 种药物，兽药残留环境污染治理面临严峻考验。与世界总体形势相同，我国兽药投入总量逐年上升，特别是遏制病原菌耐药性计划尚未制定以前，抗生素投入量增速迅猛。2010—2017 年 7 年间，畜牧业抗生素投入量从 3.15 万吨增长至 6.80 万吨，由此诱发的药残环境污染问题日益严重。为减少抗生素污染，遏制耐药菌产生，相关部门实施了《全国兽用抗菌药使用减量化行动方案（2021—2025 年)》和《食品动物中禁止使用的药品及其他化合物清单》，抗生素减量化行动也在积极进行中。兽药减量将是未来畜牧业发展的重要趋势，经济工具将在兽药减量中发挥极其重要的作用。风险因素将更多地纳入到各类药物经济测量中，特别是将疫病风险与市场风险结合的经济度量，将获得更为广泛的研究。替代性药物、保健性药物及生物安全措施作为新型的减药措施发挥重要作用，并成为目前兽药减量的根本性措施。兽药减量对畜牧业产业影响举足轻重，兽药减量后供求关系的变化是当前国际研究探讨的热点。为进一步厘清兽药减量可能给畜牧业带来的影响，本研究梳理了当前有关畜牧业兽药减量相关经济问题，评述相关研究，以期为我国兽药减量的相关研究提供参考。

一、科学用药经济学测量

(一)判断兽药是否过量经济学方法

判断兽药是否过量方法主要可分为两种：

采用风险损失控制模型（Benjamin et al.，2010；Affognon，2007），计算药物边际损失控制，将该边际止损与药物的价格做对比，可广泛应用于生猪和肉牛产业治疗性药物量分析。若边际止损大于药物价格，即经济学意义药物投入未过量，若小于药物价格则过量；若兽药投入为价值形态，将边际止损与1比较，大于1则未达到经济最优投入，小于1则说明药物投入过量。

采用随机前沿生产函数（Key and McBride，2014），比较用药与不用药的效率，以用药产出和不用药产出之差作为用药的技术效率衡量标准，主要应用于作为促生长剂的亚治疗性药物。若效率为负，表明使用该种药物带来产量的损失，生产者不应选择使用该种药物。

（二）风险损害控制模型的应用

为研究西非地区农户氮氨菲啶投入是否合理，获得布基纳法索和马里共622个农户养殖特征数据；在考虑锥虫病流行程度和耐药性情况下，使用风险损失控制模型估计氮氨菲啶的最优使用量。结果表明，在疾病低流行低耐药性、低流行高耐药性、高流行低耐药性以及高流行和高耐药性等情境下，氮氨菲啶的最优投入分别为 4.60 欧元/（头·年）、5.20 欧元/（头·年）、5.00 欧元/（头·年）、5.70 欧元/（头·年），而该地区实际投入 2.60 欧元/（头·年）、3.30 欧元/（头·年）、3.20 欧元/（头·年）、4.00 欧元/（头·年）（Affognon，2007）。若要进一步降低疫病损失，应继续追加氮氨菲啶投入（Affognon，2007）。

（三）随机前沿函数法的应用

部分学者采用随机前沿函数比较用药和不用药生产效率的差别，以此作为是否应该选择某种药物的标准（Key and McBride，2014）。由于作者使用的是美国农业部于 2014 年统计的截面数据，无法在同一个体上分别测得用抗和不用抗的效率差别，因此作者通过倾向性得分匹配提取了 182 对成组配对样本，以此比对用药与不用生产效率的差别，研究表明，与不使用亚治疗性抗生素的情况相比，美国生猪产业使用亚治疗性抗生素使猪的出栏体重平均提升 3%，出栏体重的标准差减少 1.4%，即产出更加稳定。

二、减药替代方法的研究

（一）保健性生产要素的替代

健康观念及生态环境的变化促使畜牧业面临两方面压力：一方面是提质增

效，要求更少的药物投入，尤其是烈性药物的投入；另一方面是旧疫病治疗难度不断提高以及新疫病不断涌现，迫使畜牧产业不断吸纳新药物。缓解前者的压力主要在于减少促生长类药物的使用，解决后者关键在于防疫及生物安全措施。通过计算不同种类同种效果的药物间的边际技术替代率，在保证疫病风险不变的前提下，以产品边际价值高的药物替代产品边际价值低的药物。当前有关保健性生产要素替代的研究主要集中于在对疫病的防治、处方的监督、低效高毒性药物的替代等（Kruse et al.，2020）。有研究认为，丹麦的黄卡政策及KIK质量保证体系有利于减少兽药的投入（Fabian，2013）。

（三）动物福利措施的替代

有学者探讨了动物福利与产出、药物投入的关系，试图通过改善动物福利，降低药物使用量。动物福利涉及动物的身心健康（Peneva，2011；Horgan，2007；Buller et al.，2018）。食品安全是首要任务，这意味着动物产品必须由健康的动物生产。许多研究证明，农场动物的健康状况与是否得到良好对待有关。动物福利的定义始于1979年英国动物保护委员会制定的《农场动物福利保护》中的5项基础要求。根据该基础要求，可将动物福利定义为动物需要有足够的空间和设施，维持自由行为，并拥有远离不适、获得庇护和舒适的状态（Peneva，2011）。动物福利能够维持动物机体的健康，减少疫病发生，从而降低用药投入的成本（Buller et al.，2018）。提高动物福利能够改善产品质量，消费者愿意为改善产品质量提供更高的溢价，因此动物福利能够增加产品的价值，提高养殖企业的收入（Goodwin and Shiptsova，2000）。

（三）生物安全措施的替代

防疫是保障畜牧业发展的关键。提高生物安全水平，降低疫病感染率，是降低用药水平的重要途径（Martelli，2009）。为厘清生物安全水平对治疗性抗生素使用的影响，有学者采集了比利时、德国、法国、瑞典4个国家227个猪群的相关数据，考虑到商品猪不同阶段抗生素需求的差异，将治疗性抗生素投入量转化为TI指数，结果表明，内部生物安全措施水平对治疗性抗生素使用的影响不显著，而外部生物安全措施水平则是显著（Wijesinghe et al.，2017；Postma et al.，2016；Brinch et al.，2013）。Kruse等研究了爱尔兰猪场生物安全状况，根据生物安全评分（0～100）定义3种农场聚类，聚类1、聚类2和聚类3的内部评分分别为38.0±7.6、61.0±7.0和66.0±9.8，研究表明，生物安全措施得分高的农场，即第 3 组具有较低的仔猪死亡率（$P=0.022$）和更高的平均日增益（$P=0.037$），需要在表现较差的农场中解决与环境和地区、饲料、水和设备供应以及不同阶段的管理相关的实践问题，以提高生产性能。

三、兽药减量的经济影响研究

（一）产业的影响

药物投入与一般生产要素的投入不同，部分药物除了具有预防和治疗作用，还具有促进生长的作用。目前的研究主要从用药动机出发，研究药物对产出的影响（Rodrigues et al.，2019；Algozin et al.，2001）。Algozin 等认为若同时禁止使用促生长和治疗性抗生素，将为养猪场共 1 020 头猪带来 376 美元的损失，说明疫病产生的负面效应大于促生长带来的正面效应。若亚治疗性抗生素和治疗性抗生素用量限制为最优经济投入水平，养猪场将获得增益 4 146 美元。因研究角度、方法以及数据的差异，学者们的研究结果也有较大差别。如 Lawson 等（2007）将影子价格与全要素生产率结合，通过断点回归推断潜在要素全要素生产率的变化，结果表明，由于投入产出的替代效应，禁抗对全要素生产率无影响。Key 等研究表明，亚治疗性抗生素在生猪育肥阶段对产出的影响不显著，在保育阶段显著。

（二）市场的影响

兽药对市场的影响主要表现为对价格、生产者剩余及消费者剩余的影响（Lawson et al.，2007；Key and Mcbride，2014）。利用局部均衡模型推测，在完全禁止亚治疗性抗生素作促生长剂的情况下美国肉牛价格将提高 3%。有研究认为，禁抗后鸡肉生产者剩余增加了 7.0 美元（Lawson et al.，2007；Key and Mcbride，2014）。根据美国农业部的统计数据，使用蒙特卡罗方法估计了限制抗生素作生长剂对全美民众生产者剩余和消费者剩余的影响，结果表明，减少亚治疗性抗生素使产出水平下降 1%～3%，鸡肉和猪肉消费者剩余分别下降 2 630 万美元、2 280 万美元，生产者剩余分别下降 2 820 万美元、1 830 万美元。除关注减药政策对国内市场影响外，也有学者使用广义引力方程研究了抗生素统一标准推行对全球牛肉贸易的影响，结果表明，若牛肉生产国家统一按照药残标准执行，全球牛肉贸易将增长 32 亿美元（Sneeringer，2015）。

四、减药意愿研究

（一）药物选择意愿

生产者是否愿意使用某种药物由经济因素决定。Benjamin 等研究分析选择机制：采用 Logit 模型测算农户是否愿意使用卫生安全措施与疫病流行程度之间的关系，以获得选药的概率；再采用 Logit 模型研究农户选择该卫生安全措施与该药物所能避免的经济免损失之间的关系。结果表明，实施该措施使损失增加 1000 美元，选择该措施的概率将会提 1％。除养殖特征、政府政策以及养殖外在环境等客观因素的影响，也受到农户认知水平等主观因素的影响。大肠杆菌病给加拿大畜牧业带来了 820 万加元的治疗成本，虽然加拿大政府积极推广该疫苗，但养殖户选择使用比例只有 5％，导致该疫苗退出市场。Ochieng 通过 203 家农场数据使用了二元 Probit 分析发现，风险主体责任归属对疫苗影响程度最大，将控制大肠埃希菌病责任归咎于政府政府认知每提高 1％，使用该疫苗的概率下降 54.3％，生产者认为政府是疫病防控的主体，因而不愿使用该疫苗防疫（Ochieng and Hobbs，2017）。

（二）药物投入意愿

治疗性药物投入不足和投入过量均可导致生产损失。科学使用治疗性药物是减少药物使用的关键。决定治疗性药物投入是否科学往往在于生产者是否愿意在兽医指导下用药（Moran，2017；Ge et al.，2014）。Moranp 研究认为，农户愿意科学用药程度主要受自身养殖年限、畜牧业收入占家庭总收入比重以及交通条件的影响，兽药作为生产要素投入决定权并不掌握在专业兽医手中，而掌握在生产主体手中，这也从生产主体角度解释了药物使用的原因（Moran，2017）。Ge 等从生产系统出发，将抗生素投入、养殖主体特征、管理状态、动物健康状态按照分位数法划分为 5 种水平，使用贝叶斯网络模型，求得不同抗生素投入水平发生的条件概率，从而厘清生产系统各因素对抗生素投入的或然影响，认为应该通过价格干预措施即提高兽药税收同时采取价格歧视做法能够提高生产者减少抗生素使用的积极性（Ge et al.，2014）。

五、主要国家合理用药政策研究

（一）减药政策的优化

因地区、产业存在差异，减药政策的侧重点也各不相同。根据欧盟成员国及美国畜牧业兽药减量政策的主要内容，可以将兽药减量政策分为 3 类（Saatkamp，2016）：①从兽药使用的影响因素出发，认为兽医服务不足是导致抗生素过量使用的关键，因此政策着力点在于建立药物安全标准、发展兽医队伍、完善防疫制度（Beyene，2015）。基于认知对药物选择具有显著影响，认为政府应该提供更多药物信息服务。②从药物效果出发，提出减少危害性大的药物，进而推广危害性小的药物，不同类别的抗生素促生长作用不同，应率先将那些更加烈性或效果不明显的药物纳入禁用清单。③从政策实施效果出发提出政策改善措施，强调只加强对养殖户、兽医培训及信息提供难以达到合理用药的效果，因为养殖户和兽医只是整个产业链的部分环节，兽药生产商、销售商尤其是私立兽药销售部门、动物保健组织以及政策制定者都应是合理用药政策管理的范围。Ochieng 等从国际视角出发，指出由于耐药性全球性影响，各国的减药政策应与 WHO 步调一致。

（二）政策实施效果测评

研究者根据畜禽生长的不同阶段，对减药政策的实施效果进行评价（Beyene and Tesega，2014；Joseph，2014）。有研究表明，丹麦减抗政策效果主要体现在育肥阶段，断奶期减抗提高了疫病的暴发率，促使治疗性抗生素投入量增大（Beyene and Tesega，2014；Joseph，2014；Carrique－Mas，2009）。Joseph 研究表明，由于断奶期仔猪腹泻流行程度的提高，兽医不得不提高治疗性抗生素的使用量，2014 年比利时抗生素使用量较 2013 年增加了 1.3%，数据结果表明，即使在监管措施十分严格的情况下，饲养户也会以治疗的名义增加生长性抗生素的使用量，导致比利时全国抗生素使用量出现反弹。

六、结　　论

兽药减量问题成为全球畜牧业关注的焦点。寻求科学合理的减药措施，提升畜牧业发展质量逐步成为各国政策制定的目标。随着发展中国家畜牧业产业化飞速发展以及国家间合作交流加深，基于全球视角研究药物合理利用将成为未来研究的趋势。由于研究条件的限制，当前的研究存在数据偏差、指标量化较为主观和药品品类等不足，许多研究结果存在争议。该领域研究将吸收其他学科研究方法和技术，以获得更加全面精确的研究结论，流行病学、医学临床实践与经济学结合的跨学科交叉研究将带来更加合理的政策指导。

参考文献

［1］ Affognon H D. Economic analysis of trypanocide use in villages under risk of drug resist-ance in West Africa ［R］. Hannover：University of Hannover，2007.

［2］ Algozin K A，Miller G Y，Mcnamara P E. An econometric analysis of the economic con-tribution of subtherapeutic antibiotic use in pork production ［C］// Chicago：American Agricultural Economics Association，2001.

［3］ Benjamin M G，Christopher A，Wolf Frank L. Understanding adoption of livestock health management practices：The case of bovine Leukosis virus ［J］. Canadian Journal of Agricultural Economics，2010，58（3）：343 – 360.

［4］ Beyene T. Veterinary drug residues in food – animal products：Its risk factors and poten-tial effects on public health ［J］. Journal of Veterinary Science & Technology，2015，7（1）：4 – 7.

［5］ Beyene T，Tesega B. Rational veterinary drug use：Its significance in public health ［J］. Journal of Veterinary Medicine and Animal Health，2014，6（12）：302 – 308.

［6］ Brinch K A，Rosenbaum N L，Lis A. Herd typologies based on multivariate analysis of biosecurity，productivity，antimicrobial and vaccine use data from Danish sow herds ［J］. Preventive Veterinary Medicine，2018，6（08）.

［7］ Buller H，Blokhuis H，Jensen P，et al. Towards farm animal welfare and sustainability ［J］. Animals（Basel），2018，8（6）：81.

［8］ Carrique – Mas J，Van N T B，Cuong N V，et al. Mortality，disease and associated antimicrobial use in commercial small ［J］. Preventive Veterinary Medicine，2009（165）：15 – 22.

［9］ Fabian B，叶岚. 丹麦肉鸡业面临的机遇与挑战 ［J］. 世界农业，2013（09）：153 – 155.

［10］ Ge L，Valeeva N，Hennen W，et al. A Bayesian Belief Network to Infer Incentive Mechanisms to Reduce Antibiotic Use in Livestock Production ［J］. NJAS：wageningen journal of life sciences，2014（70 – 71）：1 – 8.

［11］ Goodwin H L，Shiptsova R. Welfare Losses From Food Safety Regulation In The Poultry Industry ［R］. Staff Papers，2000.

［12］ Joseph O. Impact of vaccine on antimicrobial resistance ［J］. International Journal of Research and Innovation in Applied Science，2019（10）：2454 – 6194.

［13］ Horgan. R. Eu animal welfare legislation：Current position and future perspectives ［J］. Redvet，2007，Ⅷ（12B）：n121206.

［14］ Key N D，Mcbride W D. Sub – therapeutic Antibiotics and the Efficiency of U. S. Hog Farms ［J］. American Journal of Agricultural Economics，2014，96（03）：831 – 850.

[15] Kruse A B, Nielsen L R, Alban L. Herd typologies based on multivariate analysis of biosecurity, productivity, antimicrobial and vaccine use data from Danish sow herds [J]. Preventive Veterinary Medicine, 2020 (181): 104487.

[16] Lawson L G, Sauer J, Jensen P V, et al. Measuring the efficiency effect of banning antimicrobial growth promoters: The case of danish pig production [C]// Portland: American Agricultural Economics Association, 2007.

[17] Macdonald J M, Wang S L. Foregoing sub-therapeutic antibiotics: The impact on broiler grow-out operations [J]. Applied Economic Perspectives & Policy, 2011, 33 (01): 79-98.

[18] Moran D. Antimicrobial resistance in animal agriculture: understanding user attitudes and behaviours [J]. Veterinary Record, 2017, 181 (19): 508-509

[19] Martelli G. Consumers' perception of farm animal welfare: An Italian and European perspective [J]. Italian Journal of Animal Science, 2009, 8 (01): 31-41.

[20] Peneva M. Animal welfare: the EU policy and consumers' perspectives [J]. Problems of World Agriculture / Problemy Rolnictwa ? wiatowego, 2011 (11).

[21] Postma M, Backhans A, Collineau L, et al. Evaluation of the relationship between the biosecurity status, production parameters, herd characteristics and antimicrobial usage in farrow-to-finish pig production in four EU countries [J]. Porcine Health Management, 2016 (2): 9.

[22] Rodrigues da Costa M, Gasa J, Calderón Díaz J A, et al. Using the Biocheck. UGent™ scoring tool in Irish farrow-to-finish pig farms: Assessing biosecurity and its relation to productive performance [J]. Porcine Health Manag., 2019, 1 (05): 4.

[23] Sneeringer S, Macdonald J, Key N, et al. Economics of antibiotic use in U. S. livestock production [J]. Economic Research Report, 2015, 51 (06): 4424-4432.

[24] Wijesinghe W M J B, De Silva P G J C, Gunaratne S P. Evaluation of biosecurity status in commercial broiler farms in Sri Lanka [J]. International Journal of Scientific and Research Publications, 2017, 7 (04): 114-119.

[25] Ochieng B J, Hobbs J E. Factors affecting cattle producers' willingness to adopt an Escherichia coli O157: H7 vaccine: A probit analysis [J]. International Food and Agribusiness Management Association, 2017, 20 (03): 347-363.

[26] Saatkamp H W, Roskam J L, Gocsik E. Quality management in broiler and pork supply chains mimed at reducing risks of antimicrobial resistance: An elicitation workshop [C]// Innsbruck-Igls: International European Forum on System Dynamics and Innovation in Food Networks, 2016.

丹麦与美国肉鸡产业减抗政策
比较及对中国的启示

张灵静[1]　王济民[1,2]　辛翔飞[1]　孙　振[3]

(1. 中国农业科学院农业经济与发展研究所；
2. 农业农村部食物与营养发展研究所；
3. 华北科技学院管理学院)

研究发现，抗生素具有促生长的作用，可以降低饲料投入，减少个体差异，因此，20 世纪 50 年代开始，抗生素开始用作促生长剂广泛添加于饲料中。20 世纪 70 年代，药物耐药性问题在欧洲国家开始凸显，虽然人们没有找到人体耐药性与动物使用抗生素之间直接的证据，但是欧盟国家对此采取了十分审慎的态度，欧盟各国对进口鸡肉用药问题给予严格的关注。这种关注直接冲击到素有"欧洲食厨"之称的丹麦，迫于出口压力，20 世纪 80 年代开始，丹麦开启了抗生素减量化之路。与丹麦隔洋相望的美国，是肉鸡产业的发源地，也是鸡肉出口和消费大国，继欧盟之后，美国也开启了抗生素减量化之路。当下，我国正处于抗生素减量化实践期间，在此期间，梳理两国肉鸡产业减抗政策，对有的放矢地把握政策走向，提高政策效果具有重要意义。

一、丹麦减抗政策的基本情况

(一) 丹麦减抗政策

丹麦减抗政策可以划分为三个阶段：第一阶段为 1986—1994 年（Brockotter，2014），该阶段针对亚治疗性抗生素问题，采用政府引导，农场自愿的办法，鼓励饲主减少亚治疗性抗生素的投入。亚治疗性抗生素是指为预防疾病，促进生长而投入的抗生素，实践中，人们发现抗生素可以抑制某些霉菌毒素的生长，调节机体肠道微生物平衡，不仅能预防疾病，而且可以作为促生长剂。第二阶段为 1994—2001 年，该阶段减抗政策的主要特点是限制饲料中亚治疗性抗生素使用。监管部门通过采取强制措施，逐步减少饲料中抗生素的品种，直至饲料中不再添加任何抗生素为止（Moran and Dominic，2017）。第三阶为2001 年至今，该阶段减抗政策的突出特点在于采用严格的管控措施，降低治疗性抗生素用量。

1. 第一、二阶段减抗政策

第一、二阶段减抗政策目标在于减少亚治疗性抗生素的使用。第一阶段为减抗政策实施的初始阶段，政策制定以减少亚治疗性抗生素投入量为主，执行上采取较为舒缓的劝导方式。总的来说，第一阶段属于减抗政策的尝试阶段，效果并不明显。随着减抗的深入，丹麦进入了减抗的第二阶段。在此期间，丹麦食品兽医局（Danish Food Veterinary Bureau）开始从人畜共用药物到畜禽专用兽药逐步限制亚治疗性抗生素的使用，到了 2001 年，全面禁止鸡饲料中亚治疗性抗生素的添加，自此，丹麦进入无抗饲料养殖阶段。

2. 第三阶段的减抗政策

第三阶段减抗政策的目标在于减少治疗性抗生素使用。相对于亚治疗性抗生素，减少治疗性抗生素的难度较大。原因在于：一是该类抗生素投入受疫病的影响较大，有病不能不治。二是饲主拥有更多的用药决定权，监管难度较大。对此丹麦食品兽医局（Danish Food Veterinary Bureau）通过推行 KIK 质量保证体系及黄卡政策（Ge et al.，2014），大幅度减少肉鸡产业抗生素的使用。

KIK 质量保证体系。KIK 质量保证体系拥有多项措施，其中两项较为突出的措施是推行鸡饲料的清洁生产和降低饲养密度。众所周知，饲料中霉菌毒素是鸡只疾病的主要诱因之一。丹麦农业局在全国范围内推行饲料清洁生产后，坏死性肠炎等疾病从源头上得以遏制，抗生素的投入也随之削减。另外一项措施是提高饲养密度标准。将以往的 45 千克/平方米的养殖密度降低为 40 千克/平方米的养殖密度，这样不仅降低了大肠杆菌病、沙门氏菌病的传播风险，还降低了呼吸疾病暴发的风险，KIK 体系的推行，效果明显，从根本上遏制了治疗性抗生素的投入。

黄卡政策。为减少饲主不合理用药的情况，丹麦农业局实施了黄卡政策（Yellow Policy）。政策实施具体步骤为：首先对兽医诊疗机构与兽药销售机构做严格的分割，同时通过信息系统，对两部门进行严格的监管。具体说来：一是通过制定法规，划清两部门的营业范围，即"诊疗机构不卖药，卖药机构不诊疗"。二是构建信息监管系统。兽医签发处方时，需将处方中农场、鸡只生长状况、药物信息录入专门的信息系统，同时，兽药销售机构也将药物销售信息从另一端录入信息系统，这样，丹麦兽医管理局可以同时监管处方和销售的情况。三是设阈立卡。设立最低抗生素投入阈值，对于购药超过阈值的农场，兽医与食品局将对其颁发黄卡，时长 9 个月。如果在黄卡期内农场抗生素投入没有恢复正常，食品兽医局会给农场颁发红卡，以作更为严格的监督，红卡期为 5 个月（Broadway，2014）。如果在红卡期鸡场药物投入仍然不能恢复正常，鸡场将获得橙卡，官方将联合兽医、药物耐药性检测单位联合对农场饲养规模、管理水平、鸡只健康、病原菌耐药性进行诊疗和评估，饲主将面临裁剪规模的整改，并承担监管期间的兽医诊疗费用、科研机构检测费和监管费用。

（二）丹麦减抗政策的效果

无抗饲料养殖在全国兴起。1996 年丹麦畜牧业抗生素使用总量为 154 吨，其中，疾病预防性抗生素为 48 吨，促生长剂类抗生素 106 吨（Ge et al.，2014；WHO，2002）。到了 1999 年，预防性抗生素和促生长剂类抗生素减少了 97 吨。其中，促生长剂类抗生素减少了 49 吨，预防性抗生素没有变化。到了 2000 年，预防性抗生素总量再次减少到 74 吨，到了 2001 年亚治疗性抗生素全面退出鸡饲料，无抗饲料养殖在全国兴起。

九成以上的鸡场不再使用治疗性抗生素。减药初期，由于霉菌毒素引起的肠炎问题的增加，引起了治疗性抗生素投入的增加，1996—2001 年丹麦的治疗性抗生素从 74 吨增加到 94 吨，尽管如此，丹麦抗生素总量减少了 60％左右。随后，由于 KIK 质量保证体系在全国的实施，以及治疗性药物管控措施加强，治疗性抗生素增加的势头得到遏制，加上后期黄卡政策的管控，到了 2010 年，丹麦抗生素总量再次减少 30％。目前，丹麦全国 90％以上的鸡场不再使用抗生素。总之，丹麦减药政策执行效果十分显著。

（三）丹麦减抗影响

减抗政策给丹麦的肉鸡产业带来积极的效果。从技术指标方面看，从 1995 年到 1999 年，每千克鸡肉饲料增加了 0.016 千克饲料，增长 0.9％。料肉比从 1.78 增加到 1.79，仅增长 0.01，平均出栏体重增加 53 克（WHO，2002）。1994—1997 年间，肉鸡的死亡率为 4.1％，而 1997—2001 年间，肉鸡的死亡率下降到 4％，2001 年全面禁抗至今，平均死亡率下降到 3％。从经济指标方面看，丹麦的禁抗直接导致药物投入成本的下降，与此同时，受 KIK 技术体系支撑的影响，肉鸡产业的饲养成本不断下降，年产量增长 0.4％，鸡肉价格没有明显的变化（WHO，2002；叶岚，2013）。总之，减少亚治疗性抗生素和治疗性抗生素的使用，为丹麦肉鸡产业的发展带来积极的影响。

二、美国减抗政策的基本情况

（一）美国减抗政策

大体上说，美国减药经历了两个阶段：1995—2006 年为第一阶段，美国秉承欧盟减药政策，有步骤地停止饲料中部分亚治疗性抗生素的使用；2006 年至今，为第二阶段，将有抗饲料和无抗饲料做严格的区分，同时鼓励无抗养殖。

1. 第一阶段减抗政策

第一阶段为限抗阶段。美国秉承欧盟做法，有步骤地减少饲料中亚治疗性抗生素的使用。由于药物使用差异，美国食品与药物管理局（The U. S. Food and Drug Administration）（Brorsen et al.，2002），在借鉴欧盟减药政策的同时，根据国情，减少饲料中亚治疗性抗生素的使用。例如，1999 年欧盟禁止了饲料中杆菌肽锌的添加，考虑到该类药物促生长作用，美国食品与药物管理局继续允许杆菌肽锌作为饲料添加剂，而当年，却与欧盟同步，禁止了弗吉尼亚霉素的使用。以后按照减药计划，逐年减少饲料中亚治疗性抗生素的使用，到了 2006 年，包括泰乐菌素、莫能菌素类抗生素已不再作为促生长剂添加于饲料中（Dibner and Richards，2005）。例如 McDonald's Corporation 和 KF 对于有抗喂养的公司，拒绝收购有抗养殖的肉鸡，同时如果鸡肉出口到欧盟，也面临被回退的风险（McDonald，2005；McDonald and Wang，2011）。

从法律上看，美国减药法律较为完备。1905 年，相关部门出台了《食品、药品、化妆品法案》，这是美国食品与药品管理局对药物监管的基本法律依据。为进一步管控鸡肉制品的质量，1957 年，美国出台了肉鸡产品检测法案，重点检测鸡肉产品中的药残。后来，相关部门再次出台制定了《联邦肉类检查法》，这是一部专门性的兽药残留监管法律，进一步解决畜禽生产中药残监管问题。

从技术方面看，实施危害分析和关键控制点管理体系（Hazard Analysis and Critical Control Point plans，简称为 HACCP 管理体系）。从 20 世纪 70 年代开始，美国食品与药品管理局开启了 HACCP 管理体系，具体设置了 8 项基本控制点，即饲喂蔬菜提取物、全进全出、粪便清理、通风、饲料中沙门氏菌测试、鸡群中沙门氏菌测试、禽流感鸡群测试、病原菌鸡群测试，HACCP 管理体系的严格执行，为美国肉鸡产业兽药的科学使用提供了良好的技术支撑（Joosten et al.，2019）。

2. 第二阶段减抗政策

第二阶段由限抗转为禁抗，鼓励无抗养殖。与丹麦不同，美国食品与药品管理局在减抗的同时，允许有抗饲料的存在，即有抗饲料和无抗饲料都可以使用。监管部门从食品健康的角度，鼓励鸡场进行无抗养殖。所谓无抗养殖，是指不使用亚治疗性抗生素和促生长剂类抗生素，简单地说，就是仅用投喂无抗饲料的养殖方式。由于无抗养殖成本明显高于有抗养殖，美国农业部（United States Department of Agriculture）要求市场上鸡肉必须添加用药标签，对有抗养殖产品和无抗养殖的产品价格做区分，这种价格区分的措施，一方面引导消费者青睐于无抗产品的消费倾向，另一个方面保证无抗养殖鸡场的利益。

兽药标签制度。对于治疗性抗生素，美国食品与药品管理局启动了重要抗生素使用指导计划，要求所有重要抗生素必须拥有兽医处方，且必须经过管理局的许可，鸡肉在出栏前药残必须降低到法定的最低限度。同时，采用兽药标签制度后，一些零售商业在鸡肉收购合同中对农场抗生素使用提出了苛刻的要求，进一步规范了美国治疗性抗生素的使用。

治疗性抗生素减药计划。2018 美国农业部制定了喹诺酮类药物减药计划，如达氟沙星等；2019 年进一步减少了喹诺酮类药物使用，同时，还进一步增加了头孢类药物的减药计划，如头孢噻呋钠等（Hodge，2018）。2020 年，进一步减少了人畜共用药物泰乐菌素、替米考星和红霉素用药量。

（二）美国减抗政策的效果

与丹麦类似，美国减抗政策执行效果明显。全美 43％的肉鸡饲养场采用了 HACCP 管理体系，在该体系的控制下，全美一半的鸡场选择无抗饲料养殖，同时 287 个抗生素产品中，用作饲料添加剂的产品仅有 66 个，减少 77％（Emborg et al.，2002），诸如维吉霉素、阿维拉霉素等抗生素退出肉鸡生产以及部分人畜共用抗生素不再用于肉鸡产业。到目前为止，已经 44％的肉鸡产品出自无抗养殖（Teillant et al.，2015）。

（三）美国减抗政策的影响

减抗抬升了养殖成本，无抗养殖饲主损失略有增加。从技术指标看，减抗政策实施后，采用无抗养殖的鸡场中采用 HACCP 管理体系的鸡场饲料转化率增加 0.08，相比之前提高 4％，不实施 HACCP 管理体系的鸡场料肉比提高 5％；无抗养殖鸡场总体平均死亡率为 3.95％（Salois et al.，2016）。其中，采用 HACCP 管理体系的鸡场死亡率为 2.00％，不采用 HACCP 管理体系的鸡场死亡率为 5.01％。总体出栏体重下降 50～175 克，平均下降 2％～5％。从经济指标看，有抗养殖的鸡场每千克鸡肉的产出将比无抗养殖的鸡场提高

2.1％的成本，根据 USDA 的估计，减抗后，鸡肉产量下降 1.12％，鸡肉价格增加 1.45％左右，产值增加了 1.54％（Salois et al.，2016）。

三、对中国减抗政策的启示

通过梳理丹麦和美国的减抗政策，考察其减抗政策效果，结合当前我国减抗工作实践，获得如下经验与启示：

第一，持续加大健康消费宣传，树立少抗、无抗生产的信心。不管是丹麦还是美国，健康消费理念和生产理念在其中起着十分重要的作用，特别是美国，在抗生素减量政策实施过程中，由于区域宽广，监管成本高，相关部门没有采取一刀切的强制措施，而是通过健康成本、耐药性危害等健康理念的宣传以及鼓励无抗生产的态度，促进肉鸡产业抗生素的减量。肉鸡产业归根到底是食品行业，从根本上说，食品行业属于良心行业，对于我国当前的情况来说，消费理念已由吃得好、吃得饱向吃得营养、吃得健康转变，我国相关部门也应该加强对这一消费理念的宣传，树立少抗无抗生产的信心。

第二，鼓励鸡肉产品销售的市场分割。考虑到耐药性问题和生产成本问题，美国国家管理局从生产者利益角度出发，将无抗养殖鸡肉制品与有抗养殖的鸡肉制品采用标签制度，分开销售，既引导消费者对无抗产品的选择，又保障了无抗养殖者的利益，一举两得。我国也应考虑美国的做法，对选用有抗饲料的产品和无抗饲料的产品进行严格的标注，通过价格分割，鼓励无抗生产。

第三，加强兽医医疗服务。虽然成熟快捷的农业监管系统是丹麦抗生素监管取得成功的基础，但是，由于丹麦国土面积较小，丹麦全境仅有 190 家养殖场，5 家饲料供应商，1 家兽医专科诊所，1 家种鸡场，丹麦实施精准化、数据化监管相对容易，尽管如此，三十多年来的减药历程还是让丹麦在抗生素减量上付出了 22.9 亿美元的监管成本。我国区域宽广，鸡场众多，如果仅靠监管，不仅达不到效果，反而会增加更大的财政监管负担。从我国肉鸡产业用药实际情况看，预防和治疗疾病是我国肉鸡产业使用抗生素的最主要的目的，因此，应将政策着力点放在服务上。具体要着重于三方面：一是要整合基层畜牧兽医资源，重视基层兽医队伍的建设和设备的更新，加强兽医服务；二是加强科学用药的培训，提高饲主预防疫病水平；三是为区域性疫病的预防和治疗发布信息，提高地区防治能力。

第四，提高生物安全措施水平。无论是 KIK 技术标准还是 HACCP 管理体系，其中都包含高水平的生物安全措施。提高生物安全措施水平是减少用药的根本举措。我国肉鸡养殖场应着重从两方面提高生物安全措施水平：一是从种源净化上，加强大肠杆菌病和沙门氏菌病的净化。从全世界范围看，大肠杆菌病和沙门氏菌病是肉鸡养殖业最常见的疾病，两种病也是引起抗生素投入的主要原因，因此，从种蛋、环境、药品试验方面进行针对性控制。二是要加强饲料的清洁的生产。欧洲在减抗的早期，由于饲料中霉菌毒素的影响，鸡场曾出现坏死性肠炎问题，给减抗造成了极大的阻力，因此，加强饲料的清洁生产，是减药的长期之举，应引起特别的注意。

参考文献

［1］ Broadway P. Antibiotic use in livestock production ［J］. Agriculture，Food and Analytical Bacteriology，2014（04）：76 - 85.

［2］ Buller，Henry，Blokhuis，et al. Towards Farm Animal Welfare and Sustainability ［J］. Animals，2018，8（81）.

［3］ Brockotter F. Opportunities and challenges of Danish broiler industry ［J］. World Poultry，2014. 29（05）

［4］ Dibner J J，Richards J D. Antibiotic growth promoters in agriculture：history and mode of action. ［J］. Poultry science，2005，84（04）.

［5］ Emborg，H. D.，A. K. Ersboll，O. E. Heuer，and H. C. Wegener. Effects of termination of antimicrobial growth promoter use for broiler health and productivity ［R］. Pages 38 - 42 in Work Antibiotic Growth Promoters in Agriculture：History and Mode of Action，2002.

［6］ Ge L，Valeeva N，Hennen W H G J，et al. A Bayesian Belief Network to Infer Incentive Mechanisms to Reduce Antibiotic Use in Livestock Production ［C］// Elsevier B. V.，2014：1 - 8.

［7］ Hodge A. Farm Animal Welfare and Sustainability ［J］. Animals An Open Access Journal from Mdpi，2018，8（06）.

［8］ Joosten P，Sarrazin S，Van Gompel L，et al. Quantitative and qualitative analysis of antimicrobial usage at farm and flock level on 181 broiler farms in nine European countries ［J］. Journal of Antimicrobial Chemotherapy，2019，74（03）：798 - 806.

［9］ KFC. Get the facts about KFC kitchen fresh chicken ［OL］. KFC，Louisville，KY. www. kfc. com/about/facts. htm. Accessed May，2004.

［10］ McDonald's Corporation. McDonald's global policy on antibiotic use in food animals ［OL］. www. mcdonalds. com/corp/ values/socialrespons. html. Accessed Feb. 2005.

［11］ Macdonald J M，Wang S L. Foregoing Sub - therapeutic Antibiotics：the Impact on

Broiler Grow – out Operations [J]. Applied Economic Perspectives and Policy, 2011, 33 (1): 79 – 98.

[12] Moran, Dominic. Antimicrobial resistance in animal agriculture: understanding user attitudes and behaviours [J]. Veterinary Record, 2017, 181 (19): 508 – 509.

[13] Salois M, Baker K, Watkins K. The impact of antibiotic – free production on broiler chicken health: an econometric analysis [C]// 2016 Annual Meeting, February 6 – 9, 2016, San Antonio, Texas. Southern Agricultural Economics Association, 2016.

[14] Saatkamp H W, Roskam J L, Gocsik E. Quality Management in Broiler and Pork Supply Chains Aimed at Reducing Risks of Antimicrobial Resistance: an Elicitation Workshop [C]// 2016 International European Forum (151st EAAE Seminar), February 15 – 19, 2016, Innsbruck – Igls, Austria. International European Forum on System Dynamics and Innovation in Food Networks, 2016.

[15] Teillant, Aude, Laxminarayan, et al. Economics of Antibiotic Use in U. S. Swine and Poultry Production [J]. The Magazine of Food, 2015, 30 (01).

[16] B. Wade Brorsen, Terry Lehenbauer, Dasheng Ji, Joe Connor. Economic Impacts of Banning Subtherapeutic Use of Antibiotics in Swine Production [J]. Journal of Agricultural and Applied Economics, 2002, 34 (03).

[17] World Health Organization (WHO). Impacts of antimicrobial growth promoter termination in Denmark [R]. Report WHO/CDS/CPE/ZFK/2003. 1, November, 2002.

[18] 叶岚. 丹麦肉鸡产业面临的机遇与挑战 [J]. 世界农业, 2013, 32 (09): 41 – 45.

我国兽药监管制度问题研究

张灵静[1]　王济民[1,2]

(1. 中国农业科学院农业经济与发展研究所;
2. 农业农村部食物与营养发展研究所)

近年来,我国在兽药研发、进口、生产、经营、使用等制度建设方面取得巨大成就。2004 年中央 1 号文件提出,要建立兽药质量监察和残留监控系统,加快重点兽用生物制品生产企业的技术改造,在问题驱使下,我国兽药监管制度历经数次变迁,迈上新台阶。党的十九大以后,为贯彻落实产业提质增效、转型升级、适应农业供给侧改革的要求,兽药监管工作重心由生产环节移至使用环节,新时期兽药监管制度面临新的挑战,深入研究兽药监管制度问题,对优化、增强畜牧业国际竞争力具有重要的意义。

一、我国兽药基本监管制度

兽药作为畜牧业的投入品,被视为保障性生产要素。为了更好地服务于畜牧业,国务院兽药监管部门从研发、生产、经营、销售、使用五大环节确立了数项监管制度,颁布实施了一系列法律法规,进一步明确了兽药监管的法律责任(表 1)。制度的确立,优化了畜牧业发展环境,集中体现了我国畜牧业发展的要求,反映了我国畜牧业改革和创新的方向。

表 1　我国兽药基本监管制度

监管制度	具体制度	代表性法律法规	审议通过时间
研发监管制度	兽药研制安全评价制度	《兽药临床试验质量管理规范》	2015 年
	新兽药临床试验制度	《新兽药研制管理办法》	2005 年
进出口监管制度	进出口质量管理制度	《进口兽药管理办法》	1989 年
生产监管制度	兽药生产许可证制度	《兽药管理条例》	1987 年

（续）

监管制度	具体制度	代表性法律法规	审议通过时间
生产监管制度	批准文号制度	《中华人民共和国兽药典》	1990 年
	兽药质量管理规范制度	《兽药生产质量管理规范》	2001 年
	兽药技术标准制度	《农产品质量安全法》	2006 年
	GMP 飞行检查制度	《中华人民共和国标准化法实施条例》	1990 年
经营监管制度	兽药销售制度	《兽药广告审查法》	1995 年
	兽药分类管理制度	《兽用处方药和非处方药管理办法》	2013 年
	兽药监督管理法律制度	《兽药经营质量管理规范》	2010 年
使用监管制度	药残监控制度	《动物性食品中兽药最高残留限量》	1999 年
	兽医管理制度	《乡村兽医管理办法》	2008 年
	不良反应报告制度	《中华人民共和国食品安全法》	1993 年

数据来源：www.moa.gov.cn。

二、我国兽药监管制度的变迁轨迹

新制度经济学认为，制度变迁的动因来自于两方面：一是市场规模扩大，生产技术进步，促成制度变迁；二是技术创新、信息传播、科学知识进步，促使创新成本降低，引发制度变迁（徐大伟，2015）。受畜牧业发展的影响，兽药监管制度变迁也呈现出与畜牧业发展相似的轨迹，历经行政指令时期（1976—1987 年）、法制化时期（1987—2001 年）、GMP 管理时期（2001—2004 年）、兽药市场全面整顿时期（2004—2014 年）和绿色、生态、减抗时期（2014 年至今）5 个阶段。

（一）行政指令时期（1976—1986 年）

改革开放前夕，新中国各项事业百废待兴，受以粮为纲的影响，畜牧业一直是农业中的副业，兽药行业作为副业中的副业，监管十分薄弱。为推动畜牧业快速恢复与发展，1978 年我国对兽药和兽医器械按归口实行行政指令管理。从当时实际情况看，行政指令是在各项政策、规章、制度不健全的情况下的临时替代措施，因此该时期兽药监管体现了鲜明的"奠基性"和"暂时性"的特征。例如 1978 年农林部制定的《兽医药品规范》，为后来的《兽药管理条例》

提供了技术标准；再如，1980 年农业部实施《兽药管理暂行条例》，对兽药生产、品质标准、审批、供应、使用、监督、检验、特殊剧毒药品管理和麻醉药品管理做了初步的规定，并确立了部、省、市、县 4 级兽药监管体制，临时性政策的实施为我国基本兽药监管制度确立了轮廓。

（二）法制化时期（1987—2001 年）

为解决肉制品短缺，1985 年中共中央国务院颁布了《进一步活跃农村经济的十项政策》，开放了畜产品市场，畜牧业生产迅速发展，与此同时，兽药供需随之发生重大的变化。为支持畜牧业向专业化、规模化方向发展，1987 年农牧渔业部废止了《兽药暂行条例》，颁布了《兽药管理条例》，该条例进一步细化了兽药生产、经营、使用、进出口、监督管理等方面的规定，确立了兽药注册制度、处方药和非处方药管理制度以及不良反应报告制度，至此，我国的兽药监管登上法制化台阶。作为补充，1988 年相关部门再次发布《兽药管理条例实施细则》，充实了《兽药管理条例条例》，增强了《兽药管理条例条例》的司法操作性。随后，相关部门相继出台了《中国兽药典》《中华人民共和国动物防疫法》等法律法规，明确兽药生产使用的技术标准，大举推动了兽药监管法制化进程，为畜牧业健康发展带来新的动力。

（三）GMP 监管时期（2002—2004 年）

随着畜牧业进一步发展，畜牧业结构性、区域性以及食品安全问题开始凸显，为加快畜牧业结构调整步伐，农业部颁布了《关于加快畜牧业发展的意见》。与此同时，兽药监管制度也实现了新的突破。2001 年农业部成立了兽药工作委员会，启动了全国兽药生产规范管理工作，从此我国兽药事业的发展进入药品生产质量管理规范（Good Manufacture Practice，GMP）历史阶段。GMP 制度是国际一致公认的行之有效的制度，在世界各国制药企业中得到广泛推广。GMP 制度的确立开创了兽药监管向国际标准迈进的先河。随后，围绕 GMP 制度，相关部门确立了一系列配套性政策，补充完善了兽药生产管理制度，兽药产品质量问题得到有效控制。

（四）兽药市场全面整顿时期（2005—2014 年）

长期以来人们集中于对畜产品"量"的关注，忽视"质"的要求，滥用兽药问题普遍存在于畜牧业生产中，食品安全问题凸显。随着人们健康观念的变化，推动传统畜牧业向现代畜牧业的转型势在必行，为此，农业部出台了《畜牧业国家标准和行业标准建设规划（2004—2010）》，相关部门也开启了兽药市场全面整顿工作。生产上制定了《新兽药管理办法》，对临床前研究管理、临床试验审批、监督管理和处罚等做了详细的规定，并进一步完善了新药的注册、饲料登记、进口兽药的再注册制度，强化兽药源头监管；经营上实施了《兽药经营质量管理规范》，弥补了经营管理的操作短板；使用上颁布了《乡村兽医管理办法》和《执业兽医管理办法》，确立乡村兽医登记制度，扭转了乡村兽医无序化竞争乱象，规范了畜牧生产单位科学合理用药。该时期，针对食品安全突出问题，相关部门开展了专项整治、飞行检查和农资打假，层层推进，兽药市场获得全面有效的整顿，成效显著。

（五）绿色、生态、减抗时期（2015 年至今）

随着经济进入新常态，农业供给侧结构性矛盾凸显，畜牧业发展目标开始由"质量并重"向"更加注重质量"转变。畜牧业发展目标的变化再次带动兽药监管制度的演进。兽药监管也根据畜牧业供给侧结构性改革的目标向两个方向调整：一是由宏观监管深入到微观指导；二是部分药物开始减量化使用。《乡村兽医基本用药目录》的颁布和《中国兽药典》的修订集中体现了前者，《全国兽药（抗菌药）综合治理五年行动方案》以及《全国遏制动物源细菌耐药行动计划（2017—2020 年）》的实施则集中体现了后者。特别是随着减抗、替抗呼声的不断高涨，农业农村部发布第 194 号公告再次将减抗行动推向了高潮，此公告的发布宣告了 12 种促生长药物饲料添加剂将退出历史舞台。兽药监管政策的调整，进一步降低了畜牧业发展中市场失灵带来的负外部性的影响。

三、我国兽药监管制度存在主要问题

（一）监管协调机制缺乏，监管盲区仍然存在

在我国兽药监管组织体系趋于完善的同时，各监管环节、各监管部门之间工作衔接存在诸多不协调之处。从地域上看，由于县域竞争和地方保护主义的影响，司法公正大打折扣，监管难以纵深和全覆盖，特别是对兽药使用环节的监管，小规模养殖单位多处于广大农村地区，监管难度大。从部门分工上看，兽药监管涉及多个部门，除了各级政府兽医行政管理部门外，还涉及工商、食品药品监督管理、质量监督检验检疫、外贸等部门，由于部门间管理制度的差异和沟通协调机制的缺乏，重复监管和多头管理时常发生，工作成本居高不

下。从监管条件上看，我国农村兽药管理任务主要由县、乡（镇）畜牧兽医站执行，由于县乡监管机构人员、设备供给缺乏，技术支撑严重不足，加之我国实行的是生产企业、经营企业皆可对接养殖终端双轨制模式（李明，2018），生产厂家、龙头公司、经销商、经纪人等药物经营中间链环冗繁，监管实效大打折扣。

（二）专门法律缺位，部分标准尚待细化

《兽药管理条例》是兽药监管的基础法规。从狭义上讲，《兽药管理条例》只属于法规，尚未上升到法律层面，实际监管效力有限。畜牧业高度发达的美国，除了制定《美国联邦食品药物和化妆品法》《食品质量保护法》《公共卫生服务法》外还制定了《联邦肉类检查法》《禽产品检查法》《蛋类产品检查法》等专门性的兽药残留监管法律，与之相比，我国尚有较大差距。另外，虽然部分条款对相关违法违规行为做了明确的规定，但有些禁止性规定已经不合时宜，亟待修改。例如，在禁用兽药行政处罚裁量标准上，《兽药管理条例》第六十二条规定："禁止养殖单位在饲料和动物饮用水中添加激素类药品和国务院兽医行政管理部门规定的其他禁用药品"，但《兽药管理条例》并未就养殖单位做明确的规定，实际监管中，对养殖单位违规行为的认定存在较多的争议。

（三）生产准入制度尚需健全，准入门槛亟待提高

从目前生产情况看，由于生产准入制度尚不健全，准入门槛较低，资质不佳的生产企业较易进入，"多、散"建设问题严重，药品"同种不同质"以及产能利用率低的问题亟待解决。从兽药协会提供的数据看，2017年在我国1873家兽药生产企业中，产值在2亿元以上的大型兽药企业仅占兽药企业总数的3%，年产值在500万元以下的中、小、微型兽药企业占总数40%，接近总体的一半（宋毅，2018）。低水平重复生产还会带来过度用药和产能利用率低的问题。从2017年兽药抽检情况看，兽药抽检使用合格率达到90%，与实际要求尚有差距，虽然同种成分药品数量繁多，但我国兽药总体产能利用率仅为四分之一。

（四）激励创新机制缺乏，企业创新外生动力不足

由于激励创新机制长期缺乏，兽药企业创新动力不足，研发不深。一方面"新药"不新，目前我国兽用化学药品的新药开发以仿制为主，自主创新较少。

从新药研发看，虽然我国新兽药注册数量逐年上升，但一类原创性兽药研发速度仍较为缓慢，2019 核发的新兽药总数达 71 个，但一类原创性原料药仅有 4 个，二类、三类改进性兽用生物制品和中兽药 59 个，占新兽药总数的 84.1％。从进出口方面来看，对外依存度高，特别是兽用生物制品、药物饲料添加剂的需求严重依赖进口。2017 年生物制品进口额 9.95 亿元，占生物制品总量的 59.05％，药物饲料添加剂进口额 23.2 亿元，占药物饲料添加剂总量的 23.2％（张漫，2018）。依据当前畜牧业"减抗"的发展形势，兽用生物制品在保障畜牧业健康发展方面将会起着越来越重要的作用，兽用生物制品和中兽药具有广阔的创新空间，亟须制定实际可行的奖励办法，鼓励兽用生物制品的研发，以减少抗生素的使用、促进畜牧业转型升级。

四、政策建议

（一）大力推进相关机构的职责整合，进一步明确政、监、检三方职责

美国、欧盟兽药管理的突出特点是药政、药监和药检三方权责明确，彼此监督，彼此衔接。药政负责法律法规的制定，药监负责生产、经营、使用环节的监督管理，药检负责兽药产品的质量检验，三方各司其职，监督效力甚佳。我国也应借鉴美国、欧盟经验，加大相关机构职责的整合力度，明确各级政府畜牧兽医管理部门、工商部门、食品药品监督管理部门、质量监督检验检疫部门、经贸部门等管理部门的责任，构建协调机制，深入开展部门间的信息沟通和交流，避免重复多头监管。特别是落实药检责任，重点开展好兽药及器械技术审评、风险评估、安全评价以及动物产品药残监控、检测，把好食品安全关。

（二）细化相关法律法规，完善兽医服务体系建设

美国制定了十分严格的处罚裁量标准，任何人违反《药品法》的法律法规，将被处以 1 年以下监禁或 1000 美元以下的罚款或两者并罚。为严格控制药物滥用，美国对故意欺骗或误导他人使用禁用药物行为最严重可被判处 10 年以下监禁或 25 万美元以下的罚款或两者并罚，严厉的惩罚保证了美国兽药从生产到使用全程科学合理（张漫，2011）。与之相比，我国兽药企业专门立法尚显薄弱，应进一步细化相关法律法规，特别是要进一步修改《兽药违法案件处理办法》，细化管辖、受理、立案、调查取证、处理执行等方面的规定，调整处罚裁量标准，对严重违法行为从重处罚，及时发布监管信息，鼓励民众

参与。此外，还应完善兽医服务体系，特别是加强兽医队伍建设。兽医队伍是畜牧业发展的中坚力量，应尽快充实基层兽医队伍，与此同时，在市、县建立健全兽药监察机构，并与兽医行政主管部门相互配合，形成机构设置合理、运行有效的畜牧兽医监察体系。

（三）严格实施"4G"制度，加快兽药残留监控网络建设

"4G"制度，即兽药生产质量管理规范（GMP）、兽药经营质量管理规范（GSP）、兽药临床试验质量管理规范（GCP）、兽药非临床研究质量管理规范（GLP），是国际上行之有效的制度，是提高行业准入门槛、过滤重复产能的重要保障。要通过全面严格的兽药 GMP 制度，扶优扶强、遏制低水平重复建设势头，提升兽药行业的国际竞争力。畜牧业健康发展是兽药监管的终极目标。在发展绿色高效循环养殖业的要求下，应深入开展兽药超标治疗，特别是滥用抗生素的治理，促进兽药源头减量，同时抓紧修订《农产品质量安全法》，提高畜牧产品质量安全标准，从使用环节和消费环节倒逼兽药产业转型升级；再者，要加快国家、省、市级兽药残留监控网络建设（周明霞，2019），完善并深入实施国家残留监控计划，加强动物源细菌耐药性监测，引导广大养殖场（户），特别是小、散场（户）科学合理使用兽药。

（四）鼓励建立研发平台，加强"产、学、研"合作

引导兽药企业在科技创新中发挥主体作用，对于已经建立科研部门的企业，理顺研发内部管理机制以及外部协作机制，完善管理办法。鼓励有条件的企业建立研发机构或平台，开展前瞻性研究，重在解决研发与市场需求不对称的问题。农业管理部门要出台相关政策，加大资源的整合支持力度，促进科研机构同企业的合作，支持科研人员通过联合组建公司，加盟参股、控股公司等方式，强化"产、学、研"三方对接，形成强大的科研、开发、生产一体化的科研创新体系，加快科研成果转化，突破技术支撑不足的瓶颈。

参考文献

[1] 董艳娇，王建华，李天泉. 我国兽药产业的现状与发展对策［J］. 中兽医医药杂志，2020，39（02）：101-104.

[2] 李明. 我国兽药产业现状与发展趋势［J］. 兽医导刊，2018（19）：14-15.

[3] 宋毅. 中国畜牧兽医年鉴［M］. 北京：中国农业出版社，2018

［4］徐大伟．新制度经济学［M］．北京：清华大学出版社，2015

［5］张漫，李志荣，顾宪红．欧美兽药质量管理分析［J］．天津农学院学报，2011，18
（01）：42-47.

［6］周明霞．药残留监控体系建设的成绩与思考［J］．中国动物检疫，2009，26（01）：
15-16.

我国肉鸡产业兽药残留环境污染及
各国的减药政策

张灵静[1]　王济民[1,2]　辛翔飞[1]　孙　振[3]

（1. 中国农业科学院农业经济与发展研究所；
2. 农业农村部食物与营养发展研究所；
3. 华北科技学院管理学院）

　　兽药残留环境污染是当前关注的热点问题。20 世纪 50 年代，兽药开始应用于畜牧业，随之引起的环境污染问题逐渐凸显（马驿，2010；王小平，2016）。90 年代初期，部分畜牧业生产大国开始调查兽药残留环境污染程度，结果令人吃惊，全球 60% 的河流检出药物，丹麦水体中检测出 68 种药物，兽药残留环境污染治理面临严峻的考验（陈秋颖，2008）。与世界总体形势相同，我国兽药投入总量逐年上升，特别是遏制病原菌耐药性计划尚未制定以前，抗生素投入量增速迅猛，从 2010 年到 2017 年 7 年间畜牧业抗生素投入量从 3.15 万吨增长到 6.8 万吨，由此诱发的药残环境污染问题日益严重。

　　肉鸡产业是兽药残留污染的重点治理部门。从产量上看，20 世纪 60 年代至今，鸡肉产量占肉类总产量的三分之一以上，是世界第一大肉类。从产值上看，肉鸡产业的年产值约为 3 000 亿元，占畜牧业总产值的 10% 左右。肉鸡产业是目前规模化、产业化和市场化最高的畜牧业部门，欧盟于 20 世纪 60 年代开始关注肉鸡产业抗生素的药残环境污染问题，并于 80 年代把肉鸡产业的兽药减量作为治污的重点项目之一。我国是肉鸡生产大国，鸡肉产量位居世界第二，年出栏量商品肉鸡 90 亿只以上（马文瑾，2020），粪污排放量大，药物残留造成的安全隐患大，因此，农业农村部将肉鸡产业环境污染治理作为畜牧业重点治理项目。

　　为进一步说明肉鸡产业兽药残留对环境污染的情况，本研究根据国家肉鸡产业技术体系产业经济岗位 2019—2020 年对全国 334 个肉鸡养殖场及粪污处理情况的调研结果，并结合已有的研究，对肉鸡产业兽药残留排放现状、兽药进入环境的路径以及对环境的危害做了进一步的梳理和说明，同时对主要肉鸡饲养国当前的兽药减量政策趋势做了说明判断，以期为减药措施的优化与实施提供某些启示。

一、兽药残留排放的现状

（一）肉鸡产业药残排放的基本情况

肉鸡产业兽药残留排放量大。为了解肉鸡产业兽药残留的排放情况，国家肉鸡产业技术体系产业经济岗位于 2019—2020 年对全国 12 个省 334 个肉鸡养殖场兽药使用及粪污处理情况进行调研，结果发现：如果不计消毒剂，抗生素是我国肉鸡产业投入的主要药物，其投入成本占药物总成本的 47%，单只鸡抗生素的摄入量为 428.02 毫克。如果按 2019 年出栏商品肉鸡 93 亿只计算，仅出栏商品肉鸡抗生素的年摄入量就高达 3 980.58 吨，如果再按照 65% 的药物吸收率计算，鸡粪中抗生素残留达到 2 587.38 吨。

此外，从消毒剂方面看，按照当前鸡场常规消毒流程，场院消毒使用戊二醛和季铵盐，出栏后鸡舍消毒使用火碱，一个年出栏 50 万只肉鸡养殖场，每年要使用戊二醛 1 125 千克，使用季铵盐 500 千克，使用火碱 12.5 吨，如果这些未经专业处理的粪污直接排放到环境中，将会对环境造成难以估量的影响。

（二）兽药残留进入环境的路径

粪便堆肥和废水排污是肉鸡产业药残进入环境的两条主要路径。从调研的鸡场看，兽药残留进入环境的路径主要有两种：一是通过鸡粪堆积进入环境中（图 1）。药残富集直接渗入土壤。在缺乏专业粪污处理设备的小规模养殖场，

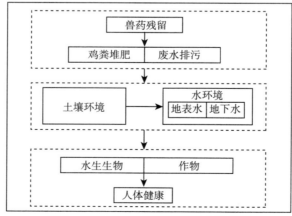

图 1　肉鸡养殖场兽药环境影响示意图

饲主一般将鸡舍铲除的鸡粪堆积于场院、空旷野地或撂荒的田地中，鸡粪中的药物残留与土壤接触，直接污染土壤，特别是堆肥经雨水浸淋之后，药物残留随雨水进入土壤、地表水和地下水。二是通过排污口进入到环境中。鸡场消毒的污水以及清洗鸡舍、料槽、刮粪板等设备的污水通过排污口进入到野地、池塘、河流，对土壤和地表径流造成直接污染，再经淋渗作用进入地下水，造成地下水污染。

二、兽药残留对环境污染及危害

目前专门对鸡场药物残留的调查和研究较少，本研究将结合国内外现有研究，从畜牧业方面说明兽药残留对环境污染的程度及危害。调查研究表明，兽药残留进入环境后将产生两方面危害：一是进入土壤中的兽药对土壤微生物群及对植物生长产生损害，导致土壤结构改变，农作物减产。二是进入水环境中的兽药将对水生生物造成直接的毒害，导致水生环境失调，水质恶化。

（一）药残土壤污染的程度与危害

鸡场周围药残污染程度深。欧盟研究人员对养殖场周围土壤抗生素含量测量发现，畜禽堆肥地方的抗生素浓度高达上百微克/千克。例如，有研究人员对德国肉鸡养殖场附近土壤检测发现，四环素的浓度高达 246.3 微克/千克，在鸡粪堆肥的土壤表层土霉素的含量更是高达 32.3 毫克/千克（郑钢，2020）。与之相比，国内养鸡场鸡粪堆肥地的土壤兽药浓度也不容乐观。魏瑞成等人于 2012 年对我国 28 家规模养鸡场堆肥区和排污口抽样检测发现，鸡粪堆肥区土壤抗生素浓度为 0.03～20.6 毫克/千克，鸡场排污口废水抗生素平均密度为 0.59～220.96 微克/升（魏瑞成，2010）。

兽药残留对土壤微生物及植物造成损害。理化实验证明，兽药进入土壤后，将对土壤产生两方面的危害：一是土壤中微生物生命特征发生变化，土壤微生物是土壤物质转化的动力，土壤微生物的改变会直接引起土壤结构的变化。蚯蚓的活动能力是衡量土壤安全的重要指标。有试验表明，当土壤中的四环素浓度达到 0.3 毫克/千克时，蚯蚓的体腔细胞 DNA 受到损伤。如果以 DNA 损伤和酶活性变化作为衡量损害的标志，在对四环素基因毒性和氧化应激反应的试验中，四环素对蚯蚓具有显著的基因毒性。二是土壤中的兽药残留对作物生长产生影响。虽然相关事件报道较少，但有研究证实，土壤中的兽药影响种子发芽率，特别是四环素类抗生素，较之于磺胺甲嘧啶、红霉素、氯霉素对植物根部的生长具有更为严重的损害。总之，土壤中药物残留造成土壤结构变化的同时，会损害植物的生长性能，诱发作物减产。

（二）药残水环境污染程度与危害

兽药残留对水环境的污染范围广。目前肉鸡产业兽药残留对河流污染程度的研究十分缺乏，本研究仅从畜牧业药残污染的层面对此予以说明。从世界范围看，全球有 60％的河流被药物残留污染，其中，美国部分农场附近河流中检测到 80 多种抗生素，平均浓度为 120 纳克/升，而欧洲部分国家河流中兽药残留高达 400 纳克/升以上（Dong，2011）。国内河流受兽药残留污染的问题也同样不容乐观。据广州化学研究所应国光教授对全国 58 个流域抗生素浓度调查结果表明，河流抗生素残留的平均浓度为 303 纳克/升，海河和珠江流域是抗生素污染最为严重的两条河，珠江枯水期红霉素含量高达 423 纳克/升，究其来源，一半以上抗生素来源于畜牧业生产。

兽药残留直接对水生环境中生物种群产生危害。从目前实验研究看，进入水体的兽药对水体产生两方面的危害：一是对鱼类产生直接危害。国内近年的调查证实，兽药残留会对鱼类产生生殖毒性、免疫毒性、遗传毒性。例如，有研究表明，尹维菌素对鱼类 48 小时致死量仅为 4.8 微克/升，对虹鳟鱼致死量仅为 3 微克/升（Li et al.，2015）。二是对浮游生物产生危害。地表水中的浮游动物与水体质量关系密切，一些浮游生物能积累代谢水中污染物，净化水质。通常情况下浮游生物对化学药品和重金属比较敏感，当兽药残留造成浮游生物产生毒害后，造成浮游生物锐减，水质恶化。

三、主要肉鸡生产国减药政策趋势

美国和丹麦是欧美国家主要肉鸡生产国，也是最早开启兽药减量之路的国家。作为养殖业强国，两国都曾受兽药残留的污染，因此在兽药减量化的道路上，都曾经历较长的历史阶段。总的来看，两国减药措施愈来愈健全，兽药的使用越来越少。另外，随着我国兽药减量政策不断加强，监管执行越来越严，可以预测，未来一段时间我国肉鸡产业兽药使用将更加科学合理。

（一）美国肉鸡产业减药政策趋势

兽药减量使用政策在更多地区得以贯彻。20 世纪 50 年代，美国畜牧业出现耐药性报道，氯霉素和四环素类药物耐药性陆续得到证实。为确保动物源性食品的安全性，1962 年美国相关部门修订了《美国联邦食品药物和化妆品法》《禽产品检查法》《联邦肉类检查法》，到了 20 世纪 90 年代，陆续推出《食品质量保护法》等专门性法律，从法律层面为兽药的合理利用提供司法保障。到了 20 世纪 90 年代后期，减药力度开始加大，禁止部分药物，特别是人畜共用药物用于鸡饲料中，1999 年禁止维吉尼霉素，随后每年都将部分抗生素纳入到有抗饲料中。随着耐药性问题的进一步凸显，进入新世纪以来，为了采用市场手段，相关部门对鸡肉制品进行明确的市场分割措施，国内鸡肉食品生产大公司拒绝收购有抗饲料养殖的肉鸡，同时，欧盟部分鸡肉进口国家拒绝从美进口有抗饲料，在双向压力下，部分鸡场开始选择无抗饲料养殖，到 2014 年无抗饲料养殖鸡场高达 48%。总的来看，美国兽药特别是抗生素的投入逐年减少。

（二）丹麦肉鸡产业减药政策趋势

兽药减量措施愈加全面。丹麦是欧盟主要肉鸡生产国，丹麦的减抗大致分为三个阶段：第一阶段为 1986—1997 年，该阶段是属于减药的初期，以自愿为主，重点减少饲料中亚治疗性抗生素的投入。第二阶段为 1997—2003 年，减药措施逐渐加强，全面禁止亚治疗性抗生素的使用，禁止部分药物作为促生长剂加入到鸡饲料中。例如，1997 年阿沃帕辛用于畜牧业生产，并逐年减少部分烈性抗生素用于畜牧业生产，到 2003 年，饲料中不再添加亚治疗性抗生素。丹麦全国鸡场都采用无抗饲料养殖。第三阶段为 2003 年至今，为大力减少治疗性用药投入阶段。为进一步减少兽药对环境的污染，丹麦采用黄卡政策和 KIK 政策两项措施，减少治疗性用药。KIK 技术标准体系在鸡场全面推广，减少了肉鸡生产过程中疫病的发生，从源头上减少药物投入。药物方面，通过严格执行黄卡政策，通过处方监督，分级限制，严格限制治疗性药物的投入，遏制滥用药物，使得丹麦的药物使用更加合理。可以预见的是，随着人们对环境的关注，丹麦减药措施更加全面。

（三）中国肉鸡产业减药趋势

肉鸡产业兽药减量是当前的重点治理项目。在我国肉鸡产业发展中，兽药投入始终受环境的制约，因此，减药政策也是环境污染治理的衍生政策。总的来看，肉鸡产业发展 40 年来，我国肉鸡产业兽药减量可划分为三个阶段。第一阶段为 1989—1995 年，该阶段处于立法阶段，相关部门颁布实施《中华人民共和国环境保护法》和《中华人民共和国固体废物污染环境防治法》，该阶段工作为后期兽药减量工作奠定了法律基础。第二阶段为 1995—2017 年，一系列法规颁布实施。为规范用药，减轻药残污染，相关部门制定了《畜禽规模养殖污染防治条例》，修订了《中华人民共和国兽药典》，制定了《禁止在饮水和动物饲料中添加物质名单》，规范兽药使用，减少烈性药物的使用。第三阶段为 2017 至今，该阶段为减抗阶段。为减少抗生素污染，遏制耐药菌产生，相关部门实施了《兽用抗菌药使用减量化行动试点工作方案（2018—2021年）》和《食品动物中禁止使用的药品及其他化合物清单》，至此，肉鸡产业被划为减抗的重点产业之一，促生长类抗生素退出行动也在积极稳妥推进中。

四、启　　示

第一，现阶段企业兽药残留排放表明，兽药减量使用任重道远。我国肉鸡养殖场中，小规模养殖场仍占有较大比例，短期内难以安装粪污处理设备，因此控制兽药残留排放难度依然很大，兽药减量任重道远。

第二，兽药残留环境污染危害表明，兽药减量使用是我国肉鸡产业高质量发展的必由之路。兽药残留环境污染增加环境治理成本，成为产业提质增效高质量发展的障碍，可以预见，兽药减量化使用将成为肉鸡产业提质增效的必由之路。

第三，主要肉鸡生产国兽药减量趋势表明，兽药减量使用是未来畜牧业发展的方向。从世界范围内看，减少兽药的使用已经上升为全球畜牧业发展的原则。不管是美国还是丹麦，都将兽药的减量作为畜牧业发展的重点工作，并且通过积极减药措施，减少了药物的投入，并取得良好的经济效果，进一步提升了产业发展的竞争力。可以预测，未来一段时间，兽药减量仍然是畜牧业发展的重点。

总之，在确保兽药经济效率不降低和兽药技术效率不降低的情况下，寻找适宜的路径与减药方案，应是肉鸡养殖企业和农业政策制定者努力的方向之一。

参考文献

[1] Dong L，Xie X，Zhou Q. The DNA damage and joint effects of two typical veterinary drugs on the earthworm Eisenia foetida [J]. Acta Scientiae Circumstantiae，2011，31（12）：2798－2803.

［2］Li Y，Hu Y，Ai X，et al. Acute and sub－acute effects of enrofloxacin on the earth-worm species Eisenia fetida in an artificial soil substrate ［J］. European Journal of Soil Biology，2015（66）：19－23.

［3］WHO. World Health Organization Global principles for the containment of antimicrobial resistance in animals intended for food ［R］. Report of WHO consultation with the participation of the FAO and OIE in Switzerland，Geneva. ［http：//www. who. int/emc/amrpdfs/WHO＿Global＿Priciples＿English. pdf］. 2000.

［4］陈秋颖，金彩霞，吕山花，等. 兽药残留及其对生态环境影响的研究进展［J］. 安徽农业科学，2008（16）：6943－6945，6952.

［5］马文瑾，徐向月，安博宇，等. 兽药环境风险评估研究进展［J］. 中国畜牧兽医，2020，47（05）：1628－1636.

［6］马骅，孙永学，陈进军，等. 兽药残留对生态环境影响的研究进展［J］. 中国兽医科学，2010，40（06）：650－654.

［7］王小平. 兽药残留对生态环境的影响及人体的危害［J］. 山东畜牧兽医，2016，37（06）：47－48.

［8］魏瑞成，葛峰，陈明，等. 江苏省畜禽养殖场水环境中四环类抗生素污染研究［J］. 农业环境科学学报，2010，29（06）：6.

［9］郑钢. 兽医药品对生态环境的影响应引起关注［J］. 中国畜禽种业，2020，16（09）：54.

订单养殖对肉鸡生产率的影响研究

赵婉丽[1]   张 怡[1]   辛翔飞[2]   王济民[2,3]

（1. 青岛农业大学经济管理学院（合作社学院）；
2. 中国农业科学院农业经济与发展研究所；
3. 农业农村部食物与营养发展研究所）

改革开放以来我国肉鸡生产量和消费量大幅增长，并成为我国第二大肉类生产品和消费品。我国肉鸡产业是畜牧业中产业化经营中领先发展的部门。经过改革开放以来四十余年的持续发展，我国肉鸡产业也由传统的庭院养殖、市场户经营转变为集约化养殖、多种产业化经营模式发展。订单养殖是实现肉鸡产业迅速发展壮大、实现小农户和大市场有效衔接的重要推动因素。

本研究的主要内容主要包括三个方面：一是养殖户参与订单养殖影响因素分析。通过构建 Logit 模型，实证分析养殖户、养殖场、养殖外部特征以及地区变量等因素对养殖户参与订单养殖的影响。二是订单养殖对肉鸡单要素和全要素生产率的影响分析。通过构建处理效应模型，实证分析订单养殖对肉鸡单要素和全要素生产率的影响。三是订单养殖对肉鸡技术效率的影响分析。通过构建随机前沿生产函数模型，测试肉鸡生产效率，进而实证分析订单养殖对肉鸡技术效率的影响。

一、数据来源和样本基本特征

本研究所用的数据为国家肉鸡产业技术体系产业经济岗位团队对我国山东、河北、河南、安徽等省份白羽肉鸡养殖户的调研数据。包括市场户和合同户，其中合同户参与订单养殖的方式包括"公司＋养殖户""公司＋合作社＋养殖户""公司＋经纪人＋养殖户"。调研共发出 130 份问卷，有效回收 121 份问卷，回收率为 93.08%。其中共收回市场户 16 份，合同户 94 份，公司自养11 份。合同户的调查问卷包含 62 份"公司＋养殖户"问卷，4 份"公司＋合作社＋养殖户"问卷，以及 28 份"公司＋经纪人＋养殖户"问卷。样本分布情况见表1。

表1　样本分布

省份	市场户		"公司＋养殖户"		"公司＋合作经济组织＋养殖户"	
	份数（份）	占比（％）	份数（份）	占比（％）	份数（份）	占比（％）
河北	5	31.25	34	54.84	23	71.88
河南	3	18.75	4	6.45	7	21.88
山东	6	37.50	7	11.29	1	3.12
安徽	2	12.50	17	27.42	1	3.12
共计	16	100.00	62	100.00	32	100.00

　　从户主性别看，市场户男性占93.75％，女性占6.25％；合同户男性占86.17％，女性占13.83％，说明参与肉鸡养殖的男性较多。从户主年龄看，市场户多数为40～59岁的中年人，占总样本数68.75％，其次是20～39岁的青年人，占比31.25％。在合同户的样本中，20～39岁的青年人占17.02％，40～59岁中年人占76.60％，是参与肉鸡订单养殖的主要年龄段，60岁及以上仅占6.38％。总体来讲，合同户的年龄偏大，青年人更愿意选择直接进行市场交易，在承担高风险的同时获得较高的收益。从户主文化程度看，市场户初中学历占50.00％，高中（中专）和大学（大专）及以上学历的市场户各占25.00％；在合同户的样本中，小学及以下学历占25.53％，初中学历占48.94％，高中（中专）占15.96％，大学（大专）及以上仅占9.57％。由此可见，随着养殖户受教育年限的增长，养殖户学习能力、思维能力等方面均有所提高，更愿意选择收益较高的市场交易。而合同户只需按订单要求使用合作方提供的原材料以及技术服务，根据合作方的需求进行肉鸡的养殖。另外，养殖肉鸡的门槛较低，受过高等教育的人群更愿意追求难度较高、体现个人能力的高薪职业，加入肉鸡订单养殖的相对较少。

　　从户主是否为村干部看，市场户与合同户基本不担任村干部职务。从养殖肉鸡年限看，市场户中拥有10年以内养殖年限的占62.40％，11～20年的占25.00％，20年以上的占12.50％；合同户拥有10年以内养殖年限的占55.12％，11～20年的占42.55％，20年以上的仅占2.13％。随着养殖肉鸡年限的增加，养殖肉鸡的经验相对丰富，能够较大程度地规避突发的市场风险和外部环境风险，因此养殖肉鸡年限较长的养殖户偏向市场交易。从家庭劳动力人数看，市场户家中 3 人及以下劳动力占 93.75％，4 人及以上占 6.25％；合同户家中 3 人及以下劳动人数占 85.11％，4 人及以上占 14.89％。从家中是否有外出务工人员看，市场户和合同户家中无外出务工人员的比例分别为 75.00％、75.53％。

从养殖纯收入看，市场户养殖肉鸡纯收入普遍集中在 20 万元及以上，占总样本数的 56.25％，纯收入在 10 万元及以下和 10 万～20 万元的比例分别为 31.25％、12.50％；合同户养殖肉鸡纯收入集中在 10 万元及以下，占总样本 55.32％，肉鸡纯收入在 10 万～20 万元的比例为 17.02％，而 20 万元及以上占 27.66％。从养殖方式看，市场户和合同户普遍选择笼养，其中市场户笼养比例为 81.25％，地面平养为 6.25％，网上平养为 12.50％，合同户笼养占总样本 72.34％，地面平养为 2.13％，网上平养为 25.53％。

从养殖户是否接受过养殖技术培训看，市场户中接受与未接受的比例相差较小，分别为 56.25％、43.75％，但合同户中接受过技术培训的比例高达 88.30％。主要因为肉鸡订单养殖过程中，公司或合作经济组织主动为合同户提供技术服务，而市场户只能自己联系相应的技术培训。从是否同时养殖其他畜禽看，大部分的市场户与合同户均愿意从事单一的肉鸡养殖，其中市场户中养殖其他畜禽的比例为 12.50％，合同户中养殖其他畜禽仅占总样本数的 2.13％。从是否种地看，市场户种地的比例较高，为 87.50％，未种地的比例为 12.50％；合同户种地与未种地的人数基本相等，分别占总样本数的 57.45％和 42.55％。说明大多数市场户通过种地获得除养殖肉鸡以外的收益，而且养殖肉鸡过程中产生的粪便可以直接作为化肥应用到种植业中，有利于开展循环农业。

二、养殖户参与订单养殖影响因素分析

（一）模型构建

结合实地调研，在借鉴已有相关研究的基础上，本研究选取养殖户及养殖场特征、养殖外部特征以及地区变量三大方面的相关数据，构建 Logit 模型，实证分析各因素对养殖户参与订单养殖的影响。

养殖户参与肉鸡订单养殖的行为受多种因素的影响，即养殖户是否加入订单养殖是一个二元选择变量，因此选用二元 Logit 模型进行实证分析，判断养殖户参与订单养殖的影响因素。

对于是否参与订单养殖的二元选择行为，需要通过一个"潜变量"概括养殖户参与订单养殖的净收益，具体模型设定如下：

$$C_i^* = Z_i\gamma + \mu_i \qquad (1)$$

其中，净收益 C_i^* 为潜变量，不可观测。Z_i 为自变量，表示养殖户及养殖场特征、养殖外部特征和地区变量特征，μ_i 为模型的误差项。

养殖户是否参与订单养殖的 Logit 模型为：

$$C_i = \begin{cases} 1, & \text{若}\ C_i^* > 0 \\ 0, & \text{若}\ C_i^* \leqslant 0 \end{cases} \qquad (2)$$

由公式（2）可知，如果潜变量 $C_i^* > 0$，则 $C_i = 1$，即养殖户参与订单养殖；如果潜变量 $C_i^* \leqslant 0$，则 $C_i = 0$，即养殖户不参与订单养殖（表2）。因此，养殖户参与订单养殖的概率为如公式（3）所示，其中假设 μ_i 服从逻辑分布，即 $\mu_i \sim N(0, \pi^2/3)$。

$$P(C_i = 1 \mid Z_i) = P(C_i^* > 0 \mid Z_i) = P(Z_i\gamma + \mu_i > 0 \mid Z_i)$$
$$= P(\mu_i > -Z_i\gamma \mid Z_i) \qquad (3)$$

表 2　Logit 模型因变量

因变量	定义
养殖户是否参与订单养殖 $C_i = 0/1$	0＝市场户，1＝合同户

（二）变量选择

在实际调研过程中，主要选取"公司＋养殖户""公司＋合作社＋养殖户"以及"公司＋经纪人＋养殖户"三种肉鸡订单养殖模式。为方便研究养殖户参与订单养殖的影响因素，将上述三种订单养殖模式共同归类为合同户，而直接进行肉鸡市场交易的养殖户则被称为市场户。

养殖户参与订单养殖主要受三大方面的影响：一是养殖户及养殖场特征，主要包括养殖户的年龄、文化程度、家庭劳动力人数、养殖肉鸡的年限和养殖规模，其中户主的年龄可能提高养殖户参与订单养殖的意愿，户主文化程度、家庭劳动力人数、养殖肉鸡年限、养殖规模可能对其造成消极影响；二是养殖外部特征，主要包括养殖户是否接受过养殖技术培训、是否同时养殖其他畜禽以及是否种地，其中接受过养殖技术培训的养殖户可能更愿意选择订单养殖，而户主种地的行为或同时养殖其他畜禽的养殖户可能降低养殖户参与订单养殖的意愿；三是地区变量，主要由山东、河北、河南、安徽四个省份组成，预期影响尚不明确（表3）。

表 3　Logit 模型自变量

自变量		定义
养殖户及养殖场特征	户主年龄	实际年龄
	户主文化程度	实际受教育年限
	家庭劳动力	家庭劳动力人数
	养殖肉鸡年限	实际养殖肉鸡年限
	养殖规模	实际养殖规模
养殖外部特征	户主是否接受过养殖技术培训	1=是，0=否
	户主是否同时养殖其他畜禽	1=是，0=否
	户主是否种地	1=是，0=否
地区虚变量	山东	1=山东，0=其他
	河北	1=河北，0=其他
	河南	1=河南，0=其他
	安徽	1=安徽，0=其他

注：养殖肉鸡年限＝2019－实际开始养殖肉鸡年份；养殖规模取对数后再进行模型处理。

（三）估计结果和讨论

根据 Logit 模型结果显示，总样本数为 110 户，准 R^2 为 0.406，对应的 P 值为 0.000，对自变量进行多重共线性检验后，发现 VIF 值均小于 10，说明并不存在多重共线性的问题。

在养殖户及养殖场特征中，养殖户的文化程度可能会降低养殖户选择订单养殖的意愿。一方面，随着养殖户受教育年限的增长，养殖户自身的能力和认识普遍得到较大的提升，能够充分学习和利用先进的养殖技术或方法，提高肉鸡养殖效率，获得更高的收益；另一方面，文化程度较高的养殖户更容易主动了解和接受新鲜的事物，不会一味地按照以往的经验养殖肉鸡，而是喜欢在实际的操作中总结经验，寻找符合当地条件的养殖方法，打造独具特色的肉鸡品牌，因此文化程度较高的养殖户更愿意选择自由度相对较高的市场交易。肉鸡养殖规模较小的养殖户更倾向于选择订单养殖。主要原因是养殖规模大的养殖户在面对肉鸡疫病或其他风险时，更有能力将损失最小化，降低或合理规避风险。另外随着养殖规模的增大，养殖场更偏向于规模化、标准化，养殖户拥有更完善、更先进的养殖技术和设施设备，因此养殖户有条件进行科学化、规范化的养殖工作，并获取较高的肉鸡收益。而小规模的养殖户在面临突发的市场风险时，容易出现亏损或破产，因此养殖规模较小的肉鸡养殖户选择订单养殖，合理分散风险。受调研样本随机性的影响，养殖年限对养殖户参与订单养殖的影响并不显著。

在养殖外部特征中，接受过养殖技术培训的养殖户更愿意选择订单养殖。主要原因是相比于肉鸡公司或合作经济组织而言，市场户投入到肉鸡养殖的资金有限，无法购买大型的设施设备。而且市场户通常按经验饲养肉鸡，依靠较高的人力投入，确保肉鸡的品质，因此养殖场设施设备较为简陋。而参与肉鸡订单养殖的公司或合作经济组织能够为合同户提供相应的技术服务和外出参观学习的机会，提高合同户的养殖能力和养殖场的设施设备水平。从事种植业的养殖户更愿意选择市场交易。第一，参与种地的养殖户的主要收入可能来源于种植，肉鸡养殖可能为养殖户的副业。第二，肉鸡养殖过程产生的废弃物在经过处理后可以作为种植业的肥料，而种植业的产物可以作为肉鸡的饲料，在一定程度上降低了养殖和种植成本，实现资源循环化利用。因此参与种植产业的养殖户更倾向于进行肉鸡市场交易。同时养殖其他畜禽的养殖户更愿意选择市场交易。主要原因是同时养殖其他畜禽的养殖户所拥有的养殖场规模更大、养殖经验更丰富，能够较好地规避市场风险，因此选择市场交易，获得更高的养殖收益。

在地区变量中，以山东养殖户数据作为参照，得出相比于山东省，河北省养殖户更愿意加入肉鸡订单养殖，但调研对象主要集中在河北省，可能会对模型结果造成一定影响。河北省是我国农业大省，肉禽养殖在全国排名前列，肉鸡龙头企业较多，在一定程度上带动河北省肉鸡订单养殖模式的发展和创新。另外，河北省部分公司或合作经济组织为养殖户提供肉鸡养殖废弃物处理服务，实现种养结合，提高养殖户的额外收益。

（四）小结

养殖户及养殖场特征、养殖外部特征以及地区变量对养殖户参与肉鸡订单养殖的影响程度各不相同（表4），其中户主是否接受过养殖技术培训在1％的统计水平显著，户主是否同时养殖其他畜禽在5％的统计水平显著，而户主的文化程度、养殖规模、是否种地以及地区变量（河北）在10％的统计水平显著。

在养殖户选择订单养殖或市场交易时，决定因素一是取决于养殖户自身的风险偏好类型，二是取决于当是否有龙头企业。选择市场交易的养殖户在获取高收益的同时，也面临着高风险。在当地有龙头企业可以开展订单养殖的情况下，希望能够由龙头企业帮助规避风险的养殖户倾向于选择订单养殖，保障肉鸡养殖的综合收益。

表 4　养殖户参与订单养殖影响因素

变量	系数	标准误
年龄	0.040	0.062
文化程度	−0.260*	0.204
家庭劳动力	0.709	0.488
养殖年限	−0.067	0.073
养殖规模	−0.458*	0.398
是否接受过养殖技术培训	2.859***	1.000
是否种地	−2.819*	1.524
是否同时养殖其他畜禽	−2.659**	1.108
地区虚变量（河北）	2.679*	1.520
地区虚变量（河南）	1.553	1.983
地区虚变量（安徽）	2.341	1.639
常数项	3.145**	5.879
样本数	110	
Wald chi2	36.200	

注：***、**、*分别表示在1%、5%、10%的统计水平显著。

从总体来看，订单养殖有利于肉鸡产业经济结构的调整，订单养殖可以整合肉鸡产业各种有利资源，提高肉鸡出栏的品质，促进肉鸡消费市场的供给稳定，但从养殖过程中资本、饲料、劳动力、其他要素生产率和全要素生产率的角度出发，订单养殖在其中的作用尚不确定，因此本研究接下来将通过处理效应模型，探究订单养殖对肉鸡单要素生产率和全要素生产率的影响。

三、订单养殖对肉鸡单要素和全要素生产率的影响

本研究中肉鸡单要素生产率为肉鸡养殖某一时期内的产出与鸡苗、饲料、劳动等各投入成本的比值。全要素生产率为肉鸡养殖某一时期内的产出与鸡苗、饲料、劳动等总投入成本的比值（Jorgensen and Griliches，1967；Key，2003；叶璐和王济民，2020），即全部要素投入的平均产出。

（一）肉鸡养殖市场户与合同户各要素生产率对比

肉鸡养殖市场户的资本生产率平均值为 34.69，最大值为 55.00，最小值为 10.17；合同户的资本生产率平均值为 35.04，最大值为 125.00，最小值为 3.47。说明合同户在一定时期内单位设施设备折旧所产生的肉鸡出栏体重较高。原因可能是当合同户的养殖设施设备出故障时，公司或合作经济组织安排专业的设备维修人员上门维修，因此设施设备维修费用较低，维修时间较短。在饲料生产率中，市场户的平均值为 0.44，最大值为 0.56，最小值为 0.34；合同户的平均值为 0.54，最大值为 1.15，最小值为 0.20。主要原因是部分市场户在养殖肉鸡的过程中，也参与种植业，并且习惯于将种植的废弃物经过简单的加工处理甚至未经处理，直接作为肉鸡的饲料，以此来降低饲料成本。而合同户的饲料主要由公司或合作经济组织提供，规范饲料的配比，有助于肉鸡对饲料营养的吸收，进而提高饲料生产率。

市场户的劳动生产率平均值为 3.41，最大值为 4.07，最小值为 2.93；合同户的劳动生产率平均值为 10.26，最大值为 18.19，最小值为 4.68。表明在一定时期内合同户的单位劳动投入所生产的肉鸡出栏体重更高。首先，公司或合作经济组织为合同户提供先进的设施设备和技术服务，在一定程度上节省了人力资源的投入，但市场户为了避免肉鸡生长过程中出现问题，通常需要耗费大量的时间和精力看护肉鸡。其次，市场户雇佣的劳动力一般为短期，对肉鸡养殖的经验并不丰富，只能从事简单的日常工作。合同户雇佣的劳动力能够经过公司或合作经济组织提供的相关技能培训再上岗，确保劳动力的专业能力，提高合同户的劳动生产率。在其他要素生产率中，市场户的平均值为 2.46，最大值为 4.78，最小值为 1.30；合同户的平均值为 0.78，最大值为 2.20，最小值为 0.39。在肉鸡养殖过程中，合同户所需疫苗、药物均由公司或合作经济组织提供，购买价格相对较高。市场户所需疫苗药物主要来源于市场，价格低廉，并且水电可享受农业用水用电优惠。因此，在一定时期内，市场户的其他要素生产率较高。

在全要素生产率中，市场户的平均值为 0.22，最大值为 0.31，最小值为 0.18；合同户的平均值为 0.08，最大值为 0.16，最小值为 0.02。表明合同户的全要素生产率略低于市场户。首先，合同户在养殖过程中所需鸡苗、饲料、疫苗药物等投入均来源于公司或合作经济组织，因此投入品的购买价格略高于市场价格。而市场户的养殖投入物品直接从市场购买，物美价廉。其次，本研究所用数据均来源于 2019 年的线下调研所得，肉鸡市场行情较好，大部分市场户增加肉鸡养殖天数，提高肉鸡出栏体重，但合同户需要按照订单提交成品鸡，肉鸡出栏体重相对较轻，可能对肉鸡全要素生产率产生一定的影响。

（二）模型构建

在研究订单养殖对肉鸡各要素生产率影响的过程中，需要将未参与订单养殖的市场户作为对照组，参与订单养殖的合同户作为实验组。但在实际操作中发现是否参与肉鸡订单养殖是养殖户自我选择的结果，即养殖户如果选择加入订单养殖，则无法观测不加入订单养殖的情况。另外实验组和对照组的初始条件也不完全相同，故存在"选择偏差"。因此本研究选择处理效应模型判断订单养殖对肉鸡各要素生产率的影响。具体模型设定如下：

$$Y_i = S_i\beta + C_i\delta + \varepsilon_i \qquad (4)$$

其中，y_i 分别表示肉鸡养殖过程中的资本生产率、饲料生产率、劳动生产率、其他要素生产率以及全要素生产率，S_i 表示养殖户及养殖场特征、养殖外部特征以及地区变量。C_i 表示处理效应模型的处理变量，由以下处理方程所决定：

$$C_i^* = Z_i\gamma + \mu_i \qquad (5)$$

$$C_i = \begin{cases} 1, & 若 C_i^* > 0 \\ 0, & 若 C_i^* \leqslant 0 \end{cases} \qquad (6)$$

其中，$C_i = 1$ 表示养殖户参与订单养殖；$C_i = 0$ 表示养殖户未参与订单养殖，影响 C_i 的工具变量 Z_i 中至少有一个变量与影响 y_i 的 S_i 不一致。

某些不可观测的变量对养殖户是否参与订单养殖以及肉鸡各要素生产率均产生影响，因此两种方程的误差项是相关的，可能会导致有偏估计。故假设两种方程的误差项符合联合正态分布：

$$\begin{bmatrix} \mu \\ \varepsilon \end{bmatrix} \sim N\left(\begin{bmatrix} 0 \\ 0 \end{bmatrix}, \begin{bmatrix} 1 & \rho \\ \rho & \sigma^2 \end{bmatrix}\right) \qquad (7)$$

而参与订单养殖的养殖户的预期收益如下：

$$E[y_i | C_i = 1] = X_i\beta + \delta + E[\varepsilon_i | C_i = 1] = X_i\beta + \delta + \rho\sigma\lambda_i \qquad (8)$$

其中，$\lambda_i = \Phi(\alpha_i)[1 - \Phi(\alpha_i)]^{-1}$ 为反米尔斯函数，$\alpha_i = -Z_i\gamma$ 为得到的无偏差参数估计，采用两步法进行估计。

（三）变量选择

本研究选取肉鸡的资本生产率、饲料生产率、劳动生产率、其他要素生产率以及全要素生产率分别作为处理效应模型的因变量（表5）。处理效应模型的自变量如下：一是养殖户及养殖场特征，主要包括户主的年龄、文化程度、养殖肉鸡年限、养殖肉鸡规模；二是养殖外部特征，包括户主是否参加过养殖技术培训、户主是否种地以及户主是否同时养殖其他畜禽；三是地区变量，主要包括山东、河北、河南和安徽地区。另外，处理效应模型需要将养殖户是否参与订单养殖作为处理变量，而影响处理变量的因素则被称为工具变量（表6）。

表5　处理效应模型因变量

因变量	定义
资本生产率 Y_1	每只肉鸡的出栏体重/每只肉鸡设施设备折旧
饲料生产率 Y_2	每只肉鸡的出栏体重/每只肉鸡饲料价格
劳动生产率 Y_3	每只肉鸡的出栏体重/每只肉鸡劳动力投入价格
其他要素生产率 Y_4	每只肉鸡的出栏体重/每只肉鸡其他投入价格
全要素生产率 Y_5	每只肉鸡的出栏体重/每只肉鸡投入总成本

表6　处理效应模型自变量和处理变量

自变量和处理变量		定义
自变量	养殖户及养殖场特征 户主年龄	实际年龄
	户主文化程度	实际受教育年限
	养殖肉鸡年限	实际养殖肉鸡年限
	养殖规模	实际养殖规模
	养殖外部特征 户主是否接受过养殖技术培训	1＝是，0＝否
	户主是否同时养殖其他畜禽	1＝是，0＝否
	户主是否种地	1＝是，0＝否
	地区虚变量 山东	1＝山东，0＝其他
	河北	1＝河北，0＝其他
	河南	1＝河南，0＝其他
	安徽	1＝安徽，0＝其他
处理变量	户主是否参与订单养殖 $C_i=0/1$	0＝市场户，1＝合同户
工具变量	养殖户及养殖场特征 户主年龄	实际年龄
	户主文化程度	实际受教育年限
	家庭劳动力	家庭劳动力人数
	养殖肉鸡年限	实际养殖肉鸡年限
	养殖规模	实际养殖规模

（续）

自变量和处理变量		定义
工具变量	养殖外部特征	户主是否接受过养殖技术培训	1＝是，0＝否
		户主是否同时养殖其他畜禽	1＝是，0＝否
		户主是否种地	1＝是，0＝否
	地区虚变量	山东	1＝山东，0＝其他
		河北	1＝河北，0＝其他
		河南	1＝河南，0＝其他
		安徽	1＝安徽，0＝其他

注：养殖肉鸡年限＝2019－实际开始养殖肉鸡年份；养殖规模取对数后再进行模型处理。

（四）估计结果和讨论

在研究订单养殖对肉鸡各要素生产率影响的过程中，发现将上述变量进行简单的线性回归，结果会对判断二者的真实关系产生偏差，因此选择利用处理效应模型消除自我选择的偏差，准确判断订单养殖对肉鸡各要素生产率的影响。

一方面，如表7所示，得出处理效应模型第一步的结果，即 Probit 结果，从而剔除某些不可观测的变量对肉鸡订单养殖和肉鸡生产率的影响，消除自我选择的偏差。另一方面，Probit 结果进一步验证养殖户参与订单养殖影响因素的分析。

表 7　Probit 估计结果

变量	系数	标准误
年龄	0.020	0.026
文化程度	−0.043	0.085
家庭劳动力	0.405	0.263
养殖年限	−0.034	0.037
养殖规模	−0.244	0.164
是否接受过养殖技术培训	1.505 ***	0.472
是否种地	−1.355 **	0.575
是否同时养殖其他畜禽	−1.449 *	0.838
地区虚变量（河北）	1.370 **	0.676

（续）

变量	系数	标准误
地区虚变量（河南）	0.534	0.662
地区虚变量（安徽）	1.132	0.941
常数项	2.004	3.000
样本数	110	
LR chi2	36.84	

注：***、**、*分别表示在1％、5％、10％的统计水平显著。

在养殖户特征中，养殖户年龄可能降低肉鸡的资本生产率，并在5％的统计水平下显著。年龄较大的养殖户对设施设备的日常使用和维护可能较生疏，无法发挥养殖设施设备的最大效益，导致设施设备折旧费用较高，降低肉鸡资本生产率。文化程度可能会提高肉鸡其他要素生产率，并在5％的统计水平下显著。主要原因是文化程度较高的养殖户在遇到养殖问题时，不会一味地按照传统的经验去解决，而是根据具体的问题，咨询相应的专家或者搜寻科学的解决方案，并结合具体情况选择最佳办法，避免解决过程中不必要的资源浪费，节省肉鸡养殖成本。并且随着受教育年限的增加，养殖户的认识、能力等方面得到提升，愿意并主动使用优质的疫苗药物，学习科学的养殖技术，更换自动化、智能化的设施设备，提高肉鸡的其他要素生产率。户主养殖肉鸡的年限可能提高肉鸡的资本生产率和劳动生产率，并且分别在10％、5％的统计水平下显著。第一，养殖肉鸡年限较长的养殖户对养殖设施设备的日常维护更了解，能够有效延长设施设备的使用时长，减少设施设备的损耗。第二，经验丰富的养殖户能够准确把握肉鸡养殖过程中容易出现的问题，并针对敏感的生长时段，采取相应的策略规避可能出现的问题，达到事半功倍的效果，也避免过多的劳动力投入。

在养殖场特征中，养殖户养殖肉鸡的规模可能会降低肉鸡的劳动生产率，并且在1％的统计水平下显著。第一，随着肉鸡养殖规模的增长，养殖户对雇工的需求逐渐增加，因此养殖规模的扩张增加了肉鸡养殖的劳动投入成本。第二，经验丰富的养殖户更愿意自主创业，而不是受雇于其他养殖场。另外，养殖户如果有雇工的需求，需要先对工人进行肉鸡养殖的相关培训，因此养殖规模扩张在短期内可能会造成劳动力资源短缺的情况。第三，养殖规模较大的养殖场雇佣劳动力的需求高，但也存在养殖工作人员离职的问题，可能给养殖场带来职位空缺的问题，造成人力资源的浪费。

在养殖外部特征中，参加过养殖技术培训的养殖户能够提高肉鸡的其他要素生产率和全要素生产率，并分别在 5%、10% 的统计水平下显著。主要原因是：第一，参加过养殖技术培训的养殖户容易接触新鲜的、先进的肉鸡养殖技巧，化解只靠经验养殖的弊端，不仅有利于将自身养殖经验与学习的养殖技巧相结合，也有利于养殖户了解某些养殖技术的原理，方便养殖户加以创新。第二，参加养殖技术培训的过程中，各地区的养殖户通过沟通交流，互相学习各自的养殖方法，提高养殖户应对突发事件的能力，并在一定程度上降低养殖场的综合投入成本。第三，随着居民生活水平的提高，对日常饮食要求逐渐严苛，鸡肉作为白肉的主要代表之一，也在不断提升其品质，提高鸡肉的营养价值。参加养殖技术培训不仅能提高养殖户的养殖水平，方便养殖户接触科学的管理技巧，也能降低其他要素的投入成本。综上所述，参加养殖技术培训能够提高肉鸡的其他要素生产率和全要素生产率。养殖户同时养殖其他畜禽可能提高肉鸡的资本生产率，并在 10% 的统计水平下显著。主要原因是同时养殖其他畜禽的养殖场规模较大，养殖户综合养殖经验更丰富，有能力购买高级的、智能化的设施设备。在养殖设备投入使用时，养殖户的操作更规范，有效减低设施设备的损耗，减少相应的维修费用，因此同时养殖其他畜禽有利于提高肉鸡的资本生产率。

在地区变量特征中，把地区变量设置为虚拟变量，并将山东省养殖户的数据作为对照带入到处理效应模型中，得出与山东省养殖户相比，河北省和河南省可能提高肉鸡的资本生产率，并分别在 10%、1% 的统计水平下显著，也可能提高肉鸡的其他要素生产率，并分别在 1%、10% 的统计水平下显著，主要原因是河北省和河南省是种养大省，养殖设施设备相对较完善，水电或疫苗药物投入可能较低。另外，河北省和河南省可能降低肉鸡的全要素生产率，并在 1% 和 10% 的统计水平下显著。因针对山东省的调研数据较少，对结果可能造成影响。安徽地区可能会降低肉鸡饲料生产率和劳动生产率，提高其他要素生产率，并分别在 5%、1%、1% 的统计水平下显著。安徽地区参与黄羽肉鸡养殖的养殖户人数更多，因此在调研过程中，关于安徽省白羽肉鸡养殖户的调研相对较少，可能对模型结果产生一定影响。山东省人口数量较多，劳动力资源丰富，劳动报酬相对较低，肉鸡养殖户能够通过较少的劳动投入获取较高的肉鸡出栏重量，而且山东省是种养大省，在肉鸡饲料方面配比更优化，因此山东省的肉鸡劳动生产率和饲料生产率相对较高。安徽省作为白羽肉鸡和黄羽肉鸡养殖省份，疫苗药物相对丰富，可以为养殖户提供物美价廉的产品，提高其他要素生产率（表8、表9）。

表 8　订单养殖对肉鸡单要素生产率的影响

类别	资本生产率		饲料生产率		劳动生产率		其他要素生产率	
	系数	P 值	系数	P 值	系数	P 值	系数	P 值
年龄	−0.473**	0.025	−0.001	0.808	−0.032	0.269	−0.003	0.579
文化程度	0.056	0.946	0.002	0.836	−0.153	0.165	0.049**	0.025
养殖年限	0.552*	0.087	−0.005	0.181	0.092**	0.036	−0.011	0.210
养殖规模	−0.820	0.654	−0.020	0.329	−0.704***	0.004	0.067	0.170
是否参加过养殖技术培训	−4.508	0.487	0.065	0.376	−1.370	0.117	0.339**	0.046
是否种地	4.912	0.244	−0.066	0.170	0.261	0.646	0.014	0.901
是否同时养殖其他畜禽	17.030*	0.092	−0.048	0.679	0.031	0.982	−0.220	0.413
地区虚变量（河北）	15.300*	0.065	0.040	0.672	−0.365	0.744	0.694***	0.002
地区虚变量（河南）	24.720***	0.003	0.034	0.724	−0.875	0.437	0.435*	0.050
地区虚变量（安徽）	11.700	0.211	−0.219**	0.043	−3.411***	0.007	0.844***	0.001
是否参与肉鸡订单养殖	6.169	0.687	0.188	0.265	7.175***	0.001	2.152**	0.010
常数项	41.680	0.209	0.989***	0.009	15.240***	0.001	1.157	0.189
P 值	0.001		0.000		0.000		0.000	

注：***、**、* 分别表示在1%、5%、10%的统计水平显著。

表 9　订单养殖对肉鸡全要素生产率的影响

类别	全要素生产率	
	系数	P 值
年龄	0.001	0.626
文化程度	0.001	0.367
养殖年限	−0.001	0.770
养殖规模	0.002	0.429
是否参加过养殖技术培训	0.001*	0.080
是否种地	−0.004	0.482
是否同时养殖其他畜禽	0.004	0.797
地区虚变量（河北）	−0.033***	0.008
地区虚变量（河南）	−0.024*	0.057
地区虚变量（安徽）	0.013	0.342
是否参与肉鸡订单养殖	0.118***	0.000
常数项	0.184***	0.000
P 值	0.000	

注：***、**、* 分别表示在1%、5%、10%的统计水平显著。

（五）小结

总体而言，参与肉鸡订单养殖有利于提高肉鸡单要素生产率和全要素生产率，并且养殖年限长、参加过养殖技术培训的养殖户在养殖过程中更容易提高肉鸡单要素生产率。在肉鸡产业发展过程中，订单养殖是肉鸡产业化的必然趋势。订单养殖能够有效保障养殖户的收入水平，降低养殖风险，极大程度避免养殖户血本无归的局面。随着订单养殖普及度提高，肉鸡订单养殖方式也根据养殖户的合理需求，在"公司＋养殖户"的基础上衍生出新的合作形式，例如"公司＋合作社＋养殖户"或"公司＋经纪人＋养殖户"，而这些订单养殖模式为合同户提供技术服务，鼓励并组织合同户外出参观学习，提高合同户的养殖技术水平，加快养殖场的设备改进，有利于提高肉鸡单要素和全要素生产率。但对于市场户而言，缺少参观和学习先进养殖技术的机会，饲料、疫苗药物等投入量通常依赖于养殖户的肉鸡养殖经验，未达到规范化、标准化、科学化，不利于提高肉鸡单要素生产率，造成部分养殖投入资源的损失。

综上所述，肉鸡订单养殖对肉鸡单要素和全要素生产率均产生积极影响，发展订单养殖有利于科学配比肉鸡养殖的投入产出，提高肉鸡的料肉比，避免投入资源的浪费。但肉鸡订单养殖对市场户和合同户的技术效率影响尚不明确，因此本研究通过随机前沿生产函数模型分析市场户与合同户的技术效率差异。

四、订单养殖对肉鸡技术效率的影响

（一）模型构建

技术效率反映的是一个生产单元在既定投入水平下实现最大产出的能力或在既定产出水平下实现最小投入的能力，通常用实际产出与最大潜在产出的比值或最小潜在投入与实际投入的比值来衡量。本研究主要从资本、鸡苗、饲料、劳动、其他投入与肉鸡产值的角度判断肉鸡技术效率，因此选择基于超越对数生产函数形式的随机前沿生产函数模型。

$$Y_i = f(X_i, \beta)e^{v_i - u_i} \qquad (9)$$

在公式（9）中，Y_i 代表肉鸡产值，X_i 代表资本、鸡苗、饲料、劳动、其他投入，v_i 是随机扰动项，服从均值为 0 的正态分布，即 $v_i \sim N(0, \sigma^2)$，独立分布于 u_i，而 u_i 反映技术无效率项的情况，服从均值为 0 的正态分布，即 $u_i \sim N(0, \sigma^2)$。对公式两端同时取对数可得：

$$\ln Y_i = \beta_0 + \sum_{i=1}^{5} \beta_i \ln X_i + \frac{1}{2} \sum_{i=5}^{5} \sum_{j=5}^{5} \beta_{ij} \ln X_i \cdot \ln X_j + v_i - u_i \quad (10)$$

因随机前沿生产函数模型只能分别得出市场户和合同户的肉鸡技术效率的具体数值，但并不能由此判断养殖户加入订单养殖对肉鸡技术效率是否产生影响，所以利用影响肉鸡技术效率的相关变量设置肉鸡技术效率方程，借助 Tobit 模型分析订单养殖对肉鸡技术效率的影响。具体形式如下：

$$TE_i = \delta_0 + \delta_1 C_i + \delta_2 S_i + \varepsilon_i \quad (11)$$

其中，TE_i 表示肉鸡的技术效率，C_i 是反映养殖户是否加入订单养殖的虚拟变量（市场户＝0，合同户＝1），S_i 表示养殖户及养殖场特征、养殖外部特征以及地区变量。

（二）变量选择

如表 10 和表 11 所示，将每只肉鸡产值作为随机前沿生产函数模型的因变量，每只肉鸡养殖过程中的资本投入、鸡苗投入、饲料投入、劳动力投入、其他投入作为模型的自变量。

表 10　随机前沿生产函数模型因变量

因变量	定义
肉鸡产值 logY	log（每只肉鸡产值）

表 11　随机前沿生产函数模型自变量

自变量		定义
资本	$LogX_1$	log（每只肉鸡设施设备折旧投入）
鸡苗	$LogX_2$	log（每只鸡苗投入）
饲料	$LogX_3$	log（每只肉鸡饲料投入）
劳动	$LogX_4$	log（每只肉鸡劳动投入）
其他	$LogX_5$	log（每只肉鸡其他投入）
资本×资本	$LogX_1 \times LogX_1$	0.5×log（每只肉鸡设施设备折旧投入）×log（每只肉鸡设施设备折旧投入）
资本×鸡苗	$LogX_1 \times LogX_2$	0.5×log（每只肉鸡设施设备折旧投入）×log（每只鸡苗投入）
资本×饲料	$LogX_1 \times LogX_3$	0.5×log（每只肉鸡设施设备折旧投入）×log（每只肉鸡饲料投入）
资本×劳动	$LogX_1 \times LogX_4$	0.5×log（每只肉鸡设施设备折旧投入）×log（每只肉鸡劳动投入）

（续）

自变量		定义
资本×其他	$\mathrm{Log}X_1 \times \mathrm{Log}X_5$	0.5×log（每只肉鸡设施设备折旧投入）×log（每只肉鸡其他投入）
鸡苗×鸡苗	$\mathrm{Log}X_2 \times \mathrm{Log}X_2$	0.5×log（每只鸡苗投入）×log（每只鸡苗投入）
鸡苗×饲料	$\mathrm{Log}X_2 \times \mathrm{Log}X_3$	0.5×log（每只鸡苗投入）×log（每只肉鸡饲料投入）
鸡苗×劳动	$\mathrm{Log}X_2 \times \mathrm{Log}X_4$	0.5×log（每只鸡苗投入）×log（每只肉鸡劳动投入）
鸡苗×其他	$\mathrm{Log}X_2 \times \mathrm{Log}X_5$	0.5×log（每只鸡苗投入）×log（每只肉鸡其他投入）
饲料×饲料	$\mathrm{Log}X_3 \times \mathrm{Log}X_3$	0.5×log（每只肉鸡饲料投入）×log（每只肉鸡饲料投入）
饲料×劳动	$\mathrm{Log}X_3 \times \mathrm{Log}X_4$	0.5×log（每只肉鸡饲料投入）×log（每只肉鸡劳动投入）
饲料×其他	$\mathrm{Log}X_3 \times \mathrm{Log}X_5$	0.5×log（每只肉鸡饲料投入）×log（每只肉鸡其他投入）
劳动×劳动	$\mathrm{Log}X_4 \times \mathrm{Log}X_4$	0.5×log（每只肉鸡劳动投入）×log（每只肉鸡劳动投入）
劳动×其他	$\mathrm{Log}X_4 \times \mathrm{Log}X_5$	0.5×log（每只肉鸡劳动投入）×log（每只肉鸡其他投入）
其他×其他	$\mathrm{Log}X_5 \times \mathrm{Log}X_5$	0.5×log（每只肉鸡其他投入）×log（每只肉鸡其他投入）

由表 12 和表 13 可知，将随机前沿生产函数模型测算的肉鸡技术效率作为 Tobit 模型的因变量，将是否加入订单养殖、养殖户及养殖场特征、养殖外部特征、地区变量作为自变量，从而对订单养殖与肉鸡技术效率的关系做出具体判断。

表 12　Tobit 模型因变量

因变量	定义
肉鸡技术效率 TE	肉鸡的技术效率

表 13　Tobit 模型自变量

自变量		定义
养殖户及养殖场特征	户主年龄	实际年龄
	户主文化程度	实际受教育年限
	养殖肉鸡年限	实际养殖肉鸡年限
	养殖规模	实际养殖规模
养殖外部特征	户主是否接受过养殖技术培训	1＝是，0＝否
	户主是否同时养殖其他畜禽	1＝是，0＝否
	户主是否种地	1＝是，0＝否

（续）

自变量		定义
	山东	1＝山东，0＝其他
地区虚变量	河北	1＝河北，0＝其他
	河南	1＝河南，0＝其他
	安徽	1＝安徽，0＝其他
户主是否加入订单养殖	$C_i＝0/1$	1＝市场户，0＝合同户

（三）估计结果和讨论

根据表 14 所示，随着肉鸡鸡苗、饲料和其他投入的增加，均有利于提高肉鸡产出，而资本、劳动投入可能降低肉鸡产出。将养殖户是否参与订单养殖作为分类标准，可分别得到 16 位市场户与 94 位合同户的技术效率，并做均值化处理，可得市场户的技术效率为 0.907，合同户的技术效率为 0.941，说明合同户的技术效率略高于市场户。

表 14　随机前沿生产函数模型结果

自变量	系数	标准误	P 值
资本	−0.501 ***	0.099	0.000
鸡苗	2.000 ***	0.363	0.000
饲料	1.433 **	0.696	0.040
劳动	−1.390	0.705	0.580
其他	1.042 ***	0.188	0.000
资本×资本	−1.155 ***	0.055	0.005
资本×鸡苗	−1.270 ***	0.107	0.000
资本×饲料	1.767	—	—
资本×劳动	−0.335	0.353	0.343
资本×其他	0.262 ***	0.080	0.001
鸡苗×鸡苗	−2.424 ***	0.319	0.000
鸡苗×饲料	−0.700	0.736	0.342
鸡苗×劳动	0.129	1.375	0.925
鸡苗×其他	−0.449	0.549	0.413

（续）

自变量	系数	标准误	P 值
饲料×饲料	−0.262	1.012	0.795
饲料×劳动	−0.027	1.452	0.985
饲料×其他	−1.207*	0.670	0.072
劳动×劳动	0.503**	0.240	0.036
劳动×其他	−0.034	0.389	0.931
其他×其他	−0.018	0.350	0.958
常数项	−0.401	0.314	0.202
市场户	0.907	合同户	0.941

注：***、**、*分别表示在1%、5%、10%的统计水平显著。

第一，养殖户通过增加鸡苗、饲料投入品的费用，在一定程度上提高了鸡苗品质，合理规范饲料配比，保障肉鸡的料肉比，从而提高肉鸡的最终产出。第二，在最开始投入各要素时，随着投入要素的增加，产出逐渐增加，但当到达投入产出最优配置后，投入要素增加会造成产出降低，因此资本和劳动要素可能已超过最优配置，从而对肉鸡产出产生负向的影响。第三，通过随机前沿生产函数模型，得出合同户的技术效率略高于市场户，但此结果并不能明确说明订单养殖对肉鸡技术效率的影响，因此需要利用 Tobit 模型做进一步的验证。

由表15所示，将市场户与合同户的技术效率代入到 Tobit 模型中，可得参与订单养殖的估计系数为0.030，在5%的统计水平下显著，说明订单养殖有利于提高肉鸡的技术效率。首先，合同户通过与肉鸡企业或合作经济组织签订肉鸡养殖订单，在一定程度上获得肉鸡企业或合作经济组织在养殖过程所提供的原料、技术服务等帮助，合同户更有机会接触和学习先进的养殖技术和方法，有利于提高肉鸡的技术效率。而且大多数合同户可以先使用肉鸡企业或合作经济组织提供的鸡苗、饲料以及疫苗、药物等资源，在提交成品鸡时，扣除之前所花费的原料支出，因此合同户拥有更多的流动资金提升养殖场的设施设备水平，从而达到降低养殖成本的目标。其次，相比于合同户而言，市场户养殖场设施设备较落后，大多数市场户依赖于经验养殖，对肉鸡所需温度、湿度以及光照等要素缺少标准化的数值，只能依靠人力监控来替代自动化的设施设备，尽可能提高肉鸡的成活率以及肉鸡质量。综上所述，市场户的技术效率略低于合同户。

表 15　订单养殖对肉鸡技术效率的影响

变量	系数	标准误
年龄	0.001	0.001
文化程度	0.003	0.002
养殖年限	−0.001	0.005
养殖规模	−0.005	0.004
是否接受过养殖技术培训	−0.005	0.011
是否种地	0.003	0.008
是否同时养殖其他畜禽	−0.028	0.020
地区虚变量（河北）	0.032**	0.016
地区虚变量（河南）	0.033*	0.017
地区虚变量（安徽）	−0.048**	0.020
参与订单养殖	0.030**	0.012
常数项	0.919***	0.065
样本数	110	Prob＞chi2
LR chi2	72.14	

注：***、**、*分别表示在1%、5%、10%的统计水平显著。

（四）小结

在肉鸡养殖过程中，养殖户通过加入肉鸡订单养殖，获得公司或合作经济组织提供的养殖帮助，提高肉鸡养殖技术，有利于形成肉鸡规模化养殖，也为合同户提高了肉鸡养殖的技术效率。另外，参与肉鸡订单养殖的合同户只需在肉鸡养殖前期缴纳一定数额的保证金，公司或合作经济组织所提供的原材料可以在交货时从所得金额中扣除，因此合同户在肉鸡养殖环节投入的资金较少，部分合同户将流动资金用于更换养殖场的设施设备或扩张养殖规模，有利于提高订单养殖的技术效率。但市场户在养殖期间所购买的鸡苗、饲料、疫苗药物等原材料需要一手交钱，一手交货，投入资金较大，在最终出售成品鸡之前需要预留出应对突发风险的资金，因此市场户的流动资金有限，只有少部分资金用于设备的维护，不利于提高养殖技术效率。综上所述，发展肉鸡订单养殖有助于推动肉鸡产业技术设备的创新升级，促进肉鸡养殖向智能化、自动化方面发展，为我国肉鸡产业提质增效奠定基础。

五、结论和对策建议

通过上述实证分析，最终得到结果显示：肉鸡订单养殖有利于提高肉鸡单要素和全要素生产率，也有助于肉鸡技术效率的提升，由此可知，推广肉鸡订单养殖符合我国肉鸡产业化经营的发展需求。肉鸡订单养殖最大的优势为"风险共担，利益共享"，公司或合作经济组织为肉鸡养殖户分担大部分的市场风险，而养殖户为其提供稳定优质的肉鸡数量，并共享销售利润。可见，肉鸡订单养殖为养殖户提供养殖便利条件，提高肉鸡出栏品质，有利于打造各地区肉鸡的特色品牌，促进我国肉鸡产业高质量稳定发展。

现阶段，我国肉鸡产业正处于提质增效的关键期，发展订单养殖有利于稳定肉鸡质量，提高肉鸡养殖效率，增加养殖户的综合效益，保障市场"菜篮子"中鸡肉的供给。而在订单养殖过程中，公司或合作经济组织也为养殖户提供技术服务，加速养殖户与现代农业的有效衔接，进一步推动我国肉鸡产业化发展。同时，现阶段我国肉鸡订单养殖仍存在合作双方信息不对称、违约现象频繁发生、养殖户综合能力较低等问题，制约着订单养殖的发展，因此本研究通过结合上述的实证分析与肉鸡订单养殖存在的问题，提出相应的对策建议。

（一）政府层面

加强法律宣传，提高养殖户的法律意识。随着我国肉鸡产业订单养殖的不断完善，大多数养殖户选择加入肉鸡订单养殖，保障养殖收益，但由此也出现订单违约问题。一般而言，订单养殖违约率的高低与肉鸡市场行情好坏有关。由于肉鸡市场行情的不可预见性，养殖户与公司或合作经济组织只能签订关系型契约，当肉鸡市场行情较好时，肉鸡养殖户可能为寻求更高利润，选择直接进行市场交易；当肉鸡市场行情较差时，公司或合作经济组织也可能违背合约，导致养殖户的利益受损。由此可知，当地政府需要加强法律宣传，提高养殖户的法律意识。当遇到公司或合作经济组织违约情况，鼓励养殖户联合起来，动用法律武器，维护自身合法利益。与此同时，养殖户也需严格遵守法律规定，自觉履行订单，从根源上解决订单养殖违约率逐渐上升的问题，为我国肉鸡订单养殖发展创造良好的法律环境，保护养殖户和公司或合作经济组织的合法收益。

加强资金扶持，放宽养殖户的贷款条件。在肉鸡订单养殖发展初期，养殖户的肉鸡养殖规模较小，设施设备较落后。经过近几年的发展，肉鸡养殖户的收益逐渐稳定,主动选择扩大养殖规模、更新养殖设备。但肉鸡的生长速度快,养殖周期短,导致养殖户缺少充足的资金改善养殖设施和环境,因此政府需要加强对肉鸡养殖户的资金扶持,要求当地银行或其他金融机构放宽肉鸡养殖的贷款条件,调动畜牧、环保等部门的资金,在合情合法的条件下向肉鸡养殖倾斜,并出台有关肉鸡订单养殖的资金补贴,鼓励养殖户选择肉鸡订单养殖,扩大当地肉鸡养殖总体规模,促进订单养殖的发展。

稳定肉鸡价格,保障养殖户的合法收益。近几年,随着我国非洲猪瘟以及新冠肺炎疫情的出现,肉鸡产业市场行情波动频繁,再加上肉鸡养殖门槛较低,养殖户跟风加入和盲目扩大肉鸡养殖,导致部分养殖户面临亏损或破产。在肉鸡订单养殖模式中,公司或合作经济组织与养殖户签订肉鸡收购最低保护价,但因肉鸡市场价格波动较大,公司或合作经济组织为保障合同户的综合效益,可能出现亏损,导致部分公司或合作经济组织退出肉鸡订单养殖,选择进行市场交易。因此当地政府应该充分发挥"看得见的手",稳定肉鸡的市场价格,保障肉鸡养殖户的合法收益。第一,准确监控肉鸡市场的供需关系,避免出现肉鸡供不应求或供过于求的情况,稳定肉鸡供给数量。第二,当出现突发的市场风险时,政府应利用"看得见的手",及时调节市场价格,并出台肉鸡价格补贴政策,保障养殖户与公司的收入,稳定当地肉鸡养殖数量。第三,为参与肉鸡订单养殖的公司或合作经济组织提供优惠政策,鼓励其加入肉鸡订单养殖。

(二)企业层面

综合评价,挑选优秀养殖户。在肉鸡订单养殖过程中,公司主要负责为养殖户提供饲料、疫苗、药物、技术服务等帮助,待养殖户按规定日期提交成品鸡后,向养殖户支付相应的肉鸡销售款。但是当肉鸡市场行情较好时,公司可能会面临养殖户临时违约问题,不仅增加公司收购肉鸡成本,也影响公司对肉鸡产品的加工计划,因此肉鸡企业需要对养殖户设立一套科学的评价体系,从中筛选中优秀的合作伙伴,提高合作效率。首先,公司应针对肉鸡养殖过程中养殖户的行为建立评价体系,考核养殖户的综合能力,对某些不按公司要求、随意更改肉鸡投入比例的养殖户给予相应处罚,对按规定进行肉鸡养殖的养殖户给予奖励。其次,建立肉鸡养殖户信用评价体系,将养殖户的履约情况记录下来,对于某些违约次数较多的养殖户,公司将拒绝与其签订肉鸡订单。最后,当地的肉鸡企业也可以将养殖户的评价情况进行内部分享,共同抵制评价较差的养殖户,在一定程度上增加肉鸡养殖户的违约成本,为我国肉鸡订单养殖创造良好的发展环境。

完善合约，设计科学订单条款。现阶段，参与肉鸡订单养殖的养殖户普遍存在养殖规模较小、法律意识较低的问题，某些肉鸡企业为降低肉鸡收购成本，仅与养殖户进行口头交易或者在订单中隐含对养殖户不利的条约，导致养殖户对订单养殖失去信任。因此，肉鸡企业应加快完善合约内容，设计科学化的订单条款，并合情合理考虑养殖户的需求，切实保障养殖户的合法收益。一方面，公司与肉鸡养殖户并不是两个对立面，而是应该相互帮助，实现共赢。在肉鸡订单养殖模式中，养殖户发挥肉鸡养殖优势，公司发挥销售优势，二者相辅相成，共同提高肉鸡综合效益；另一方面，企业通过制定科学的肉鸡订单条款，寻找优秀的养殖户进行合作，不仅稳定肉鸡的交易来源和数量，也增加公司的宣传力度，吸引更多肉鸡养殖户参与到公司的肉鸡订单养殖。

（三）养殖户层面

提高综合素质，增加话语权。在影响养殖户参与订单养殖因素的分析中，参与订单养殖的养殖户年龄较大、文化程度较低，与肉鸡企业进行交流沟通时，缺少一定的话语权，导致养殖户无法在签订养殖订单合约中争取有利条件。所以养殖户需要提高自身的综合素质，增加话语权。首先，每一个肉鸡养殖户都是一个独立的个体，自身的思维、知识等各方面的能力有限，没有办法享受公司的平等待遇，因此养殖户必须不断地学习和进步，提高自身的综合素质，为自己赢得与公司平等交流的筹码。其次，在参与肉鸡订单养殖的过程中，可能会遇到公司违约问题，而养殖户因缺乏对违约赔偿的认识，被迫接受公司违约不赔偿的做法，不仅造成养殖户的利益受损，也助长公司违约行为。由此可见，养殖户需要提高自身的思维能力、认知水平以及专业知识，增加知识储备并提高话语权，依靠自己的力量维护合法利益，避免出现公司违约而养殖户不敢追回补偿的局面。最后，肉鸡订单养殖的发展不只需要一家企业或一位养殖户，而是需要所有肉鸡企业和养殖户的共同努力。提高养殖户的综合素质，为单一的养殖户提供发展成为合作社或经纪人的条件，在一定程度上也增加养殖户平等谈判的机会。

适度规模养殖，实现科学化饲养。目前，大多数养殖规模较小的肉鸡养殖户为降低市场风险，选择加入肉鸡订单养殖，依靠公司或合作经济组织的力量减少风险带来的损失。但公司或合作经济组织最终目的是营利，在挑选合作伙伴时，也会拒绝条件较差的养殖户。因此，肉鸡养殖户需要扩大养殖规模，实现智能化、科学化养殖，提高肉鸡出栏品质，吸引公司或合作经济组织主动进行合作。第一,因肉鸡养殖户分散,缺乏统一的组织,公司通常与单个养殖户签约,投入的人物财力较多且不利于管理,而公司为获得稳定的肉鸡来源,更倾向于选择养殖规模较大的肉鸡养殖户进行合作。第二,扩大肉鸡养殖规模,将多余的空间用于更换先进的设施设备,科学配比养殖饲料、疫苗、药物等投入,在一定程度上降低养殖成本,有利于实现科学化养殖。第三,通过扩大肉鸡养殖规模,不仅吸引优质的合作伙伴,也联合周围肉鸡养殖户共同合作,实现肉鸡养殖户的身份由单一养殖户向合作社或经纪人等合作经济组织负责人的转变,并带领周围养殖户提高肉鸡综合效益,实现共赢。

参考文献

[1] Jorgensen D. W., Griliches Z. The explanation of productivity change [J]. The Review of Economic Studies,1967 (34):249 - 283.

[2] Key Nigel, McBride William. Production Contracts and Productivity in the U. S. Hog Sector [J]. Oxford University Press,2003,85 (01).

[3] 辛翔飞,张怡,王济民. 规模化养殖对我国肉鸡生产效率的影响——基于随机前沿生产函数的实证分析 [J]. 技术经济,2013,32 (07):69 - 75.

[4] 叶璐,王济民. 农业全要素生产率国内外研究综述 [J]. 世界农业,2020 (02):50 -58.

2020 年中国肉鸡产业形势分析研讨会综述

辛翔飞[1]　原　婷[2]　吕新业[1]　李嘉文[1]　王济民[1,3]

（1. 中国农业科学院农业经济与发展研究所；
2. 中国农业科学院农业信息研究所；
3. 农业农村部食物与营养发展研究所）

2020 年 12 月 19 日，国家肉鸡产业经济技术体系产业经济岗位在北京召开了"2020 年中国肉鸡产业形势分析研讨会"。会议由国家肉鸡产业技术体系产业经济岗位科学家、中国农业科学办公室副主任、中国农业科学院战略规划办主任王济民研究员主持。国家肉鸡产业技术体系首席科学家、中国农业科学院畜牧所副所长文杰研究员，农业农村部畜牧兽医局二级巡视员辛国昌，农业农村部畜牧兽医局畜牧处处长王健，国家粮油信息中心副主任王晓辉高级经济师，农业农村部农业贸促中心农业贸易与发展政策研究所吕向东研究员，中国畜牧业协会禽业分会秘书长宫桂芬研究员，中国畜牧业协会禽业分会主管高海军，中国畜牧业协会禽业分会专员腰文颖，农业农村部肉鸡产业监测预警首席专家、中国农业科学院北京畜牧兽医研究所郑麦青副研究员，农业农村部生猪产业监测预警首席专家、中国农业科学院农业经济与发展研究所王祖力副研究员，中国白羽肉鸡联盟总裁李景辉，中国白羽肉鸡联盟执行秘书长黄建明，国家肉鸡产业技术体系部分岗位科学家、试验站站长、岗位和试验站团队成员、部分试验站依托企业负责人，以及相关肉鸡企业代表等近 60 人参加了此次研讨会。

会议举行了专题报告，并开展了研讨。辛国昌、王健、宫桂芬分别回顾总结了 2020 年中国畜牧业、肉鸡产业发展的总体情况。高海军做了"2020 年我国黄羽肉种鸡生产监测"报告,腰文颖做了"2020 年白羽肉种鸡生产监测分析"报告,郑麦青做了"2020 年肉鸡生产监测分析"报告,王祖力做了"非洲猪瘟背景下生猪产业发展形势与趋势"报告,吕向东做了"2020 年肉鸡贸易形势分析"报告,王晓辉做了"2020 饲料供需形势"报告,北京大风家禽育种公司副总经理高亚莉做了"白羽肉鸡产业形势、问题和对策"报告,广西金陵农牧集团有限公司总经理黄超做了"黄羽肉鸡产业形势、问题和对策"报告,青岛农业大学张怡副教授做了"2020 国际肉鸡产业发展形势"报告。专题报告之后,本次会议讨论分析了 2020 年中国肉鸡产业发展的形势及存在的问题,并就如何在后新冠肺炎疫情时期和生猪产能稳步提升背景下更好地促进肉鸡产业健康发展进行了广泛的探讨。

一、2020 年肉鸡产业发展国内宏观环境

(一)畜牧业生产基本形势

辛国昌在发言中总结了 2020 年中国畜牧业生产形势及新趋势。

1. 2020 年生猪生产形势:五个前所未有

第一个前所未有,这一轮生猪产能下滑的诱发因素之劣前所未有。以前猪周期多数都是由市场价格因素引起的波动,有时候再加上疫情因素,这次是三种因素交织。一是 2018 年的生猪养殖亏损,2018 年 3—7 月养殖业亏损,养殖场户自发调减产能。二是 2018 年 8 月非洲猪瘟疫情传入我国,非洲猪瘟和以前的病毒不一样,致死率高,没有疫苗,死亡严重,对养猪户造成的心理压力特别大。三是近些年因为猪肉供应总体充裕,一些地方开始忽视养猪业,不想搞养猪业,甩包袱。认为养猪业全是负担,除了没有财政税收以外,还要占地、贴钱,还要承担环保责任、防疫责任、质量安全责任,所以很多地方不想养猪了。2014 年末全国生猪存栏 4.8 亿头,到 2018 年末就变成了 4.28 亿头,存栏减少了 5 200 万头。所以说这一轮非洲猪瘟生猪产能下滑的诱发因素非常复杂,不仅仅只是非洲猪瘟疫情。很多人把生猪产能下滑全部归因到非洲猪瘟身上,这是不全面的。可以看到,2014 年以来肉类产量是一直在下滑的,而非洲猪瘟疫情是 2018 年才传入,因此产能下滑的不稳定因素早就存在了,所以说第一个前所未有就是产能下滑的诱发因素之劣前所未有。

第二个前所未有,中央重视程度之高前所未有。在这一轮生猪产能下滑以后,因为正好处于我们国家经济下行压力比较大、国际环境的变数比较多的时期,所以生猪生产对 CPI 的影响、对老百姓日常生计的影响,都受到广泛关

注。从 2019 年 5 月 16 日农业农村部召开全国促进生猪生产保障市场供应电视电话会议，到 2020 年胡春华副总理在会上讲生猪生产恢复的问题，大概有 16 次了，这个在以前是没有的。而且 2019 年 11 月中央政治局常委会，中央几大常委专门听取生猪生产的汇报，这个在之前的历史上更是没有过的。现在的生猪生产支持政策力度很大，除了从资金上、财政上的支持以外，最突出的政策变化就是明确总责，把养殖用地的问题明确了，把环保环评的问题也明确了。以前有一些地方借着环保的理由打压养猪业，这个问题解决掉了。可以说中央的重视程度是前所未有的。

第三个前所未有，生猪产能大波幅振动前所未有。中央之所以有如此之高的重视，是因为这一轮诱发因素很严重，生猪产能的波幅之大前所未有。2019 年 9 月产能降幅最严重的时候，生猪存栏同比下降 40％。以前历次猪周期最大降幅只是 16％。

第四个前所未有，产能恢复之快前所未有。在进入新世纪以后已发生了四个猪周期，现在是第五个猪周期。前四个猪周期平均时长是 48 个月，也就是四年，下降两年，上升两年。这次从 2019 年 9 月以后集中出台政策一年多的时间，到 2020 年 11 月全国生猪产能已经恢复到 2017 年末的 91％，产能恢复之快也是前所未有的。

第五个前所未有，整个养猪业产业素质的提升前所未有。这是本轮猪周期带来的积极的一面。2018 年末统计数据显示，生猪养殖的规模化率是 49.1％，到 2019 年末就提高了 4 个百分点，到了 53％，预计 2020 年可以达到 57％。以往猪周期平均每年上涨 1.5～2 个百分点，这次是每年以四个点的增速往上涨。这一轮很多新建猪厂的建设标准非常高。有的地方楼房养猪，建设标准比居民住宅楼的标准还要高，投资额也很大，层高 4 米，整个环境控制、设备设施都搞得非常高大上。所以这一轮猪周期也是促进了生猪产业脱胎换骨的转型升级。

2. 2020 年其他畜牧生产：家禽、奶业发展快，牛羊肉整体平稳

家禽产业。目前家禽产业，包括肉鸡产业、蛋鸡产业发展都非常快。2020 年受猪肉替代效应的影响，家禽产品增产幅度较大，但效益相对来说仍处于低迷的阶段。

奶业。目前产能正在积极调整，奶业变动较大，振兴成效显著，存栏和产量实现双增长，而且牛奶产量的增长速度快于奶牛存栏，生产水平提升，即单产提高。

肉牛肉羊产业。总体比较稳定，体现在价格平稳，消费量和增长速度平稳，牛羊肉生产发展整体稳步提升。

3. 2021 年畜牧业生产趋势

2021 年畜牧业的生产任务仍然很重。首先，要稳定生猪产业，避免出现生猪产能过剩的情况。其次，肉鸡产业和蛋鸡产业总体养殖效益比较低迷，产能平稳调整是一个较大的问题。最后，牛羊肉价格持续上涨，消费升级比较快，生产跟不上消费的增长速度，亟须着重加快牛羊肉生产发展。尤其是要积极推进畜牧业绿色发展，建立现代养殖体系、现代防疫体系、现代加工流通体系。

（二）生猪生产供需形势

王祖力在"非洲猪瘟背景下生猪产业发展形势与趋势"报告中分析了 2020 年生猪生产供需形势。

1. 总体形势

与非洲猪瘟疫情前的正常年份（2017 年）相比，2020 年生猪出栏和母猪出栏不到 70％，降幅 30％左右。农业农村部监测数据显示，从生猪出栏数量和能繁母猪存栏数量来看，2019 年三季度末产能只有 2017 年的 60％左右，降幅大约 40％。2019 年下半年整个市场猪肉短缺，猪肉进口创新高，2019 年猪肉进口 211 万吨，2020 年前 10 个月进口 362 万吨，预计 2020 年将达到 400 万吨，在 2019 年创新高的基础上又翻一番。与此同时，仔猪价格上涨 3.5 倍，活猪价格上涨 2.3 倍，猪肉价格上涨 1.8 倍。2020 年 5—7 月 CPI 上涨有 80％以上的比重都是猪价拉动的，对整个宏观经济的影响非常大。在生猪基础产能大幅下降的背景下，猪肉进口总体增长较快，但进口总量有限。猪肉消费量仍处于较低水平。

与 2019 年相比，2020 年生猪出栏下降 20％，但因为 2020 年生猪出栏活重增长比较明显，比 2019 年高很多，因此 2020 年总体的猪肉产量降幅 15％左右，综合考虑 2020 年总体的消费降幅 10％左右，猪价涨幅 40％～50％。

2. 产能恢复

从 2019 年的三季度末到 2020 年的三季度末，生猪存栏和能繁母猪的存栏恢复势头较好。截至 2020 年三季度末，生猪存栏和能繁母猪存栏恢复到 2017 年正常年份水平的 85％左右，2020 年已经把整体的缺口补上一半。根据农业农村部公开资料显示，2020 年 9 月基本完成全年的目标，恢复到正常年份的 80％。2019 年降幅最低的时候是大概 40％，现在收窄到 20％。整体恢复形势依然较好，2020 年生猪产能恢复的形势好于预期。

3. 屠宰情况

从全国餐饮收入和屠宰企业屠宰量分析消费的变动情况。2020 年前 11 个月全国餐饮收入的情况与猪肉消费的趋势基本一致。一季度受新冠肺炎疫情的影响，同比降幅 40％～50％。从二季度开始环比恢复较好，截止到最新的 11 月，累计同比下降幅度从 1—2 月 40％多，到 11 月收窄到 18％～19％。屠宰企业的屠宰量一季度末同比降幅很大，后期环比增长明显，9—11 月同比增幅明显扩大，反映出与 2019 年相比，2020 年生猪上市的商品数量增长较快。2020 年 11 月增幅将近 50％，但是前 11 个月累计下降接近 20％。

4. 贸易概况

2020 年猪肉进口总体增长非常快，但近几月出现下降势头，可能与新冠肺炎疫情以及冻肉检出新冠阳性有一定关系。2020 年前 10 个月进口总量同比增长翻一番多，后两个月可能会降一点。总体上 2020 年跟 2019 年相比，应该会翻一番，预计从 2019 年的 210 万吨增加到 2020 年的 400 万吨。出口量非常小，基本上可以忽略不计。

5. 价格波动

猪肉价格从 2020 年 11 月中下旬开始出现较为明显的涨幅。虽然每年猪肉价格都会受季节性需求影响，但 2020 年涨幅过于明显，具体受两个异常因素的影响：第一个是冻肉检出来新冠阳性，这一严峻形势导致整个进口冻肉很难流入市场。第二个是国产冻肉库存降幅较大，目前国内企业的冻肉库存基本清零，整体的库存水平非常低，这是近期猪价异常上涨的两个因素。根据卓创监测的数据显示，正常年份冻肉的库存水平在 25％左右，11 月底库存不到 10％，下降水平较大，大约下降 200 万吨。

6. 后市展望

首先行业整体的疫情防控能力都大幅度地提升，疫情后期的影响总体上趋弱。受高盈利水平影响，产能依然保持恢复势头。2020 年每头猪平均盈利是 2 000 元左右。2020 年受新冠肺炎疫情的影响，消费水平总体偏低。2020 年猪肉进口 400 万吨左右，2021 年由于价格下降以及冻肉检测出新冠阳性，进口量也会有所下降。近期受季节性需求拉动以及两个异常指标变动的影响，短期内猪价震荡趋稳，但在 2021 年 1 月之前猪价将维持高位。

二、2020 年肉鸡产业发展国际宏观环境

吕向东在"2020 年肉鸡贸易形势"报告中，在对我国肉鸡商品产品贸易

情况进行报告之前，首先报告了全球农产品供需形势、贸易形势。

（一）2020 年全球农产品的供需形势

根据世界粮农组织（FAO）12 月最新全球农产品供需形势预计，全球谷物市场将在 2020/2021 年度保持供应充足。随着 2020/2021 年度谷物贸易量的增长，在新冠肺炎疫情带来挑战和不确定性的背景下，全球谷物市场持续表现出韧性。国内新冠肺炎疫情发生后，虽然物流、饲料方面短期内受一定影响，但总体来看，农业受到的影响最小，种植业更没有受到影响。从整个世界来说，不仅是中国，实际上全球粮食仍在增产，包括饲料粮、口粮。预计 2020 年全球粮食丰收，谷物产量预计将达到创纪录的 27.42 亿吨，比 2019 年增加 1.3%。小麦产量预计为 7.62 亿吨，与 2019 年相当；大米产量创纪录地达到 5.08 亿吨，比 2019 年增加 1.5%。

从价格来看，近几年谷物生产、库存和消费都在稳步增长，2020 年上半年价格下降，但近两三个月价格创 6 年来新高。FAO 食品价格指数 2020 年 11 月平均为 105.0，环比上升 3.9%，同比上升 6.5%。11 月上涨不仅是 2012 年 7 月以来最大的环比涨幅，也使该指数达到 2014 年 12 月以来的最高水平。谷物价格指数 11 月平均为 114.4，环比上升 2.5%，同比上升达 19.9%。植物油价格指数 11 月平均为 121.9，环比飙升 14.5%，达 2014 年 3 月以来最高。食糖价格指数 11 月平均为 87.5，环比上升 3.3%，连续第二个月上涨。欧盟、泰国和俄罗斯收成前景欠佳，尼加拉瓜、洪都拉斯和危地马拉遭到飓风破坏。

肉类价格指数 11 月平均为 91.9，环比上升 0.9%，自 2020 年 1 月以来首次上涨，同比下降 13.7%。其中，牛肉价格在连续四个月下跌后上涨，主要是由于中国需求强劲和大洋洲供应紧张；猪肉价格略有回升，主要是由于中国采购步伐加快，同时巴西可供屠宰的生猪供应量较少，而德国和波兰因非洲猪瘟疫情暴发仍被禁止向亚洲市场出口；羊肉价格也有所上涨，主要由于中国进口需求强劲，且大洋洲供应量走低；禽肉报价下跌，反映出在国际进口需求低迷的情况下，主要生产国出货量有所增加。

（二）2020 年全球农产品贸易形势

从中国在全球农产品贸易的地位来讲，中国进出口总额仅次于美国，属于全球第二大农产品贸易国。进口方面，2011 年以来的近十年，中国主要农产品进口总额超过美国，成为全球第一大农产品进口国，但中美之间的差距很小。出口方面，中国出口额占美国的 50% 左右。

具体到各个品种来看：

一是谷物。出口方面，全球主要出口国是美国和欧洲国家、阿根廷、南美洲。进口方面，中国是谷物进口大国，谷物进口与国内饲料粮需求增长迅速有一定关联，近五年中国谷物进口大致维持在 2000 万～3000 万吨。

二是棉花。主要出口国家有美国、印度、巴西，主要进口国家是中国以及东南亚国家。

三是油籽。例如大豆、油菜籽，主要出口国是美国、巴西，集中在南北美洲国家，主要进口国是中国、德国、墨西哥。

四是食糖。主要进出口国家类似，中国对食糖的进口常规年份是 300 万吨左右，部分年份达到 500 万吨。

五是畜产品。包括猪肉、牛肉、禽肉、奶粉等。中国也是第一大畜产品进口国，其中奶粉进口量比较大。此外，因鲜奶关税低，近几年鲜奶进口增加明显，也达到了七八十万吨。

六是水产品。中国是水产品第一大出口国，也是主要的进口国，在水产品上主要呈现"大进大出"的特点，一个是海洋捕捞较多，另一个是国内淡水养殖较强。但近期水产品出口出现减少趋势，这与非洲猪瘟疫情导致猪肉价格上涨有一定关系。目前水产品的竞争力，向东南亚的越南和缅甸转移，未来五到十年中国在水产品国际竞争力方面的挑战较小。

七是蔬菜。中国蔬菜在所有农产品里最有竞争力，但数量上可能没有超过水产品。中国在蔬菜方面出口数量远远大于进口数量。荷兰、西班牙、墨西哥、美国也是主要蔬菜出口国，美国、欧洲、日本是主要蔬菜进口国。中国加入世贸组织时将蔬菜水果、水产品、畜产品定义为劳动密集型产品，有一定竞争力。2018 年后水果受消费升级的影响，进出口增加。

综上所述，世界农产品进出口存在一定规律：棉花主要进口国是发展中国家，与发达国家的专业转移有一定关系，早在 20 世纪四五十年代欧美国家纺织业发达，但目前低端产业转移到发展中国家，进口基本上是中国、东南亚国家；畜产品、水产品、蔬菜、水果方面，发展中国家受消费蛋白结构影响，进出口量较大，对畜牧业的发展也较为重视；油籽、水产品、棉花出口集中在资源型国家。中国在大宗产品的进口方面基本保持世界前五名的状态。

（三）2020 年中国农产品贸易形势

中国农产品贸易总体是进口增长、出口略降，贸易逆差在扩大。谷物进口激增，棉花、植物油与 2019 年进口基本持平。食糖进口增长，畜产品进口也大幅度增长，蔬菜出口下降，水果进出口增加，水产品进出口下降。对美农产品进口大增、出口持平。

2020 年 1—11 月，中国农产品出口 685 亿美元，同比下降 2.7%，在疫情影响下处于正常水平。进口增长最主要原因是从美国第一阶段协议执行后，进口美国产品增多。第二大因素就是肉类，国内猪肉缺少后，进口较多猪肉、牛肉、禽肉。近几年中国整个进出口逆差在 500 亿美元左右，2020 年逆差达到 850 亿美元，创造历史最高水平。

从 2020 年 1—10 月的数据来看，各品种贸易量如下：

谷物出口 235 万吨，下降 15.4%；进口 2658 万吨，增长 80%。小麦进口 669 万吨，增长 163%。玉米进口 782 万吨。目前来看，2020 年的玉米进口已经超过了配额，主要原因对美国的单独政策，2020 年美国采购量加进来就已经超过了 1 300 万吨。高粱进口 402 万吨，增长 449.2%。高粱的大幅进口，主要是由于 2020 年初取消美国高粱双反政策。大米进口 184 万吨，减少 3.7%。大麦产品进口 598 万吨，增长 13.4%。此外，干木薯进口 298 万吨，增长 19.9%。

食用油籽进口 8 804 万吨，增长 17%；其中，大豆进口 8 322 万吨；油菜籽进口 243 万吨，减少 1.8%；芝麻进口 90 万吨，增长 20.7%；食用植物油进口 928 万吨，增长 1.2%。其中，棕榈油进口 503 万吨，下降 16%；菜籽油进口 162 万吨，增长 25%；豆油进口 85 万吨，增长 21%。

食糖进口 365 万吨，增长 28.4%。蔬菜出口 120.5 亿美元，下降 3.1%，蔬菜下降与疫情有关系，并不是消费降低，而是与物流运输受阻、蔬菜易腐有关。水果进出口都在增长，出口 62.3 亿美元，增长 15.4%；进口 96 亿美元，增长 6.4%。水产品出口 151 亿美元，同比下降 10%；进口 127 亿美元，下降 15.1%。

畜产品进口 393 亿美元，增加了 37.1%；出口 44 亿美元，下降 17.5%；贸易逆差 349 亿美元，扩大 50%。肉类进口 803 万吨，增长 70.6%，预计全年接近 1 000 万吨。猪肉进口是 354 万吨；牛肉进口 174 万吨；禽肉进口 126 万吨，增长 100.9%，创历史新高。

三、2020 年肉鸡产业发展总体形势

王健、文杰在发言中概述了 2020 年肉鸡产业整体情况，并分析了存在的问题。宫桂芬就屠宰和品种分类存在的问题又做了进一步说明，并阐述了肉鸡养殖效益低的主要问题所在。

（一）2020 年肉鸡产业概况

2020 年肉鸡产业经济形势良好，但行业整体效益不是很好。

1. 整体形势

家禽产业坚决贯彻中央经济工作发展的总基调——稳中求进，在生猪、牛羊肉、奶业等畜产品产能波动明显的环境下，家禽行业，特别是肉鸡产业总体上稳中有进。肉鸡的供给能力、生产水平总体相对稳定，不存在产能波动剧烈，这主要是由市场供给冲击形成的新格局。

2. 综合素质

就综合素质来讲，肉鸡产业在整个畜牧行业里面应该说是走在前列的。近年来肉鸡产业在设施装备现代化、标准化规模养殖等方面都有所提升。肉鸡养殖规模化水平是整个畜牧行业最高的，目前是 82％～83％。一些大的肉鸡企业在数字化、信息化和智能化等方面也走在整个畜牧行业的前列。国家提出2035 年基本实现农业现代化，畜牧业要率先完成现代化，肉鸡产业肩负更大的责任。

3. 发展重点

十九届五中全会给出了"十四五"的发展的很多关键词，包括：以高质量发展为主体，农业农村优先发展，要保障粮米油糖肉的供给，提升质量效益和竞争力等。前段时间农业农村部韩长赋部长作为十九届五中全会宣讲团成员在学习贯彻党的十九届五中全会精神中央宣讲团报告会中谈到，"十四五"农业农村的工作主要抓三件事：第一个是脱贫攻坚和乡村振兴的有机衔接，第二个是农业现代化，第三个是农村现代化，其中农业现代化一是抓供给，二是抓质量。肉鸡产业跟其他畜种产业比较，产业基础相对较好，所以肉鸡产业要将发展重点放在抓质量、抓产业提升上，要在精细化、规范化和标准化这三方面上下工夫。重点要稳步提升供给水平和产品质量水平，稳步提升禽肉消费比重。2020 年国务院办公厅发布《关于促进畜牧业高质量发展的意见》，农业农村部编制"十四五"畜牧兽医行业发展规划等政策，2021 年《中华人民共和国畜牧法》修订稿将要发布，这些都会对肉鸡产业发展产生关键影响，会为推动肉鸡产业高质量起到重要指导作用。

（二）肉鸡产业发展需着力解决的问题

1. 种业创新

最主要的是白羽肉鸡育种攻关问题，培育白羽肉鸡的国家自主品牌，解决白羽肉鸡核心种源的"卡脖子"技术瓶颈。

2. 养殖精细化

肉鸡产业要在规模养殖的精细化方面下工夫,提升发展质量,将更多现代的设施装备和物联网、数字农业等理念引进来。

3. 黄羽鸡屠宰

肉鸡屠宰问题重点是黄羽肉鸡的屠宰。《生猪屠宰管理条例(修订草案)》正在等待通过审议,《中华人民共和国畜牧法》修订稿中初步考虑要加入屠宰环节的规范,但整个肉鸡行业的屠宰能否像生猪一样一刀切,还是值得商榷的。假如把全行业黄羽肉鸡按规模养殖、集中屠宰、冷链运输等要求养殖销售,这个产业能否适应现在的条件,老百姓在消费观念上能否接受集中屠宰再上市的消费过程,等等,这些问题仍需研判。

4. 活禽交易

活禽交易市场的概念本来就存在争议,里面除了卖活禽,还卖鱼和其他产品,不仅是一个活禽交易的市场,实际上它是个农贸市场。新冠肺炎疫情暴发后,管理部门要求关闭黄羽肉鸡市场,但目前没有证据表明新冠肺炎疫情与黄羽肉鸡有关,整个肉鸡行业对此表示不理解。今后活禽市场可能在一线城市基本保不住,二三线城市和县乡接合部需要因地制宜,南方地区或许受到的影响较大。黄羽肉鸡下一步发展将要面临着屠宰、冷链上市和冰鲜上市的问题,因此黄羽肉鸡的转型升级、提升消费终端产品的研发和宣传问题迫在眉睫,需要引起重视。针对关闭活禽市场的问题,南方地区的意见较大,并不适合一刀切,应结合我国国情,多样化发展。

5. 肉鸡品种分类

目前对黄羽肉鸡的定义和分类比较模糊。一些消费者将黄羽肉鸡统称为土鸡,错误地把白羽肉鸡统称为速生鸡。这些概念混淆容易误导消费,导致降低鸡肉消费在整个肉类消费中的占比。当前,在产品的标准化、细分化、规范化,以及减抗以后整个产业能否适应上,都面临着新的挑战。目前肉鸡品种又加入了817肉鸡,尤其在非洲猪瘟疫情暴发后,817肉鸡繁殖增长速度较快,在肉类占比中有所提升。一些地区习惯把817肉鸡充当黄羽肉鸡销售,在统计数据的过程中,也存在着两种肉鸡品种混淆的现象,亟须对黄羽肉鸡和817肉鸡的分类作进一步详细说明。此外,将蛋鸡认为是淘汰鸡,也存在一定的偏差。

6. 粪污资源化利用

肉鸡养殖的废弃物可以实现资源化再利用,充当有机肥等。且与生猪、奶牛等畜种相比，肉鸡粪便资源化利用推进情况较好，行业压力较小。但如何进一步提高肉鸡粪便的收益，包括在市场化运作方面走在整个畜牧业的最前列，还存在着困难。

7. 双重打击

受 2018 年 8 月以来的非洲猪瘟疫情影响，2019 年猪肉供给短缺，家禽业响应号召加快发展，为填补肉类供需缺口发挥了重要作用。2020 年新冠肺炎疫情暴发消费下降，2020 年末生猪产能恢复到接近正常年份水平，对家禽业造成双重打击，特别是对雏鸡、雏鸭的冲击严重。目前，整个家禽业产量增多但效益低迷。2021 年肉鸡行业还是要从控产能、提质量、提效率等方向引导企业的发展，注重引导社会正确区分人类流感和禽流感等问题。

四、2020 年中国肉种鸡生产监测

（一）白羽肉种鸡生产形势

腰文颖在"白羽肉种鸡生产监测分析"报告中分析了中国白羽祖代肉种鸡、父母代肉种鸡、商品代雏鸡生产状况。

1. 祖代种鸡

（1）祖代种鸡更新。从统计数据来看，2020 年前 11 个月白羽祖代更新92.15 万套，同比 2019 年的 103.71 万套有所下降（2019 年全年祖代更新122.35 万套）。但是，2020 年白羽肉鸡强制换羽的数量非常多，前 11 个月祖代的强制换羽累计 18.75 万套，明显高于 2019 年的 9.12 万套。

（2）祖代种鸡存栏。2020 年 1—11 月全国祖代白羽肉种鸡平均存栏163.47 万套，同比增加 18.85%，后备存栏 59.18 万套，同比增加 4.84%，在产存栏 105.32 万套，同比增加 30.43%。2020 年白羽肉鸡产能增速较快，行业面临产能过剩的隐忧，已经开始下调产能。2020 年 11 月，全国祖代白羽肉种鸡存栏 153.42 万套，同比减少 1.31%，后备存栏 47.96 万套，同比减少16.67%，已经低于 2019 年同期水平，在产存栏 105.46 万套，同比增加7.72%。与 2020 年前 11 个月数据相比，白羽肉鸡产能已经开始向下调整。

（3）祖代种鸡产能利用情况。2019 年祖代种鸡年产能 60.14 万套，2020年 1—11 月为 52.74 万套。从近 10 年的数据来看（图 1），相同祖代存栏的情况下实际供应的父母代雏鸡数量最大可相差 25%，说明产业具有韧性；同时也可以看到，总体趋势呈现增长状态，这体现了行业的技术进步和企业管理水平的提升。

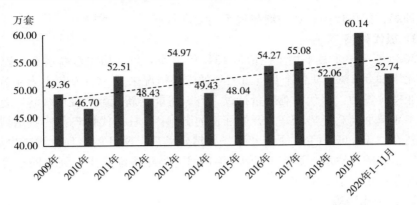

图 1　2009 年—2020 年 11 月祖代白羽肉种鸡产能利用情况

（4）父母代雏鸡产销。2020 年 1—11 月累计供应父母代雏鸡 5 498.60 万套，同比增加 27.93％。11 月，父母代雏鸡产销量 513.18 万套，价格 14.42 元/套（实际生产成本 18.34 元/套）。效益亏损主要是由产能过剩导致。2020 年父母代雏鸡产销量处于近五年来最高位，预计未来一段时间父母代产能仍将处于高位。

2. 父母代种鸡

（1）父母代总存栏。2020 年 1—11 月，全国父母代平均存栏 6 067.84 万套，同比增加 18.95％；其中，后备父母代种鸡平均存栏 2 559.86 万套，同比增加 30.42％；在产父母代种鸡存栏 3507.98 万套，同比增加 11.79％。2020 年 11 月，全国父母代种鸡存栏 6 320.83 万套，同比增加 16.08％；其中，后备父母代种鸡存栏 2 818.01 万套，同比增加 17.93％，在产父母代种鸡存栏 3 502.82 万套，同比增加 14.64％。由于商品代雏鸡连续多个月亏损，且亏损幅度扩大，促使种鸡场淘汰鸡意愿增加，在产父母代种鸡存栏 9—10 月环比下降，11 月平稳，但由于后备种鸡仍在增加，预计未来一段时间父母代种鸡存栏仍处于高位。

（2）商品代雏鸡供应情况。2020 年前 11 个月雏鸡供应 47.99 亿只，同比增加 11.19％。从在产的父母代存栏和商品代雏鸡销售量来看，产业雏鸡供应具有季节性，第一、四季度较少，第二、三季度较多。2020 年 1—11 月，全国商品代雏鸡供应 47.99 亿只，同比增加 11.19％；11 月全国商品代雏鸡供应 4.57 亿只。

（二）黄羽肉种鸡生产形势

高海军在"2020 年我国黄羽肉种鸡生产监测"报告中分析了中国黄羽祖

代肉种鸡、父母代肉种鸡、商品代毛鸡生产状况。

1. 祖代种鸡

2020 年 1—11 月平均出栏量是 154.46 万套，创造历史最高水平，较 2019 年同比增加 5.3%。从各个月度近三年的走势情况来看，2020 年上半年黄羽肉鸡行业持续发力，祖代种鸡数量持续上升。可能受新冠肺炎疫情缓解，企业预估下半年黄羽肉鸡形势较好并开始涨量的影响，5 月祖代种鸡存栏量达到了历史最高点，157.68 万套。下半年市场行情较差后，又开始出现持续减少势头。上半年整体的存栏水平远高于 2019 年，但下半年逐渐减少，到第四季度祖代种鸡的存栏量低于 2019 年。

2. 父母代种鸡

（1）父母代种鸡存栏。2020 年父母代种鸡存栏量也达到历史最高水平，比 2019 年增加约 5%，与祖代种鸡的增幅相差不大。从 2018 年到 2020 年上半年，连续两年半的时间父母代种鸡出现持续增加的趋势，2020 年下半年开始减少，尤其是近两个月的减幅相对较大，存栏水平也低于 2019 年同期。2020 年 1—11 月，全国在产父母代黄羽肉种鸡平均存栏量 4 315.51 万套，同比增 5.09%，为历史最高水平。

（2）父母代雏鸡供应情况。2020 年 1—11 月，监测企业父母代雏鸡供应量，同比减少 6.70%，近三个月减少趋势明显。外销量占比（销售量包括外销量和自用量）进一步减少至 29%（2019 年占比 31%、2018 年占比 35%）。

3. 商品代雏鸡销售情况

销售情况。2020 年 1—11 月，商品代雏鸡销售量 16.63 亿只，同比减少 9.30%，其中减幅较大的月份为 2 月、9 月、10 月和 11 月。

价格走势。2020 年雏鸡的价格波动较大，平均价格是 1.93 元/只，成本是 1.82 元/只，一只鸡可能盈利 0.1 元左右，总体效益较差。其中，只有 3 月和 4 月雏鸡的效益较好，其他月份基本上处于亏损或者勉强保本的水平。2019 年每只雏鸡可以盈利 1.61 元，2020 年雏鸡效益比 2019 年大幅减少。

4. 商品代毛鸡价格与收益

2020 年 1—11 月，毛鸡销售均价为 13.31 元/千克，同比下降 20.67%。毛鸡成本 13.92 元/千克，按毛鸡出栏体重 1.9 千克测算，每只毛鸡亏损 1.16 元。全年价格整体来看以低迷为主。

与雏鸡效益有所不同，中速型毛鸡效益比其他类型更差些，2020 年收益为 -2.11 元/只，总体来说，快速、中速和慢速各类型黄羽肉鸡养殖效益都为负（表 1），受新冠肺炎疫情影响产业面临全面低迷。

表 1　2020 年不同类型毛鸡效益

类型	价格（元/千克）	成本（元/千克）	效益（元/只）
快速型	9.73	10.22	−0.96
中速型	11.31	12.42	−2.11
慢速型	15.64	16.30	−1.22

五、2020 年中国商品代肉鸡生产监测

郑麦青在"2020 年肉鸡生产信息统计及趋势分析"的报告中从肉鸡生产形势、产能和养殖收益等全面分析了商品代肉鸡生产形势。

（一）肉鸡产量

2020 年 1—11 月，肉鸡年度累计出栏 85.5 亿只，同比增加 4.7%，其中主要贡献来源于白羽肉鸡同比上涨 10.6%，而黄羽肉鸡出栏量同比下降 1.1%。肉鸡年度累计肉产量 1 385.2 万吨，同比增加 7.7%，主要的贡献来源于白羽肉鸡，2020 年白羽肉鸡出栏体重比 2019 年的出栏体重增长 16.8%，黄羽肉鸡的出栏体重减少大约 6%。肉鸡产业在 2—4 月出现了大幅度的波动，之后逐渐走向稳定，恢复到正常的生产水平。预计全年可出栏肉鸡 93.5 亿只，同比增加 4.5%；鸡肉产量为 1 514.0 万吨，同比增加 7.8%。黄羽肉鸡出栏量减少 2.2%。黄羽肉鸡出栏体重下降幅度比较明显，因此肉产量减幅比出栏量减幅大。白羽肉鸡出栏体重增幅大于出栏量增幅，也就是白羽肉鸡出栏体重增加，整体产量上涨。

（二）肉鸡产能

白羽肉鸡产能。2020 年 10 月左右白羽肉鸡祖代存栏下降到年均线，从 10 月开始逐渐回归。而父母代存栏量从 2019 年 3 月左右开始高于年均线，8—9 月向年均线靠近，这个趋势在 10 月继续小幅增长，与年均线保持平行。从相应指标来讲，2020 年 11 月白羽肉鸡后备存栏环比增加，但按生产规律计算得出白羽肉鸡的后备存栏在未来一段时间是逐渐降低的，因此白羽肉鸡的产能调整已经在进行中。

黄羽肉鸡产能。黄羽肉鸡比白羽肉鸡下降的年均线的时间点更早一些。2019 年 12 月，祖代就已经出现了第一次下降的苗头，2020 年 5 月祖代扩充量

较快，但 6 月就回归到年均线附近，9 月继续下降。父母代在 2019 年 9—12 月达到峰值，之后开始逐渐处于向下回归均线的趋势。在 2020 年 5 月到达均线，之后一直在均线下运行，而且 11 月表现更为明显的下降趋势。

（三）市场价格及养殖收益

1. 白羽肉鸡市场价格及养殖收益

白羽肉鸡 2020 年 1—11 月全产业链累计平均收益每只不到 2 元（表 2）。剔除 2020 年 2 月的特殊情况，全年基本上是连续下降的，到 10 月最低，11 月有所回升。除了父母代鸡苗价格仍在下降，从 10 月中下旬开始，商品肉鸡和出栏毛鸡价格开始回升，这一拨行情的回升推动了整体产业链的变化。

表 2　2020 年 1—11 月白羽肉鸡养殖效益

月度	父母代雏鸡（元/套）	商品代雏鸡（元/只）	出栏毛鸡（元/千克）	鸡肉（元/千克）	全产业链月度收益（元/只出栏肉鸡）	全产业链年度累均收益（元/只出栏肉鸡）
2020 - 01	69.14	1.69	6.79	11.47	3.81	3.81
2020 - 02	43.39	1.53	5.21	11.09	-0.10	2.00
2020 - 03	38.37	5.38	8.44	11.22	6.83	4.03
2020 - 04	37.32	4.15	8.91	11.13	1.73	3.41
2020 - 05	25.53	1.67	7.57	10.20	-0.50	2.50
2020 - 06	18.77	2.18	7.83	10.02	2.62	2.53
2020 - 07	18.45	2.53	7.67	10.09	1.99	2.44
2020 - 08	16.81	2.17	7.52	9.91	1.00	2.22
2020 - 09	17.36	1.23	6.73	9.61	0.59	2.00
2020 - 10	15.1	0.97	6.08	9.21	0.48	1.83
2020 - 11	14.42	2.98	7.83	9.69	3.23	1.96

父母代在产存栏环比小幅上升，大概上升 24 万套，增加率 0.7%。而且近期养殖户补栏量增加，预计 12 月中旬肉鸡出栏量会有所增加，因此 12 月中旬白羽肉鸡的市场价格可能出现回调，但 12 月底到 2021 年 1 月初出栏量将再次减少，预计毛鸡价格会增加，将维持在 8 元/千克左右。目前鸡肉消费状态不佳，屠宰场开工积极性降低，鸡肉的价格难以上涨，屠宰场库存小幅攀升，但仍处于适中的水平，销售压力较小。纵观全年，周出栏量由年初的 1 亿只左右，到年底大约为 1.3 亿只，年底周出栏量比年初的周出栏增加 25%~30%，

但毛鸡价格与年初相对保持一致。从年初到年底全年角度看，白羽肉鸡生产量有所增加，价格变化幅度较小，因此可以判断白羽肉鸡的消费量是有所增加的。

2. 黄羽肉鸡市场价格及养殖收益

黄羽肉鸡全年累均收益 1.22 元/只。其中，1—3 月亏损，4—5 月有所回转，6—7 月亏损（表 3）。从养殖端来说，2020 年产业链有可能亏损。黄羽肉鸡收益 2020 年下降幅度比白羽肉鸡明显。黄羽肉鸡祖代养殖保持了一定收益，大约每月每套 28 元。监测数据显示，黄羽肉鸡父母代大约每套种鸡每月盈利 1.65 元，但从实际较为普遍的情况来看，2020 年父母代养殖应该是亏损的，只不过从目前监测到的数据显示其有一个少量的微利。商品鸡养殖有少量的微利，每只鸡养殖成本小于 1 元，但考虑到销售商环节，商品代养殖端口可能还是亏损。从三个养殖环节来看，可能只有祖代有一定收益，父母代和商品代养殖出现亏损。

表 3　2020 年 1—11 月黄羽肉鸡养殖效益

月度	父母代雏（元/套）	商品代雏（元/只）	出栏毛鸡（元/千克）	白条鸡价格（元/千克）	全产业链月度收益（元/只出栏肉鸡）	全产业链年度累均收益（元/只出栏肉鸡）
2020 - 01	11.07	1.97	11.77	24.37	−2.07	−2.07
2020 - 02	9.44	1.63	10.63	23.22	−2.13	−2.10
2020 - 03	10.06	3.66	13.92	22.79	2.91	−0.12
2020 - 04	10.85	2.57	14.71	22.40	3.36	0.78
2020 - 05	12.25	1.66	13.19	21.67	−2.47	0.10
2020 - 06	12.53	1.36	11.83	21.21	−2.00	−0.26
2020 - 07	11.75	1.85	13.16	21.35	0.88	−0.09
2020 - 08	11.33	1.84	14.06	21.87	2.67	0.27
2020 - 09	10.59	1.91	14.53	21.92	4.43	0.71
2020 - 10	10.07	1.71	14.38	21.72	3.69	1.01
2020 - 11	10.52	1.66	14.22	21.37	3.29	1.22

父母代存栏量保持加大减量趋势，11 月减少 100 万的在产存栏量，后备种鸡减少 130 万套，后备存栏比在产存栏减幅大。商品代的苗量仍不能完全销售，周产能仍处于下降的走势。销售的鸡苗量环比减少 11%，预计 2021 年 1—2 月出栏肉鸡将明显减少。从 7 月份商品鸡养殖环节的补栏量开始下降，

11月环比减少 2.6%，减幅继续加大。10—11 月黄羽肉鸡出栏量持续减少，但毛鸡市场价格并没有上升，反而持续下降。同时黄羽肉鸡出栏日龄延长，销售存在一定困难，终端消费仍处于低迷状态。11 月是肉鸡产业的淡季，价格已经处于低位，但估计 12 月价格下降的可能性仍然存在。商品鸡苗的价格仍然是低于成本线，父母代的养殖出现亏损，补栏量继续减少，比上个月减少 2.4%。预计在年底之前，黄羽肉鸡市场行情保持低位，2021 年 1 月市场肉鸡价格可能回升，但未来一到两年黄羽肉鸡的市场并不乐观。

六、2020 年基于企业视角的肉鸡产业发展形势

高亚莉关于"后疫情时期白羽肉鸡问题和思考"的专题报告，以及黄超关于"2020 年广西黄羽肉鸡的形势分析"的专题报告，分别从企业视角分析了 2020 年白羽和黄羽肉鸡产业发展形势、存在问题及未来趋势。

（一）基于企业视角的白羽肉鸡产业发展形势

大风家禽有限公司是白羽肉鸡联盟的企业之一。公司成立于 2002 年，从事祖代肉种鸡的生产经营。2002 年全国首家从美国引进罗斯 308 祖代肉种鸡，开创了罗斯 308 的中国市场。目前拥有罗斯 308、科宝两个品种。公司在北京、天津、河北、河南、内蒙古、吉林、山东七省市区拥有 10 个全资和控股分公司。祖代存栏 20 万套，父母代存栏 200 万套。祖代肉种鸡生产经营能力居全国前列。2016 年起公司获得"北京市高新技术企业"。

1. 2020 年肉鸡产业发展概述

2019 是创造高利润盈利的一年，创造了三个最高：第一是养殖环节获利创 30 年新高。父母代鸡苗的价格创造了有史以来的新高，最高的时候达到了 85 元一套，商品鸡苗最高也达到了 12 元。第二是祖代集中引种创 6 年新高。好的市场使得祖代鸡的引种也非常集中，全年引种 130 万套左右。下半年，第三四季度集中引种 70 万套，祖代企业从原来的 14 家增加到了 20 家。第三是鸡肉的可替代性创造了新高。根据协会的统计，由于非洲猪瘟的暴发影响了猪肉的供需，白羽肉鸡在猪肉的可替代性方面涨价了 10%。

2020 年新冠肺炎疫情当中白羽肉鸡企业有这样一些经历：

其一，两个行不通。一是最开始是鸡苗卖不出去。鸡苗卖不出去主要是因为饲料运输受阻。饲料运不进来，养殖户不敢养，即便鸡苗价格降至两三毛钱也不买，作为种鸡企业也没有办法。二是想淘汰种鸡也不行。因为没有地方收

购毛鸡。

其二，只有两个可行的途径。第一个就是就地换羽，因为我们的员工还在场，养殖场是封场的，从 2020 年 1 月 23 日武汉封城我们的养殖场就封场，然后我们就换羽。鸡苗卖不出去怎么办？我们一方面销毁，一方面自养。这是为什么白羽肉鸡父母代存栏一下就涨到 200 万套，其实一开始也没有计划那么多的量。在祖代鸡缺乏的情况下，把祖代鸡的鸡舍全部腾出来养了父母代，所以才有了 200 万套父母代的规模。

2020 年下半年我们遇到的就是消费受阻。

2. 2020 年肉鸡市场波动分析

2020 年如果没有新冠肺炎疫情，那肉鸡产业是不是还会有像 2019 年那么好的市场？肯定不是。只能说新冠肺炎疫情起了一个催化剂的作用，即便没有新冠肺炎疫情，2020 年肉鸡市场行情上涨趋势也还是要结束的。

结合猪周期，我们来看一下肉鸡市场的波动。猪周期和肉鸡价格波动是有连锁反应的。2018 年 8 月出现了猪瘟疫情，从 2019 年开始市场强行启动了猪周期。猪的周期我们认为应该是四年左右，因为猪是从曾祖代开始养，到商品代出来是四年时间。2020 年 8 月的时候看到鸡价已经跌下去了，但是猪还在涨价，因为猪周期的上升阶段没有结束。国内肉鸡产业以祖代肉种鸡为起始端居多，如此算来是 16 个月一个周期。2018 年 10 月新一轮肉鸡周期启动，肉鸡迎来最好一轮行情，所以到 2020 年 3 月的时候，鸡肉价格明显会降下来。2020 年整个市场因素就是量的问题，这是导致 2020 年下半年大多数养殖端的企业祖代和父母代亏损的原因。

3. 后疫情时期白羽肉鸡产业发展的问题及思考

尽管全球还有很多国家因新冠肺炎疫情处在水深火热当中，但中国的新冠肺炎疫情控制得非常好，可以说我们已经进入了后疫情时期。在后疫情时期，我们看到还有这样的一些问题：

一是后疫情时期市场价格变化。进入 2020 年 11 月以后，市场有两个明显的变化。其一，2020 年 11 月以来商品代鸡苗价格有所回升。2019 年底最后一个季度进的鸡已经到了后期并开始淘汰，父母代在顶不住第三季度鸡苗压力的情况下，提前淘汰的数量也非常多，所以从 2020 年 11 月开始，鸡苗价格有所回升。其二，2021 年 1 月后父母代鸡苗价将重回成本线以上。从祖代企业当前的合同来看，后面 2012 年 1 月的合同已经签到了 25 元/套，且大部分企业是接受的，如此一来父母代鸡苗又重新回到了成本线。预计 2021 年后疫情时期，受多种因素影响，全产业链市场价格窄幅震荡，不会大起大落。

二是引种受限后，祖代更新数量恢复到常态。2020 年受新西兰国际航班、美国、法国均不能正常引种这些外部条件影响，祖代引种受阻，且第四季度没有同往年一样出现集中引种的现象，全年祖代鸡的更新应该在 100 万套之内。

三是发展是硬道理。上游的祖代基本量已经定在这儿了，会不会影响我们行业？做白羽肉鸡应该有长线思维，不能够打一枪换一个地方，市场好的时候就涌进来，市场不好就跑，这样其实挣不到钱。另外，产业上下游的联动会越来越紧密，下游消费没有新的突破，上游引种不宜过多。如果说上游引种太多，下游的消费没有起来，整条产业链的亏损大家都跑不掉。此外，2019 年鸡肉消费的明显提升主要表现在团膳环节，在家庭环节的提升相对有限，家庭消费也是现在白羽肉鸡的一个弱项。我国猪肉年消费量大约在 5 000 多万吨，而白羽肉鸡鸡肉的消费量在 1 000 万吨左右，如果在家庭消费中发生替代，这将明显提升鸡肉的消费量。

四是打铁还需自身硬。终端消费方面还需要做一些宣传。终端消费其实还有大量的文章要做，锁定消费人群、重视网红鸡肉、做抖音直播、评选健康食谱等等，方方面面我们都应该有所突破。可以借鉴日本，日本鸡肉消费的第二次增长就源于沙拉鸡，这对我们是一个很好的启示。集团消费、快餐食用、家庭消费和食品加工占鸡肉消费量的比重分别约为 34%、29%、20% 和 15%，白羽肉鸡还有 20% 的家庭市场有待于进一步突破。

五是将白羽肉鸡纳入战略储备意义重大。建议能够把白羽肉鸡纳入国家的战略储备当中。一方面鸡肉是白肉，营养健康；另一方面，白羽肉鸡的料肉比是 1.6：1，从节粮的角度，这对国家粮食安全的意义也非常大。

六是进口冷链外包装多次检出新冠阳性，国内食品安全尤其重要。最近冷链的外包装检出新冠阳性的问题频出，我们左右不了国外的产品，但是我们应当把自己的产品做好，我们自己不能出问题。

七是市场上无法辨别进口与国产。至少现在很难辨别，产品上也没有打上标签标明是进口的鸡肉还是国产的鸡肉。最近冷链出的问题越来越多，希望不要因为进口冷链包装问题，给国内冷链造成不必要的影响。

八是邻国日韩和欧洲禽流感疫情频发，被扑杀数量较大。媒体一直在报道，国外禽流感的疫情还是非常严重，这对我们也是很重要的警示。作为国内企业，要保障种鸡群健康，要加强冬春季节禽流感的防控。

九是饲料和人工成本增长过快。祖代鸡的养殖成本分三块，鸡苗成本、饲料成本和人工成本各占三分之一。饲料涨价，而且预测 2021 年还是涨价的趋势。人工成本增加也非常明显，我们公司是解决了很多人的就业问题的，公司除了技术人员之外，其余几百人大部分都是一线工人，虽然他们技能比较单一，但是用工成本增加的非常快。现在这个行业在食品加工环节年轻人比较多，但是在养殖环节年轻人都不愿意干，中年人以上比较多，夫妻也比较多。这期间很多行业都可以辞退员工，但是我们公司没有，因为我们再招工的时候也挺难的。所以，人工的成本很难降下来，甚至增加了许多。

十是肉鸡种源双驱动发展。2020年8月，国家发改委和商务部在《鼓励外商投资产业目录（2020年版）》中鼓励外资参与种畜禽生产。白羽肉鸡的种源应该是双驱动发展的。让国外的种源本地化，一方面是可以减少外汇的支出，另一方面我们也可以把优质资源利用起来。我们还应该持续地支持国内自主育种，在品质上可以互相促进，在价格上也更有利于行业的健康发展。

（二）基于企业视角的黄羽肉鸡产业发展形势

广西金陵农牧集团是国家肉鸡产业技术体系南宁试验站，始建于1997年8月，现已发展成为一家集金陵鸡、雄桂猪系列科学育种、养殖、饲料、有机肥、研发、销售于一体，是农业产业化国家重点龙头企业、广西高新技术企业。拥有总资产19.56亿元，标准化产业基地500多公顷，30多家子（分）公司。存栏种猪8万多头，年出栏商品猪100万多头（母猪存栏广西前三）；存栏种鸡180多万套，年产鸡苗2亿多只（全国前五、广西第一），出栏肉鸡2 000多万只；年产饲料50多万吨，年产有机肥料10多万吨。2020年产业带动2 500多农户（其中：养鸡户2 000多户，年户平均增收3万~5万元；养猪户500多户，年户均增收20万~30万元），2020年实现销售收入21.26亿元、利税6.69亿元。公司是国家肉鸡核心育种场（全国18家之一）、国家良种扩繁推广基地（全国18家之一）、国家西南地方鸡活体基因库、国家审定通过肉鸡配套系品种五个、国家肉鸡养殖标准化示范场、国家生猪养殖标准化示范场、国家供港澳生猪生产基地，获得广西壮族自治区原种猪场等认证。企业综合实力进入广西先进行列，企业育种工作进入全国先进行列。

广西金陵农牧集团的肉鸡养殖规模不是特别大，但是我们的肉鸡跟当地比较大的黄鸡企业一起经营的，所以我们的数据基本代表了广西肉鸡整体形势。

1. 广西黄羽肉鸡价格和成本

2020年1—11月，公司总计出栏1 055万只，2019年是1 190万只，2019年1—11月是1 077万只，两年相差不大。但是2019年数量上是属于前低后高，2020年就反过来了。在2019年的高峰后面紧接着是2020年的高峰了。

2010 年第一季度也是一个高峰，到后面因为新冠肺炎疫情，数量就降下来了，这个走势与 2019 年是相反的。

各品种出栏情况。黄羽肉鸡品种比较多，按照出栏日龄划分为快速、中速、慢速三个品种。第一季度出栏最多，是因为在 2019 年第三、第四季度行情比较好的时候，投苗比较积极。但是这一拨投苗也导致了 2020 年的亏损比较严重。2020 年 2 月因为新冠肺炎疫情的原因，交通封锁，无法投苗，导致后面 4—6 月的出栏量开始锐减，之后因为新冠肺炎疫情的原因数量就一直没有再增加上去。

各类别出栏体重。跟往年相比，快速型黄羽肉鸡差异不是很大，但是中速、慢速差异比较明显。主要是中速型、慢速型这两个品种的体重在增加。数据显示，快速型 2020 年基本上跟 2018 年和 2019 年持平，都是 2.1 千克；中速型一直在增加，2018 年是 1.8 千克，2019 年是 1.9 千克，2020 年在 2 千克左右；慢速鸡也一直在增加，从 2018 年的 1.6 千克增到 2019 年的 1.7 千克，到 2020 年基本是在 1.8 千克左右。

各类别养殖成本走势。2020 年快速型、中速型和慢速型黄羽肉鸡成本都是上涨的，特别是中速型和慢速型。主要有三个原因：一是新冠肺炎疫情造成了压栏。在第一季度，特别是在 2 月和 3 月很多鸡卖不掉，一直压在栏里面，消耗的成本也比较高。二是饲料禁抗。2020 年 7 月 1 号后，国家要求饲料里面零抗生素，这方面对黄鸡的生长周期是有影响的。三是饲料价格上涨。现在饲料原料价格上涨比较快，也在很大程度上推高养殖了成本。

各类别盈利情况。其一，快速型全年平均亏损 2.5 元/只，是 2020 年亏损比较少的品种，跟往年相比有点不一样。因为往年如果出现亏损的话，通常是快速鸡亏损比较多，慢速鸡比较少，但 2020 年是相反的。主要是因为 4 月和 9 月价格上涨快。4 月是量比较少的快速鸡，因为 2 月基本投不下苗，在 2 月底少量投了一些苗，所以 4 月出栏数量很少，价格涨得很快，4 月的快速型出现了一个盈利。此外，9 月每只大概有 8.2 元的盈利，其他月份都是亏损的。其二，中速型基本上是全年亏损，只有在 11 月每只有 0.09 元的微小盈利，其他月份都是在亏损的，每只亏损了 4.4 元，跟刚才快速鸡相比大约多亏 2 元。其三，慢速鸡全年都在亏损，没有一个月盈利，甚至也没有一个月接近成本线。因为南方市场全年来说增量最多的就是慢速型，也就是当地所说的土鸡类型。这类鸡甚至用商品代都可以做种鸡，上量非常快。目前慢速型因为数量比较多，所以价格一直上不去，都是在成本线以下。通常来讲，快速型跟慢速型应该有 1.6 元的价差。2020 年全年平均下来每只亏 6.13 元。

2. 黄羽肉鸡生产特点

一是黄羽肉鸡全年亏损比较严重。一方面 2019 年黄羽肉鸡养殖企业都赚了钱，所以全年都在不断上量。特别是 2020 年第三季度暴利的市场行情更加刺激了行业投苗的积极性。投苗的时候，只要是活着的鸡苗都可以去养，都不考虑是什么品种。另一方面鸡苗企业也是在不断上量，采取了强制换羽、推迟淘汰、扩建新场等措施。2019 年的产能都在 2020 年释放出来了，所以现在种鸡的存栏量至少比上一年增加 20％以上。2019 年第四季度的投放量全部是在 2020 年一季度上市，严重地超出了市场的需求量。2020 年 1 月价格已经开始下跌，真正算来应该是在 2019 年 12 月后期就开始下降，但是真正表现出来是在 2020 年 1 月下跌比较厉害。再加上 1 月和 2 月因为新冠肺炎疫情的原因封路，更加造成价格断崖式下跌，很多地方的鸡卖不出去，只能到周边的村庄去卖，但价格也上不去，一直亏损，直到 10 月和 11 月才有一些品种在成本线附近，亏的少一点，但是也没有盈利。

二是新冠肺炎疫情对黄羽肉鸡产业影响巨大。2020 年 1 月底武汉新冠肺炎疫情开始，各省封路，运输中断，饲料到不了养殖场，毛鸡也卖不出去，可谓进退两难。很多公司开始利用各种办法卖出栏毛鸡，能在周边卖的就尽量卖，靠养殖户发动自己村或者一些亲戚，价格高低就不太考虑了。新冠肺炎疫情开始之初 2—3 月农贸市场都封停关闭，由于市场禁活，黄羽肉鸡销售的途径被掐断。南方的黄羽肉鸡基本上是卖活鸡，不像北方白羽肉鸡主要是屠宰鸡。市场被封停，活鸡销售就非常困难，直到 4 月市场开放了才慢慢恢复一些。由于市场禁活，黄羽肉鸡销售困难，大家也只能待在家里面不敢出门。这对销售模式也产生了一定的影响。当时就有很多人转为屠宰配送，黄铎小型屠宰或者说个体屠宰如雨后春笋般地冒出来，屠宰出来之后配送到各个小区去。由于疫情原因，经济不景气，很多企业倒闭、人员失业，消费水平在大幅度下降。请客吃饭、接待、社交、宴席都没有，所以市场的消费能力整体都在大幅度下降。

三是非洲猪瘟的后续影响。2019 年猪肉非常短缺，鸡肉替代猪肉也起到了一个很大的作用。但是黄羽肉鸡替代量是比较有限的，更多的是白羽肉鸡和 817 肉杂鸡替代了猪肉。2020 年猪肉虽然也是短缺，猪价也一直在持续高位运行，但是一直没有办法拉动鸡价上升，鸡价跟猪价没有一致性，有时候可能还是反向相关性。养猪行业的复产速度也是远超我们的预测，目前猪肉的产量恢复到 2018 年底的九成左右，所以说鸡肉替代猪肉的份额会越来越少，2021 年猪肉产量恢复上来，鸡肉替代猪肉就更少了。

四是黄羽肉鸡产量过剩。黄羽肉鸡出栏量在 2018 年大概是 38 亿只，2019 年上升至 48 亿只左右，一年大概增长了 26%。预计 2020 年也是在 48 亿～50 亿只，跟白羽肉鸡基本持平。2013 年召开黄羽肉鸡的会议前有观点认为，2013 年黄羽肉鸡出栏量 38 亿只是最顶峰的量，不会超过这个量了，但是几年后的 2019 年突破了这个量，黄羽肉鸡的量赶上了白羽肉鸡的量。以目前的产量来说，黄羽肉鸡的产量是属于过剩的局面，再加上当前的消费能力，没有能力完全消化这些产量，需要减产。现在大家都意识到了这个问题，各企业也在进行不同程度的减产。此外，饲料价格上涨，养殖成本不断增加，这也直接促使一些企业减产。还有一些散户不敢养了，甚至退出行业。真正使产能回归到正常平衡的产能，可能还需要一段时间。

五是龙头企业快速发展。以温氏、立华为代表，2020 年产量快速增长，特别是上半年；下半年进行了一个控产，量有所减少；但是全年总体来讲，温氏 2020 年比 2019 年还增产了 12%。2019 年温氏大约是 9.5 亿只，2020 年预计上市量大概在 10.4 亿只。立华也是 2020 年比 2019 年增产了大约 11%，2020 年预估上市量是 3.2 亿只。还有其他龙头企业上半年也在持续加量，年中的时候才踩了刹车，据统计 2020 年 10 月的量还跟上年同期持平。上半年肯定是超过了上年的量，从年中踩了刹车之后，一直到 10 月的量还是跟上年持平，所以黄羽肉鸡的量增长得很厉害，11 月和 12 月会比上一年减少。还有新加入养鸡行业的上市公司，新希望、海大、正邦，也是 2018 年、2019 年因为饲料的变动、养猪的变化，再加上鸡价的变动，也加入到了养鸡行业，这对整个黄羽肉鸡来说市场变化还是挺大的。

总体来看，鸡价进入相对稳定的阶段，或者说回归到养鸡行业的本质，低成本、低利润、低规模，如何控制成本是企业发展的关键，也需要慢慢地回归到稳定期才行。

3. 黄羽肉鸡发展趋势判断

一是国家对食品安全、生物安全管控升级。新冠肺炎疫情的发生对人类来说是一个灾难。为了控制疫情，国家也付出了惨痛的代价，同时对食品安全的管控也更严格了。全国上下对农贸市场也进行了严格的管控，特别是活禽交易。目前已经有多个省市逐步禁止活禽交易，这一数量还在不断上升。对于黄羽肉鸡来讲，肯定会造成不小的冲击。

二是黄羽肉鸡生产面临转型。国家在禁活的大趋势下，黄羽肉鸡企业也在尝试转型。首先是饲养模式。以前基本上是完全放养，散户自己养，公司加盟的形式，都是以放养为主，但现在也开始尝试封闭式防控栏的笼养或者是平养，这样饲养出来的肉鸡产品的品质和质量会有更好的保障。其次黄羽肉鸡企业也开始布局屠宰加工。在南方，特别是两广地区，很多养殖企业现在都想找政府拿地，为后面黄羽肉鸡屠宰上市做准备。这几年冰鲜鸡已经成为黄羽肉鸡最热门的话题了，大家都知道国家要去推行。所以企业自身也都开始在潜移默化地改变理念和后期经营的方法，去迎合这一趋势。

三是减抗、禁抗、无抗饲养对黄羽肉鸡是一大挑战。食品安全一直是国家在抓的事情，前几年开始减抗，人用的抗生素不允许在兽用上出现，减少了抗生素的使用。2017 年开始，对食品里面的药残进行不断的抽查，更严格地规范上市产品的用药期和休药期，加强用药的管控。2020 年 7 月 1 号开始，禁止在饲料里面添加抗生素，对养殖企业来说是一个更大的挑战，也对养殖户提出更高的要求。养殖企业要通过提升自身的管理环境、硬件等各方面的条件来应对这个挑战。

四是饲料成本显著上涨。在贸易战与新冠肺炎疫情的影响下，原料价格在不断地上升。潜在的风险与不确定性也使未来发展存在较大的隐患。截止到 2020 年 11 月，玉米价格比上年同期上涨了 720 元/吨，大豆价格比上年同期上涨了 5 400 元/吨，涨幅 50%。2020 年玉米累计涨幅 33%，豆粕涨幅累计 16%，饲料价格上涨很厉害。饲料企业今天又开始涨价了，现在已是第十次价格调整了，饲料价格涨幅达 30% 以上。饲料价格上涨直接推高了养殖成本，导致养殖效益下降，打击了养殖户对后市的信心。

五是禽流感风险增加。2020 年国内报道总共有 7 起禽流感，其中有 5 起是野生天鹅，基本上为 H5 亚型，也说明野生天鹅也成为 H5 高致病性禽流感携带的媒介，野鸟的迁徙让禽流感的防控难度增大，也更难把控了。2020 年 11 月、12 月，日本、韩国等邻国多次暴发 H5 亚型禽流感。日本到目前为止总共感染了 10 个县，范围很大。韩国的数据到 11 月，总共屠杀了 478 万家禽。国内禽流感病毒也出现了变异，虽然主流的疫苗厂家已经更换了疫苗毒株，但是也不能完全保护家禽的健康，特别是还没有打更换毒株的家禽。

六是种源疾病净化需要不断改进提升。"两白"净化是近几年黄羽肉鸡常谈的事情。白羽肉鸡在"两白"净化来说走在前面，黄羽肉鸡起步比较晚，黄羽肉鸡在后端养殖发病可能比较难控制一些。所以"两白"净化必须要把净化做好，才能为黄羽肉鸡的养殖端提供更好的保障。黄羽肉鸡企业也在不断开展净化，而且净化措施在不断提升，但相对白羽肉鸡来说目前还做得远远不够，在疾病净化上还需要不断改进。

七、2020 年国际肉鸡产业发展形势

张怡在"2020 年国际肉鸡产业发展形势"报告中对国内外肉鸡生产和贸易形势做了分析，吕向东在"2020 年肉鸡贸易形势"报告中对我国肉鸡产品贸易情况做了分析。

（一）全球肉鸡生产情况

1. 全球肉鸡产量

2020 年全球肉鸡产量继续呈现增长态势，突破了 1 亿吨，达到 10 082.7 万吨，增长率为 1.52％。与 2019 年 4.19％的增长率相比，2020 年增速下滑，主要原因是新冠肺炎疫情下饲料供给不足，销售渠道受阻等因素。根据 USDA 估计，2021 年全球肉鸡产量可能达到 10 292.6 万吨，增长率达 2.08％。

2. 主产国肉鸡产量

从主要的生产国家（地区）来看，世界四大肉鸡主产国（地区）保持不变，仍然是美国、中国、巴西、欧盟。中国、美国、巴西产量比上年有所增长，欧盟产量有下降。2020 年欧盟肉鸡产量是 1 236 万吨，美国是 2 026 万吨，中国是 1 485 万吨，巴西是 1 388 万吨。在新兴市场经济体国家中，印度产量下降到 400 万吨，俄罗斯产量上升到 471.5 万吨，此外，墨西哥产量略有所上升，泰国产量略有下降。2020 年世界四大主产国（地区）的肉鸡产量达到 6 135.3 万吨，占全球肉鸡产量的比重为 60.85％，比 2019 年略有上升，主要是中国肉鸡产量增长相对较快。2021 年四大主产国和地区的肉鸡产量将继续上升，同时伴随着新兴市场国家肉鸡产能的恢复，四大主产国（地区）的肉鸡产量占比可能会略有下降。中国肉鸡生产增长率达到 8％，是增长率最高的国家，美国和巴西增长率小于 2％，欧盟出现 1.59％的负增长。新兴市场经济体国家里面，土耳其和墨西哥的增长率大约接近 3％的水平，泰国下降 1.52％，印度下降比率最大，达到 8.05％。

（二）全球肉鸡贸易情况

1. 全球肉鸡贸易量

2020 年世界肉鸡出口量为 1 195.1 万吨，增长 1％；进口量为 979.8 万吨，增长 0.44％。与 2019 年出口增长率 6.15％和进口增长率 6.49％相比，增速均有所下降，主要原因在于新冠肺炎疫情的影响。2021 年世界肉鸡贸易

量将继续保持缓慢上升的趋势，预计出口量可能达到 1 218.5 万吨，增长率 1.96%。进口量达到 996.3 万吨，增长率 1.86%。

2. 主要贸易国肉鸡进口数量

2020 年全球肉鸡出口量前四名的国家（地区）依然是巴西、美国、欧盟、泰国，与 2019 年一致。中国从 2019 年的第五名下降到 2020 年的第七名，进口量从 2019 年的 44.5 万吨，减少到 2020 年的 37.5 万吨。全球肉鸡出口的平均增长率是 1%，新兴市场经济体肉鸡出口增长率相对较高，其中俄罗斯达到 25%，白俄罗斯达到 19.19%，土耳其和智利都达到 10% 以上的增长水平。美国和巴西的出口略有增长，欧盟和中国的出口下降幅度较大，尤其是中国肉鸡出口量下降 12.38%。

进口方面，2020 年肉鸡进口量第一的国家仍然是日本，与 2019 年进口量相当。中国由 2019 年全球肉鸡进口第四名上升到第二名，肉鸡进口量从 2019 年的 62.5 万吨上升到 2020 年的 98.5 万吨。从进口增长率看，世界肉鸡进口平均的增长率是 0.44%。呈现正增长的有中国、美国和中国香港地区，其中中国增长率比较高，达到 69.83%，美国是 9.84%，中国香港地区是 4.1%，很多国家（地区）出现负增长，进口量排名第一的日本进口增长率稍有下降，下降幅度最大的是南非，达到 19.59%。

3. 中国肉鸡贸易情况

2020 年受生猪产能尚未完全恢复和新冠肺炎疫情对肉鸡生产的影响，中国肉鸡进口增加，出口下降。

根据 USDA 数据统计口径，2020 年中国肉鸡进口量达 98.5 万吨，比 2019 年增长了 40.5 万吨，增长率为 69.83%；出口量由 2019 年的 42.8 万吨下降至 37.5 万吨，增长率为 −12.38%。USDA 估计，2021 年中国肉鸡进口量将下降为 92.5 万吨，出口量增加到 41 万吨。

根据中国海关数据统计口径，2020 年 1—10 月，我国肉鸡产品进口 124.3 万吨、28.9 亿美元，同比增长 101.5% 和 85%；出口 31.4 万吨、11 亿美元，同比下降 10.8% 和 13.7%；贸易逆差 18 亿美元。鸡肉贸易多年顺差，2019 年 4.7 亿美元逆差，2020 年将达 20 亿美元逆差。进口结构方面，鸡翅主要是从巴西进口，其进口量为 19.74 万吨，进口额 6.98 亿美元；鸡爪主要从美国进口，进口量为 14.91 万吨，进口额 3.86 亿美元。出口结构方面，出口产品主要是加工产品，集中在日本和中国香港，其中加工肉鸡的日本出口额为 5.65 亿美元，冷鲜整鸡出口到中国香港 4.69 万吨和中国澳门 0.67 万吨。

（三）国际肉鸡产业发展新形势新问题

1. 新冠肺炎疫情冲击肉鸡产业

肉鸡产业比较集中，生产周期短，因此成为受新冠肺炎疫情冲击最大的畜牧产业之一，产业链的各个环节都受到严重的影响。从全球来看，各国都减少活鸡的进出口量，对冷冻鸡的检查也更为严格。国内新冠肺炎疫情暴发后采取封城封路、延迟复工、关闭活禽市场等防控措施，对肉鸡生产、养殖、屠宰加工以及产业经营者心态产生严重影响，但生产上的影响相对来讲是短期的，国内新冠肺炎疫情得到了较好控制之后，肉鸡生产较快恢复到正常秩序。在消费需求上，酒店餐饮业受到较大损失，肉鸡作为餐饮需求的重要组成部分，也受到较大影响，消费端受到影响持续时间较长。

2. 全球禽流感盛行敲响防疫警钟

2020 年在全球多个国家暴发了多起禽流感，整个肉鸡行业也受到较大损失。比较严重的是日本，近两个月日本 47 个县有超过 20％的县都受到影响，300 万只家禽被捕杀。

3. 新城疫疫苗研究取得进展

中国工程院院士、扬州大修刘秀梵教授主持完成了一个项目，"基因Ⅶ型新城疫新型疫苗的创制与应用"。在这个项目研究过程中，发明了国际上第一个注册的基因七型新城疫灭活疫苗，解决了免疫鸡群非典型新城疫和鹅新城疫防控的重大问题。这个研究是我国首个拥有自主知识产权的新城疫疫苗株，打破了新城疫疫苗株完全由国外引进的局面。

4. 植物基蛋白替代传统肉类

国际上许多研究机构对全球肉类的市场消费都做过预测。美国科尔尼管理咨询公司对全球的肉类销售额市场做了预测，未来 20 几年整个肉类消费是稳步上升的，但从消费的比例上来看，植物基蛋白对传统肉会有较大替代，预计传统肉从 2025 占比 90％下降到 2040 年 40％。美国植物性食品协会和好食品研究所公布数据显示，2019 年植物基替代食品零售额达 50 亿美元，比上年增长 11.4％。瑞士投资公司瑞银（UBS）预计植物基蛋白和肉类替代品零售额将从 2018 年的 46 亿美元增长至 2030 年的 850 亿美元。英国、美国等国家的植物基蛋白的销售量在不断增加，中国作为全球最大的动物性肉制品市场，未来也将可能成为最大的植物基肉类市场。

5. "无抗"推进加快

2020 年 1 月欧洲药品管理局对兽用抗生素的风险进行类别的科学划分，

分成了 ABCD 四类。A 类是避免使用，B 类是限制使用，C 类是小心使用，D 类是谨慎使用。兽用抗生素风险等级划分，有助于人们重新认识兽用抗生素风险的高低，将人们的注意力集中在风险更低的抗生素上，推进兽用抗生素更加规范化的使用。

八、2020 年饲料供需形势

王晓辉在"2020 饲料供需形势"报告中谈到，饲料的问题主要是饲料粮的问题，主要从能量和蛋白这两个大宗的饲料原料分析判断 2020 饲料供需形势。

从 2020 年总体情况来看，玉米供应偏紧，豆粕供应比较宽松，市场特征主要表现为价格的上涨。价格上涨，是在新冠肺炎疫情下出现的一次价格的全面上涨，而且此次价格上涨还不仅仅是中国饲料价格的上涨，而是全球范围内在过去一段时间都出现了饲料价格上涨。

（一）农产品价格和供需分析——基于三个层面

分析农产品问题，可从三个层面来看：一是从宏观经济面，二是从资金金融面，三是从品种本身的基本面。"三面"共同作用的情况下，市场上一定会发生剧烈的波动。

宏观经济看工业的血液，一个是铜，一个是原油。伦敦铜的价格在新冠肺炎疫情的时候是 4 371 美元/吨，现在的价格（12 月 18 日晚上）已经突破 8 000 美元，超过了 2019 年的水平。原油在 2020 年经历了历史上第一次原油价格为负，3 月美国 WTI 显示得克萨斯州最低下降到 −6.7 美元，这在历史上从来没有过，是第一次；现在原油价格已经接近 50 美元，2 月 18 日晚上是 49 美元。另外，最近一段时间媒体上报道特别多的两个品种。一个是铁矿石，一个是焦炭。铁矿石主要来自于澳大利亚和巴西，价格在 2020 年初的时候不到 600 美元，现在突破了 1 000 美元。焦炭的价格 12 月 18 日一晚上涨了 103%，这意味着做一手焦炭，两万元可以赚一万元，涨了接近 1 倍。这是大宗商品价格的变化。大宗商品价格发生变动，一定意味着宏观经济面发生了变化。

宏观经济面发生变化以后会造成金融面发生变化，同时会影响到粮食的基本面发生变化。国际国内粮食价格全面上涨。国际上的粮食价格，如美国大豆价格在 2020 年疫情出现的时候最低降到 8.13 美元，当前的价格刚刚突破了 12 美元，上涨 50%；玉米价格在 2020 年疫情背景下最低降到 3.1 元，现在是

4.4 元；小麦价格从 4.5 涨到 6.4 元，最近稍微回落了一点，为 6.1 元。国际国内是一体化的市场，不管是美国政府怎样搞贸易保护主义，但是全球贸易已经非常紧密地结合在一起了，国际价格的变动一定会影响到国内。2020 年国内小麦和大米都出现了涨价，玉米价格涨幅超过 40%，大豆价格涨幅 50%。这些因素放在一起，再次说明每次危机之后都会出现商品价格的下跌，但之后出现的就是商品价格的全面上涨。这个结论是无数人研究以后得出来的。

国务院副总理刘鹤在 2010 年时曾经组织很多机构的研究人员，对于 1929 年和 2008 年两次全球性的经济萎缩做了比较全面的对比，然后形成著作《两次全球大危机的比较研究》。研究得到的一些结论，是在我们观察新冠肺炎疫情背景下全球经济形势的时候可以借鉴的。比如说，在危机发生之前的心理状态和危机发生之后的决策所面临的状态，民粹主义、民族主义、经济问题政治化等，现在在市场上都可以看到同样的情况。危机之后都是经济大幅跳水，泡沫破裂，社会矛盾激化，经济领域问题向政治和军事转化。1929 年的时候信息化并不发达，2008 年的时候信息传播的速度非常快，所以 2008 年还出现了一个新的情况——每一个信息发出来之后都会产生放大效应，蝴蝶效应非常大。现在我们可以看到，其实对同样的情况的反应变得更为剧烈了。例如，2020 年 3 月越南宣布对于大米出口要进行管制。实际上全球大米的生产贸易都是正常的，是历史最高水平。全球最大的大米出口国是印度，出口量是 1 200 万～1 500 万吨，越南、泰国，每年的出口量是六七百万吨，对于整个市场的影响是很小的。但就是这么一个小的国家的小小的大米出口，宣布要进行管制之后，短时间内全球信息爆炸式增长，然后引起了市场极大的焦虑和不安。所以，共振导致的价格的剧烈波动当前最需要关注和预防，同时也是最需要进行管理的。中国现在也一样，信息的快速传播对于市场的共振效应，体现得比以往更为显著。我们在很多场合都在讲，中国现在的玉米确实是供应偏紧，但是国内小麦和稻谷库存的水平可以满足一年的消费量，没有任何问题。即使这样，很多人问到底需不需要在家里存米和面。所以说本次疫情出现之后，信息的快速传播对于市场的共振效应的影响非常显著。

（二）饲料粮价格和供需分析

1. 饲料粮价格

饲料粮问题，最核心的是价格问题。一切的供需都可以用价格来调节。价格上涨以后就会刺激供给，抑制消费；反之就刺激消费，抑制供给。在 2006—2020 年的 15 年里，有两个时间点，一个是 2008 年金融危机以后价格的变化，以及 2019 年末、2020 年新冠肺炎疫情出现以后价格的变化，都有一个显著的特点，就是危机出现之前价格上涨，出现之后价格下跌，然后价格又恢复上涨。通过 LME 的铜和 WTI 原油就可以看到非常明显的特点。通过 FAO 的 1990—2020 年价格指数，30 年的时间序列，可以看到，2008 年价格指数最高，然后回落，在后面 2010 年、2012 年又有几次价格上涨，2012 年以后持续回落，在新冠肺炎疫情之下价格下跌，现在价格全面上涨。目前新冠肺炎疫情虽然在全球范围内仍然没有得到有效缓解，但是市场的心态已经从最初的恐慌转向现在逐渐平和接受。看到 2008 年金融危机时的价格变动，从高峰向低谷，然后平缓上升，那么今天看当前全球大宗商品价格变动的时候，我们也不需要过多的惊奇。

从后期价格来看，现在很多机构都对后期价格持看涨的预期。美国农业部做的预测，从 5 月到现在 12 月，对于几个大宗农产品，大豆从 8.5 元预测价格涨到 10.55 元，高粱从 3.35 元涨到 4.4 元，玉米从 3.35 元涨到 4.0 元。这里面特别需要关注的是高粱的价格已经超过了玉米，为什么高粱价格会超过玉米？因为未来我们从美国进口的高粱，第一是它不受配额的限制，第二是这个数量会有一个比较快的增长。

2. 饲料粮供需

国内粮食总供需基本平衡的局面没有改变。我国 2020 年粮食产量继续超过 6.5 亿吨，是历史最高水平。玉米 2020 年 2.61 亿吨，同比略有增长。三大谷物放在一起总产量是 6.068 5 万吨，同比增长 0.5%。从年度的产需情况来看是产略小于需，但可以定义为产需基本平衡。

口粮供给没有任何问题，小麦和稻谷这两个供应量现在都是产大于需。同时，饲用小麦数量本年度会有较大增长，2020 年 6 月到 2021 年 5 月期间，国内使用小麦的数量会再次突破 2 000 万吨，2019 年是 1 500 万吨，2020 年大概会达到 2 400 万吨左右，同比增长 900 万～1 000 万吨，这是饲料粮的贡献。稻谷也一样，结余大概是 1 000 万吨。同时稻谷的饲用水平也会从 1 500 万吨左右增长到 2 000 万吨以上，这都是对于玉米的有效补充。

玉米面临产不足需的问题。供给是由当年生产、进口和库存三个部分组成，需求就是当年全部消费掉的。虽然目前国内产不足需，但是供大于求的局面没有改变。2020 年大概是产需缺口有 2 300 万吨左右，这个缺口怎么来弥补？一个是 2020 年整个国家拍卖了 7 000 万吨左右的玉米，这些玉米大部分已经进入到市场，但是没有进入到终端的消费。刚刚到山东去调研的时候看到在山东德州很多地区，农民自己把玉米存在家里等着卖，这种情况在以往的年份很少出现。当地的农民习惯上把小麦存一点，玉米上市以后就全部都消化掉了。所以现在看到市场上确实玉米价格在涨，但是这个价格不意味着国内的玉米真是缺了，而是因为在流通渠道环节存的粮食数量比以往更多了。

豆粕蛋白原料问题。饲料蛋白主要取决于大豆的进口。2020年大豆进口量按照贸易年度来讲大概是9 853万吨，2021年是9 700万吨。但是从日历年份计算，会突破1亿吨。进口这么多的大豆主要是满足饲料养殖消费。从饲料养殖消费来讲，2020年豆粕用量预计会达到7 500万吨，同比增长近8％。2020年市场上有一个特殊的现象，食用植物油的价格一直在涨，比如说豆油、棕榈油、菜籽油的价格都在涨，但是豆粕是回落的。期货从3 300元回落到3 000元。近两年大豆的进口量都会处于高水平，我们的豆粕供应量就会供大于求，豆粕的价格有供应压力。但是食用植物油的价格是上涨的，油价上涨不是因为我们缺油，而是在疫情下大家对于油的预防性的预期是增加的，中间渠道的存量是增加的。未来我们对于豆粕的市场供应没有任何问题，2021年从饲料的角度来讲可能会面对比较高的玉米价格，但是蛋白价格相对比较有优势，豆粕库存水平同比增长是超过20％的，食用植物油的量同比是下降的，处于比较偏低的水平。

截止到2020年8月的时候，进口谷物规模已经超过了2019年全年规模，玉米进口配额也已经超配额量了。这更多的是来自于美国的新增供给增加。后期我国要增加玉米的进口，可能主要还是来自于美国。美国可以提供更多的玉米，供应国内的消费。由于过去这几年美国国内玉米的消费是处于平稳或者下降的态势，所以其库存是在持续增加的。现在美国的玉米库存量已达到了6 300万吨的历史最高水平，而在2012年上一次粮价大幅上涨的时候，其库存量只有不到2 100万吨。

从后期情况来看，我们需要关注国内的玉米和豆粕的供应问题，特别是玉米的供应问题。中国的玉米现在出现产不足需的局面，很多人认为这是个问题。玉米之前是产严重大于求，以前常说中国的粮食是处于三高状态，产量高、库存高、进口高，然后讲国粮入库，洋粮入市。2015年，我们国内玉米的产量是严重大于需求的，大量的玉米进入到了临储。为了解决这一问题，农业农村部和粮食局都采取了很多的措施。农业农村部2015年开始搞玉米种植结构改革，然后搞"镰刀弯"地区非优质区退出玉米种植，增加非籽粒型玉米种植，减少籽粒型玉米种植。从2016至2020年，用了五年的时间完成了农业农村部既定目标，减少333万公顷的玉米种植面积。所以上游减生产，中游促流通，把玉米的临储政策调整为"市场化收购＋价格补贴"方式。在2016年的时候，第一年搞临储玉米退出收购的时候，东北地区高水分玉米的价格是 1 元可以买 1.5 千克玉米，现在的价格是 2.6 元/千克，玉米价格不是一天涨到这一高水平的，是用了五年的时间。

今天是关于家禽的会议，禽肉和禽蛋的生产都用到饲料粮。以前讲鸡蛋价格涨的时候有些媒体用了一个标题叫"火箭蛋"，但是，这个"火箭蛋"在形成之前是"倒霉蛋"的时候有没有被关注？所以 2020 年的玉米和大豆的价格上涨要客观地看待这个问题。以往我们一直讲，粮食价格上涨农民没有获得收益，中间环节把价格上涨的收益拿走了。但现在正是农民卖粮的时候，卖一个比较好的收益，为什么我们却对这个问题要用各种各样的声音去评价呢？过去 30 年，粮食有一个周期性特点。经济有周期，行业有周期，任何一个产业都有周期，周期就是四个环节，有繁荣，繁荣以后的下一个周期不是更繁荣，而是萧条和消退。所以，我们不需要更多地强调这个事情。

玉米价格上涨形成的原因，要从产业链来看。上游是生产，中间流通，下游是消费。促消费就是促饲料加工业、促玉米深加工业发展，这两个环节共同促进，使得我们的玉米消费增长了。2021 年玉米饲用消费量估计是 2 亿吨，甚至更高。因为本次会议上讲到肉鸡产量不会减太多，但是生猪产量要有较大的增长。2022 年，是应该高度关注的，如果猪肉的供应量要增加很多的话，我们怎么去进行防御？历史上我们一直有一个特点，东西多的时候我们的办法少，东西少的时候我们的办法多。猪肉如果真的多了，是不是能够每家冰箱里都存一头猪？不太可能。只会觉得价格越便宜越好。要解决玉米的问题，更多是从上游的源头来增加供给。其实从 2019 年开始农业部门已经调整了玉米的产业思路了，已经不再提减玉米了，就已经讲到稳面积、稳政策、稳产量。2020 年的时候进一步讲到继续保持面积稳定，不再提减的问题。12 月 18 日中央经济工作会议提出要解决好种子和耕地的问题。种子就是农业的芯片，耕地的问题就是怎样保证我们的产出。

现在看粮食供应，其中豆粕的供应没有任何问题，而玉米供应确实有些问题。但是这个问题不在于玉米本身短缺，而是粮食价格上涨的时候，大家想多留一段时间，最终粮食会释放出来，市场上并不会存在缺粮的问题。经济学的蛛网模型，一个是收敛的，一个是发散的。现在市场上面临的是收敛型的玉米的供需模型。大家在预期价格上涨的时候都想把粮食多放一段时间，玉米每个月的消费量大概在 2 500 万吨左右，现在饲料企业和加工企业都想多存粮的时候，想多存一个月的粮，就是 2 500 万吨的需求量。那么农民和贸易商想晚卖一个月的粮，市场上就少 2 500 万吨，一正一反就是 5 000 万吨的量。所以这个发散型的模型和收敛型的模型对于市场的影响是非常大的。

国际方面还有几个问题需要关注。一个是资金因素。现在资金非常充裕，在经济萎缩的情况下资金就需要表现出更多的暴利性，所以前面讲到资本的力量很大。从全球来讲，美国大量的货币投放到市场，就必然带来美元持续贬值，美元贬值就意味着商品价格的上涨。还有一个因素就是需要考虑到天气，厄尔尼诺和拉尼娜这种天气现象在相互转换，目前是处于拉尼娜的天气状况下，它对于南美的生产有很大的影响。再有一个是行为因素。诺贝尔经济学奖理查德·泰勒《"错误"的行为》一书讲到，行为对市场所产生的影响。现在对经济学的研究更多地从古典经济学转向行为经济学。行为经济学里讲到，消费行为对市场的影响是非常大的。我们都认为股市的价格在 3 000 点是低点的时候，3 000 点一定达不到。认为 6 000 点是顶点的时候，6 000 点也一定达不到。那么现在大家都认为价格会上涨的时候，价格一定会有自我的强化。《动物精神》里讲到人的本性是恐惧和贪婪。人和动物是一样的，都有这种本性，这种本性是很难根除的，这是我们需要关注的。

总体归纳来讲，玉米的问题就是价格再平衡的问题，小麦和稻谷的问题是提升品质的问题，大豆的问题是多元进口的问题。

九、关于产业发展的重点聚焦议题

（一）产业化发展优势显著

2020 年肉鸡产业化的优势、产业链的优势格外明显，尤其是白羽肉鸡在此方面优势发挥得淋漓尽致。

李景辉从产业链的盈利水平、产业发展趋势等角度分析了产业化是肉鸡产业发展的必由之路。2020 年白羽肉鸡全产业链全面盈利，虽然不能和 2019 年比，但是在中国白羽肉鸡 40 年历史上仍是最好的年景之一。2019 年可遇不可求，可以和 2015 年、2016 年、2017 年比利润，可以和 2019 年比成本、比管理效益，但不能和 2019 年比利润。可以看一下所有白羽肉鸡一条龙企业的数据，每只鸡盈利最低 2 元，最高 6 元，平均值不低于 2.5 元。现在我们看到的社会上雏鸡价格、商品毛鸡价格对测度行业利润是缺乏代表性的。鸡肉加权价格是行业好不好的唯一标准。白羽肉鸡只要卖 9.3 元/千克，从整个产业链来讲就不亏本，也就是说一条龙企业只要超过 9.3 元/千克就开始盈利，龙头企业的雏鸡价格、毛鸡价格都是自己企业不同部门内部结算价格，其盈利与否取决于鸡肉销售价格。

为什么市场户或者说社会毛鸡只赚 1 块多钱呢？市场上的雏鸡价格、毛鸡价格对市场户的盈利水平有决定性的影响。分散的产业链的龙头是屠宰场，屠宰场已经无法卖出高价值的鸡肉，其在批发环节把鸡肉都卖掉了。但一条龙企业的鸡肉价格明显高于单一屠宰场的销售价格。因为一条龙企业的鸡肉有 20% 的销量卖给洋快餐，价格是我们普通鸡肉销售价格的 1.5 倍，此外卖给团膳、超市等。但对接市场户的屠宰场无法对接上述销售渠道，而且销售渠道越来越窄。市场户未来怎么办？必须转型升级。市场户养殖水平很高，一直通过不断地提升自身的养殖水平来降低养殖成本，非常值得我们学习。但不可否认的是，单独面对市场的屠宰场、孵化场、父母代场，生存空间越来越小。不能因为 2019 年赚取了丰厚的利润，就认为市场户仍具有很大的优势，要清楚 2019 年是市场机遇发挥了重要作用。此外，更加开放的肉类市场和零关税的贸易是常态，这将抑制国内肉类长时间保持高价格、高利润，初级肉类加工品的利润不会长期在很高水平，不会长期超过 10%。对应之策就是要自己做强，提高我们的增加值、搞鲜品等，这是我们的必经之路，不要依赖原料肉赚钱。国际上肉类超过 10% 净利润的一次屠宰企业是没有的，大都在 5% 左右。总之，契约化、一体化、上下游合作是必经之路。

国家肉鸡产业技术体系长春试验站站长、吉林大学徐日福教授也谈到了一条龙企业和市场户在低抗、无抗趋势下面对的产品价格和利润的差异。从 7 月 1 日国家实施全面减抗禁抗以来，吉林省在牧业局的组织下成立了无抗养殖协会，很多企业家都是这个协会的成员。有一部分已经执行了国家的无抗禁抗或者减抗的政策，尤其是一条龙企业，它们的产品在超市销售时占了很大的优势。数量上没有精确统计过，但在产品价格上，从最低的 12 元/千克的鸡腿肉和鸡胸肉，到 18 元/千克，在各大超市里都有专柜。这样的一条龙企业有很好的竞争优势，因为其是配套的，包括饲料、养殖、屠宰，整个生产过程有着很好的监控和包装。当然，这种监控是企业自己的，并没有官方给它打上什么标签，这样的产品确实赢得了一定量的消费客户。但是对于一些市场户，鼓励他们做无抗，成本会有一定的上涨。但成本上涨之后，他们的产品并没有从无抗生产当中得到实惠，没有得到无抗的红利。这样的话有抗、无抗在市场上，特别是毛鸡价格恐怕没有什么明显区别的情况下，在国家也没有出台相应的无抗产品保护政策的情况下，很难在短时间内保证咱们的无抗产品、无抗生产得到有效的利益保护。因此，希望呼吁一下加强对无抗产品、无抗过程的监控，使市场户从无抗生产中受到一些实惠，否则的话就容易挫伤他们对无抗生产的积极性。

国家肉鸡产业技术体系济南试验站站长、山东省农业科学院家禽研究所曹顶国研究员谈到，817 肉鸡一条龙企业也表现出了明显的利润优势。受新冠肺炎疫情影响，817 肉鸡生产，如果仅有养殖这一个环节，经营主体日子会很困难。但是对于一条龙的企业就有钱赚了，因为 817 肉鸡毕竟鸡苗成本低，如果再有屠宰加工的话，比白羽肉鸡甚至比黄羽肉鸡的市场利润都是高的。

国家肉鸡产业技术体系南昌试验站骨干成员、江西省农业科学院畜牧兽医研究所康昭风研究员认为，产业化也是黄羽肉鸡以后发展的重要方向。黄羽肉鸡屠宰上市，最主要就是一个接受程度的问题。让消费者接受，做品牌很重要。散户的发展空间会越来越小，因为收购来以后再屠宰再上市会导致成本更高，盈利空间就没有了。一条龙企业自己做品牌，生产的优质鸡慢速型确实值得上相应的价钱。黄羽肉鸡的成本是白羽肉鸡的二倍。

（二）注重肉鸡产业高质量发展

黄建明谈到，白羽肉鸡养殖企业产业化、智能化有明显优势，养殖企业特别注重商品鸡的养殖环节的技术提升，大部分养殖企业的硬件设备都实现了智能化、自动化，而且管理方面越来越精细化，对饲料精准的营养配方等养殖管理各方面都在提升，进一步提升了生产效率。尤其是笼养方式的推广大幅提升生产效率，降低了养殖成本。当前，白羽肉鸡饲养中笼养方式越来越普及，笼养方式确实有很大的优点：一是生产效率大幅提升，料肉比现在最好的可能是 1.4 多一点；二是养殖成本明显下降。料肉比低了，所以养殖端更加节约粮食了，此外用药成本都在下降，这也反映了食品安全的一方面。食品安全方面，白羽肉鸡在五年前已经在实施饲料里不放抗生素了，早就在转型了。目前在这方面更加体现出了优势。

李景辉补充强调要提高笼养鸡的综合福利。白羽肉鸡笼养方式在西方发达国家被禁止，但我国越来越普遍采取笼养方式。目前笼养在抓鸡、装筐环节还有不足，在饲料营养、肌体健康等方面还要深入研究，提高笼养肉鸡综合福利。笼养肉鸡的终极目标不仅要做到最好的生产指标，也将做成最好的动物福利模式。

国家肉鸡产业技术体系扬州试验站站长、扬州翔龙禽业发展有限公司赵振华副研究员谈到，作为一家育种企业，在 2020 年这么困难的情况下，企业苦练内功，产量不行，就提高自身的产品价值。主要是通过改造鸡舍，上了一个生产线自动监测系统，还有养殖环境自动监测系统，提升了养殖环境、育种环境，提升疾病净化水平。现在不仅是"两白"净化，所有能监测到的垂直传播的疾病都开始净化。

许传田认为禽流感仍是一个大的问题。现在新冠肺炎疫情、非洲猪瘟在一定程度上掩盖了禽流感的问题。目前 H5、H7 都有，另外监测显示 H9 本身是一个弱毒的禽流感，但是这一年在商品鸡上反应特别大，虽然没有 H5 和 H7 那么剧烈，但它的后期感染也不亚于 H5、H7 的结果。

许传田还谈到肉鸡产业要实现高质量发展，源头上的鸡苗更重要。山东的市场户养殖水平确实很高，料肉比 1.4 都是保守数字，不少养殖户能达到 1.3。往年的养殖户一批鸡赚 100 万元、50 万元，但 2020 年效益大幅下降，一系列研判之后发现不是养殖水平的问题，而是鸡苗的问题。监测显示，这一年鸡苗的免疫病比较多，主要是由于强制换羽之后鸡苗质量太差了。所以，即便养殖户养殖水平再高、通风管理再好，但是由于雏鸡不健康，养殖指标也提不上去。这期间也尝试用中药等各种方式调，但是效果比较差，所以鸡苗的质量是很重要的。如果没有一个好的鸡苗，刚才说的减抗养殖、无抗养殖都没法谈。

国家肉鸡产业技术体系质量安全与营养品质评价岗位专家、扬州大学谢恺舟教授谈到，产品质量安全保障的重要方面是养殖端减抗与降抗来确保消费端食品安全，包括饲料原料的安全把控和养殖环节兽药的合理使用。在跟企业对接过程中，比如说跟江苏利华贸易有限公司对接，其在饲料原料把控上主要是委托第三方机构来进行检测，保证原料当中不能有重金属超标、霉菌毒素的问题。养殖环节公司采取"公司＋农户"的形式。生猪养殖过程，公司到一定时期以后把药品封存了，这样保证养殖户不能偷偷地使用这些违禁或者限用的药品，但是在肉鸡生产过程中难以做到。因为肉鸡生产过程中买药很容易，加上肉鸡的养殖户比较分散，所以养殖环境的产品质量安全控制就容易出问题。所以公司采取的做法，主要在国家规定的七大类药品当中，采取用试剂盒快检的方法筛选出可疑的阳性样品，在这些阳性样品当中再用大型的精密仪器进行确定分析，来确定是真的阳性还是假的超标，但这其中还有很多技术上问题需要进一步解决、完善。

（三）把握好产业发展大小趋势

沈阳波音饲料有限公司董事长赫勇交流了肉鸡产业大小趋势的观点。

一是李克强总理在 2020 年 5 月答记者问的时候说，中国有 6 亿人是月收入 1 000 元以下的。仔细一查国家统计局的数据，是 5 亿多人月收入 1 000 元以下，还有 3 亿人左右月收入 2 000 元以下。咱们把自己定位成发展中国家是客观事实。这 6 亿人他们生活在哪儿？当然中国农民就超过了 6.5 亿，但是如果他是农民，他的习惯改过来是比较难的。现在鸡肉能看到暴发式的增长的地方，主要是在城市、在学校、在工厂。我们本身也是企业，企业食堂买东西的时候不知不觉就买鸡肉，鸡肉便宜；大学食堂，鸡肉片炒蘑菇、鸡腿饭等鸡肉饭菜比例确实也在大幅度上升。在这些集中饮食的地方，鸡肉消费量上升比较快。那 5 亿月收入 1 000 元以下的群体吃不起猪肉，但能吃得起鸡肉也挺难的，虽然鸡肉在很多时候是比一些蔬菜的价格还低。在那 3 亿月收入 2 000 元以下的群体中鸡肉的消费量可能会多一些。5 亿月收入 1 000 元以下的群体，当他们中的一部分收入得到提高，鸡肉消费也会增加。

二是国家一直在强调粮食安全。现在白羽肉鸡养殖的实操水平就是 1.5：1，最近跟生猪养殖场户交流目前生猪养殖全程的料肉比，大家给出来的基本数据是 2.7 左右。因此，从保障粮食安全来看，鸡肉更有竞争力。

三是产品安全备受关注。很多消费者不愿意吃或者不敢吃鸡肉的原因，是觉得从养殖第一天就用药，一直养到 40 多天；另外 40 多天就出栏，是不是加了很多激素？咱们自己开玩笑——激素很贵，谁能加得起啊。但是实话实说抗生素便宜，现在很多的专业试验都明确显示抗生素的贡献是巨大的，一旦不用抗生素，料肉比、生长水平都会被拉低。下一步如果想让老百认可鸡肉，抗生素就不让加了，那怎么能做到？我们现在看到的巨大变化是，随着肉鸡饲养水平的提高，抗生素使用量明显下降。最明显的是设备水平的提高，现在建实验基地，一只鸡都是三四十、五六十元，设备水平一上来明显能感觉到呼吸道疾病就减少了。肉鸡的疾病来源于两个方向，一个是呼吸道疾病，一个是肠道疾病。饲料水平再提高改善了，这两个病减少了，抗生素需求量就大大下降了。而且现在明确不让饲料里添加抗生素了，国家在这块再加强监测或者再提高要求，相信可能就把老百姓的心结解开了。即使效率有所下降，但相信鸡肉会有更好的市场占有率，这是大趋势。

四是情绪指数是短期波动的重要原因。我们都非常明确，到 2050 年肉鸡供需量是呈增长趋势的，这是大趋势。但是很多人是在小趋势上把握不准。2019 年行情好的时候很多从业人员说，说这一年赚的钱够赔十年也没问题。但是，到今天很多人就已经把 2019 年赚的钱赔没了。因为在雏鸡 12.5 元的时候，他就有 20 万套种鸡，但在雏鸡价格七八毛的时候，他可能改成 80 万套种鸡了，所以他的规模逻辑有问题。人类有理性，但是理性有限度，涨价的时候我们购买原料也是如此，比如本想买 1 000 吨，现在是降价期间，买就容易产生高均值的问题，那就买 500 吨；一旦开始涨价，本来应该买 1 000 吨，预期下一步还是涨，那就买 2 000 吨，加了一倍，就把库存周期从原来的 10 天变成 20 天，或者 15 天变成 30 天，这个结果就是市场上所有人同时在抢同一样东西。所以这样里外的差别是 4 倍，是 0.5 和 2 之间的关系。这样的话就看到这时候市场肯定是有小趋势的，情绪指数是最大的原因。

五是研究小趋势很重要。我们从 2019 年开始对每 60 天的鸡蛋价格进行观察，因为蛋鸡养 550 天，我们每 60 天均匀地上鸡，因为就养 550 天，每 60 天上的鸡应该占总量的 11.2%。2019 年的 9—10 月、11—12 月，每 60 天分别上了 21.4%、18.7%，鸡上多了，所以 2020 年即使没有新冠肺炎疫情，鸡蛋价格也肯定会不好。建议能够开展种鸡、商品鸡的小周期研究，设立有效的观察模型来看整个存栏状况，帮助产业把握小趋势。

（四）企业政府各司其职共同推动产业良性可持续发展

河北飞龙家禽育种公司总经理姚彤和河北美客多食品集团股份有限公司经理张继友谈到，作为企业来说主要应在两方面做出努力：一方面充分发挥肉鸡品种优势保供给、提质量，包括为产业提供优质的有优良遗传性能的父母代种鸡、产品质量安全有保障的商品代毛鸡等，另一方面通过管理提高生产效率，来降低土地、饲料原料、环保、人工等成本压力。

从产业政策来讲，希望国家产业政策能够支持行业的健康可持续发展。肉鸡产业对产业扶贫、乡村振兴意义重大，对节约耕地、降低粮食消耗、保证优质蛋白供应等也有其特殊意义，建议政府能够从产业良性发展、可持续发展上出台相应政策多支持，合理调控干预市场。猪肉价格有很大的关联性，不建议在市场猪肉短缺价格上涨时就进行政策干预，留一部分空间给市场发挥作用调节。

（五）产业升级道路且长

在讨论肉鸡产业标准化、智能化发展时，李景辉介绍了白羽肉鸡标准化鸡舍的情况。白羽肉鸡在养殖鸡舍里，无论是祖代、父母代、商品代，白羽肉鸡在全世界它的温度、湿度、通风，以及所有环境指标都是一样的，没有差别。也就是说，如果要养鸡，不管是哪个代次，需要的环境的所有指标都是固定的，这个固定指标在你建房子开始就要满足它的要求。比如它需要鸡舍 33℃，不管是东北还是南方都要 33 天，出栏的时候要 23℃，所有的空气都有指标，二氧化碳、氨气、氧气分压一定要达到标准。有了这些，白羽肉鸡就有了所有的配套设备，通风、给暖、采料、给水、环境清洗，现在又加上人工智能的传感器，就看你投不投资。你要按这些标准去做，无论是在东北、西北、华北都可以完成。但是在中国多数养殖主体不愿意一次投这么多。无论在哪里，在自然的环境下都有最好的季节，或者两个季度，和理想的温度是一样的，为了节省成本，宁可在不好的季节不养了、少养，或者减少密度，就形成了投资不足，靠经验、靠季节去调节。不得不说中国农民创造了很多好方法，也节约了很多成本，中国农民从地养、笼养，到现在是中国领先世界。当然环境上还有一些小的问题，可以慢慢去完善。李景辉还介绍了目前白羽肉鸡一条龙企业的智能化发展情况，中国的互联网领先世界，一条龙的企业绝大多数都实现了在手机上连接所有的控制系统，通过手机可以看所有鸡舍的情况，而且都可以提供报警。

许传田谈到，智能化、自动化、标准化从设备上确实达到了，但实际运行过程中还是存在问题的。我们的管理还达不到标准化，例如通风管理，每个地方的通风标准不一样，不同的鸡舍尺寸通风也不一样。通风不是简单的机械化即可达到预期效果，比如说鸡舍状况、（鸡只）健康状况都有变动，我们还是按照原来固定的参数进行设置的话，那肯定是要出问题的。现在很多鸡舍是自动化设备，确实很先进，但是有时候起到了相反的作用。一只健康的鸡在标准通风条件不会发病，但是如果亚健康呢？这也是目前为什么很多大企业拥有很好的仪器设备，但是养殖参数并不如散养户，因为在国内的大环境下完全依靠设备是不可行的。如果好的季节，又遇到了好的鸡群，这个肯定非常不错，但是一旦遇到有鸡群存在个体差异的话，就会养的一塌糊涂。市场户承担的养殖风险大，要半夜起来查看鸡舍，发现看不对的情况就马上改过来，完全依靠自动化的及时报警还是不能达到最好的养殖效果。目前养殖户养的好的都是靠他个人比较勤快，晚上不睡觉在鸡舍里查看，并不是拿上先进仪器，通风问题就能解决好。所以下一步关于通风管理、标准化养殖需要更加标准化。市场户养殖的好，但他不是专业的，学历也不高，即使养殖好也难以总结出来。希望行业专家共同研究，把通风研究的更彻底一些，并加以推广一下，现在行业是需要这个技术的。

国家肉鸡产业技术体系鹤壁试验站、河南大用实业有限公司总监赵秀清补充谈到，国内白羽肉鸡包括部分黄羽肉鸡，越来越多地采用笼养模式，笼养的标准化通风问题系统能够得到更多的关注。在国外更多的是地面平养，还没有现成的经验可以借鉴。而且，笼养又因地域的不同，其差异确实很大，而且同一地区内部也还是千差万别。这些因素导致笼养的潜力还没有发挥到极致。

国家肉鸡产业技术体系海宁实验站骨干成员、浙江光大科技发展有限公司总经理陈贤惠谈到，浙江从2014年主城区活禽就禁止上市了，现在已经过了六年，特别是在经历了 2020 年疫情之后，我们二三月的时候就感受明显活鸡肯定是没有发展的空间了。浙江经过这么多年的发展，再加上新冠肺炎疫情冲击，大家对屠宰加工以后的黄羽肉鸡的冷鲜产品的接受度显著提升。很多社区里面，不单是主城区，还有城乡结合区域，很接受冰鲜鸡的产品。但如果黄羽肉鸡单单就是冷鲜上市的话，产品比较单一，在整个的市场里竞争力不强。作为一家来自浙江的专门做黄羽肉鸡的企业，我们也是想往屠宰加工跟食品加工这块转。但是怎么转？这是目前黄羽肉鸡共同面临的一个问题。首先是饲养模式上需要改变，因为黄羽肉鸡可能普遍还是以半舍饲的形式去饲养；接下来要面对饲养端的减抗、无抗养殖以及屠宰加工，还有到终端上市时食品质量把控，都是黄羽肉鸡目前急切需要解决的问题。

十、会议简要总结

王济民在会议主持中就各个专题报告发表了总结性意见，并在会议最后进行了简要总结。

（一）准确把握产业发展形势

首先，从生产来讲，2020 年肉鸡产量增长速度是比较快的一年。白羽、黄羽合起来大约增长 8%。2020 年能取得这样的成绩是不容易的。

其次，要充分认识到黄羽肉鸡发展面临的新挑战。2020 年白羽肉鸡产业化的优势、产业链的优势发挥得淋漓尽致，但黄羽肉鸡遇到新困难，最关键的就是活禽市场能不能开放、是什么时间开放的问题。在新冠肺炎疫情的大背景下，要放开地方的活禽市场难度很大，所以黄羽肉鸡未来的发展确实是面临着很大的问题。到底怎么办？快速型，靠屠宰基本没有什么问题；但慢速型，过去都是靠活禽市场销售，现在可以说是到了生死存亡的关头。将来黄羽肉鸡何去何从，需要有战略的应对思路和措施。

（二）大力推进产业升级

未来肉鸡的发展，要符合十九届五中全会《建议》的精神。对于白羽肉鸡来讲，标准化、规模化、机械化水平确实是比较先进的。但是我们跟国外比也还有些差距，主要是面临着产业化的升级、标准化的升级、信息化的升级等问题。例如，标准化的问题。在美国基本上一个鸡舍 2 万只，我们国内的鸡舍有2 万的、3 万的、4 万的、5 万的，等等。如此一来，好处是勇敢创新，但是坏处是这个参数就不好调控了。电量、温度、湿度怎么调、怎么控？都不容易统一到一个标准。再例如，智能化的问题。智能化鸡舍里面温度、湿度恒定了，但是鸡的体质不恒定、鸡的健康状况不恒定。这还是人工不智能，真正智能的话是针对不同鸡的健康状况，动态调整。探头扫出去就可以看到到底健康的鸡有多少，亚健康的有多少，必要的时候把不健康的都拿出来。所以面临产业化升级，道路很长。

对于黄羽肉鸡来讲产业化升级问题更多。黄羽肉鸡养殖的标准化、机械化水平等跟白羽比差距很大。如果将来农贸市场彻底关闭了怎么办？那就是屠宰了。屠宰对标准化提出了更高的要求。屠宰鸡的设备不可能今天屠宰小鸡，明天屠宰大鸡。实现工厂化生产，首先要标准化，如果是一千克的就全是一千克，如果是两千克的就全是两千克。个体体重参差不齐的话，不适用于生产线生产。所以黄羽肉鸡的标准化，要从大小标准做起，从能屠宰做起。再往前端推的话，还涉及鸡舍建设、养殖程序，过去我们一会儿笼养、一会儿平养，一会儿地养，将来都要进一步统一。

（三）坚持高质量发展

从长远看，讲养鸡不能总想着一夜暴富，赚钱也是慢工夫，玩聪明、抓行情也许一小阶段管用，但不可长久。最关键的还是听党中央的话，要努力实现高质量发展。确实，我们国家发展到了这个阶段，我们产业也发展到了这个阶段。肉鸡产业高质量发展，重点是强质量、防疫病、重环保、提效率。第一是质量，要把产品质量搞上去。大家比较信任麦当劳、肯德基，因为知道麦当劳、肯德基是有一条产业链，有一套标准程序。所以我们打铁还需本身硬，把产品质量搞上来，搞好宣传，然后再引导消费者。第二是环保，尽管这两年猪肉价格上涨，环保仍然严格，环保风暴永远在路上。第三是防疫，禽流感趋缓，但仍不可大意。第四是效率，要提升生产效率和技术效率，有效率才会有效益。

（四）加强宏观经济环境对产业影响的研究

饲料是畜牧业的命门，其实整个国家的粮食安全也是饲料的问题。国内粮食产量加进口量一共是8.1亿吨，再加上库存里面假定还有两三亿吨，总量大约是10亿吨。但是10亿吨还是压不住价格，什么问题？问题有多个方面。一个方面可以归于市场失灵，供求之间的信息差紊乱，市场调整不到位，或者是供应链的冲击。除此之外，还可能有生产数据准确度的因素。饲料企业是粮食的第一大用户，但我们在饲料粮的供给保障方面处于被动地位。将来有没有可能把国家的一部分储备库建在饲料厂。现在国家粮食储备系统承担了过多的商业储备功能。

除了高度关注饲料粮安全问题，还要关注货币问题。现在各个国家的央行都在放水。如果货币多了，市场上炒作就会加剧。如果资本选择炒作农产品，农产品价格就会涨得快。所以这里面的问题很复杂，作为技术专家只研究技术是可以的，但作为企业家仅从技术角度看问题，可能会要命的，必须通盘考虑，仔细研究，到底是什么可能性最大，然后再好好决策。

2021 年中国肉鸡产业经济
分析研讨会综述

辛翔飞[1]　原　婷[2]　吕新业[1]　李嘉文[1]　王济民[1,3]

（1. 中国农业科学院农业经济与发展研究所；
2. 中国农业科学院农业信息研究所；
3. 农业农村部食物与营养发展研究所）

2021 年 7 月 17 日，国家肉鸡产业技术体系产业经济岗位在北京召开了"2021 年中国肉鸡产业经济分析研讨会"。会议由国家肉鸡产业技术体系产业经济岗位科学家、中国农业科学院办公室副主任、中国农业科学院战略规划办主任王济民研究员主持。农业农村部畜牧兽医局畜牧处处长王健，农业农村部畜牧兽医局监测信息处处长邓兴照，全国畜牧总站行业统计分析处处长杨红杰，中国畜牧业协会禽业分会秘书长宫桂芬研究员，中国畜牧业协会禽业分会主管高海军，农业农村部肉鸡产业监测预警首席专家、中国农业科学院北京畜牧兽医研究所郑麦青副研究员，农业农村部生猪产业监测预警首席专家、中国农业科学院农业经济与发展研究所王祖力副研究员，农业农村部农业贸易促进中心处农业贸易与发展政策研究所所长吕向东研究员，国家肉鸡产业技术体系南宁试验站骨干成员、广西金陵农牧集团有限公司总经理黄超，中国白羽肉鸡联盟总裁李景辉，中国白羽肉鸡联盟秘书长黄建明，北京家禽团队经济岗位专家、北京农学院经管学院李华教授，郑州商品交易所高级经理郭晨光，国家肉鸡产业技术体系部分岗位科学家、试验站站长、岗位和试验站团队成员、部分试验站依托企业负责人，以及相关肉鸡企业代表等近 60 人参加了此次研讨会。

会议举行了专题报告，并就我国肉鸡产业经济形势进行了分析研讨。王健、邓兴照、杨红杰和宫桂芬分别对 2021 年上半年中国畜牧业、肉鸡产业发展的总体状况和未来发展趋势、发展对策等进行了总结分析。高海军做了"2021 年上半年肉种鸡生产监测分析"报告，郑麦青做了"2021 年上半年肉鸡生产监测分析"报告，王祖力做了"2021 年上半年生猪产业发展形势与趋势"报告，吕向东做了"2021 上半年肉鸡贸易问题"报告，黄超做了"2021 上半年黄羽肉鸡生产形势、问题及对策"报告，李景辉做了"我国白羽肉鸡产业现状与未来"报告，李华做了"基于纵向产业链视角的我国肉鸡价格波动和传导研究"报告，郭晨光做了"肉鸡期货的研发进展介绍"报告，国家肉鸡产业技术体系产业经济岗位团队成员、中国农业科学院农业经济与发展研究所博士生张灵静做了"中国肉鸡养殖业抗生素使用——基于国际比较"报告。专题报告之后，会议讨论分析了 2021 上半年我国肉鸡产业经济形势及存在的问题，并就如何在新冠肺炎疫情常态化和生猪产能稳步提升价格回落的背景下更好地促进肉鸡产业经济健康发展进行了有益的探讨。

一、2021 年肉鸡产业发展的宏观环境

（一）我国畜牧业生产基本态势

王健就国家层面畜牧业宏观政策和未来发展方向进行了分析。

1. 畜牧业发展定位和目标

我国畜牧业主要包括六大畜种，即生猪、肉牛、肉羊、奶牛、蛋鸡和肉鸡。2019 年，中办、国办印发了《关于实施重要农产品保障战略的指导意见》，提出生猪自给率要达到 95% 左右，肉牛、肉羊自给率达到 85% 左右，奶源自给率达到 70% 以上，禽肉和禽蛋要实现基本自给。在这一形势下，应该有更大的力度、更大的投入和更大的政策导向来支撑。

2. 产业基础性保障政策

要保持基础性政策的稳定性和连续性。所谓基础性政策，包括用地政策、贷款政策、保险政策、环保政策等。2020 年国办印发《关于促进畜牧业高质量发展的意见》，把上述基础性政策从生猪产业平移到整个畜牧业当中。

用地政策。农业建设用地不同于一般意义上的建设用地，也不同于传统意义上的农业用地，预计将来要淡化设施农业用地，提出农业建设用地的概念予以解释说明。畜牧业用地始终是农业用地的重要组成部分。未来从产业增长空间来说，土地使用肯定是一个收紧的趋势，这一点需要关注。肉鸡产业，鼓励用四荒地来发展。

贷款政策。抵押贷款涉及四方面内容，包括养殖圈舍、大型设备、活畜禽和土地经营权。在实际操作中难度较大，主要是银行、金融机构积极性不足。目前活畜禽的抵押已经走到了前面，其中生猪做得比较好，但生猪的做法对肉鸡又不太适用，因为一只鸡跟一头牛、一头猪进行价值比较是一个难点。

保险政策。国家政策性保险一共是 16 个品种，其中畜牧业 2 个，包括生

猪和奶牛。此外，现在中央的导向是更多地调动地方财政积极性，目前已经在全国 20 个省试点，每个省可以选 2～3 个农业主导品种，省里要承担百分之三四十以上的保费，中央承担 30% 的补贴。很多地方在肉牛、肉羊上做得比较好，特别是西部一些省份。品种选择由各省决定，主要考虑这一产业是否是当地农业的主导产业，如果认为其非常重要则可以选择，在地方财政承诺一定保费补助的基础上，中央财政可以有 30%～40% 的补助。原有的政策性保险不再拓展，畜牧业就是生猪和奶牛两个品种。

环保政策。环保政策总体包括两个方面：一是废弃物资源化利用，二是环评。环评这一块目前主要是做的生猪，生猪 5 000 头以下的直接备案，不用做环评，5 000 头以上环评承诺制。但目前对环评承诺制有不同意见，所以这个政策可能会有调整。就肉鸡产业来讲，本身的特性决定了用水量相对少一些，后端处理的压力要小一些，明显低于生猪和奶牛。

3. 下一步产业发展思考

国务院《关于畜牧业高质量发展意见》提到了三个体系，即现代养殖体系、现代屠宰加工流通体系、现代疫病防控体系，以及绿色循环发展。

（1）现代养殖体系。白羽肉鸡的规模化和标准化已经相当不错了，更多的应该在质量安全和智能化方面下工夫。黄羽肉鸡在标准化方面还要下很大的工夫，其作为国内有民族特色的消费产品，在规范化、标准化方面还有很长的路要走。

种业是现代养殖体系中的一个重要问题。畜牧业总体而言不存在"卡脖子"的问题，但白羽肉鸡存在着"卡脖子"问题，白羽肉鸡育种应加快突破步伐，先解决有没有的问题，再解决好不好的问题。先走出一步来，再逐步提高、提升，不断向国际先进水平靠拢。可以借鉴蛋鸡育种方面走过的路径，依托产业化的龙头企业、一条龙企业，把链条衔接好。如果仅仅靠前端的育种，后端使用者的积极性衔接不上，可能也会很难。

（2）屠宰加工流通体系。正在修订的《畜牧法》拟专门增加关于畜禽屠宰一章。白羽肉鸡的屠宰总体做得比较好，但黄羽肉鸡屠宰如果不引导好、规范好，将来黄羽市场会越来越萎缩。虽然一些地方对关闭活禽交易市场存在不同的认识，但关闭活禽交易市场这一趋势是无法阻挡的。这就要求必须把产业发展环节衔接好，如果说屠宰产能跟不上，黄羽肉鸡屠宰品种跟不上，黄羽肉鸡产业可能就会面临很大的挑战。

（3）疫病防控体系建设。疫病防控体系在肉鸡产业里面重点要解决两个问题：一个是种禽疫病进化的问题，二是重大疫病防控的问题，即禽流感问题。

要未雨绸缪,防患于未然。生猪产业每一次大的波动都与疫病紧密相关。

(4)绿色发展。肉鸡生长周期比较短,产业市场化程度比较高,现代化、标准化、规模化养殖水平比较高。产业本身的特质决定了其在废物资源化利用方面应该走在整个畜牧业的前面。未来发展中,肉鸡产业要坚持种养结合、农畜循环发展,最终实现高质高效,为乡村振兴做出一份贡献。

(二)我国家禽产业发展形势

邓兴照、宫桂芬从家禽产能、产业结构等方面分析了家禽产业发展形势。

1. 基本概况

肉禽产业是一个前景非常好的产业,其节粮高效、经济实惠,特别是现在年轻人比较喜欢消费禽肉。2018 年非洲猪瘟暴发导致生猪产能下降,禽肉消费比重增长较快。猪肉消费占肉类消费的比重从 2018 年的 62.7% 下降到 2020 年的 53.1%,下降了 8.6 个百分点。与此同时,禽肉从 1982 万吨增加到 2020 年的 2 361 万吨,占肉类消费的比重从 22.9% 增加到 30.5%,增了近 8 个百分点。禽肉市场未来发展仍有潜力。

2. 总量和结构

2020 年国家统计局公布的禽肉产量是 2 361 万吨,较 2019 年增长 5.5%;行业估计数据是 3 200 万~3 300 万吨,较 2019 年增长 4.13% 左右。虽然协会数据增幅与国家统计局数据增幅有一个百分点的差距,但是两组数据的增减趋势是一致的。

禽肉产量实际上可能要比国家统计局数据高得多。从总体上分析,2020 年全国黄羽肉鸡 50 亿只、白羽肉鸡 50 亿只、淘汰蛋鸡 10 亿只、小型白羽肉鸡(817 肉杂鸡、WOD168 小优鸡等)20 亿只、肉鸭 40 亿只、肉鹅 5 亿只,加总为 175 亿只,按照平均体重 1.8 千克/只计算就是 3 200 万吨,按 1.9 千克/只计算就是 3 300 多万吨。这里还没有包括鹌鹑、鸽子等小型家禽。

2020 年鸭肉产量达到 1 064 万吨,在禽肉 3 000 多万吨当中占 1/3,所以这个量也是很大的,要提升对鸭产业的关注度。

3. 产业形势

包括肉鸡产业在内的整个家禽产业,在双疫情影响下波动较大。2018 年非洲猪瘟疫情暴发后,禽肉为缓解猪肉供给短缺发挥了巨大的作用。2019 年鸡肉产量急剧增长,产量和效益形势大好。2020 年新冠肺炎疫情突然暴发,加上生猪产业逐渐恢复,以及家禽产业自身从 2019 年开始出现产能过剩,家禽产业形势出现了不利的变化。

2021 年禽肉产量可以通过祖代、父母代和禽苗销售量来预判，同时还可以通过饲料数据进行分析。2021 年 1—6 月，禽用饲料下降 4.2%，因为饲料和生产统计、政绩不挂钩，产量相对来说是一个比较稳定的数据。上半年饲料产能下降说明禽肉产量在下降。肉鸡产业方面，白羽肉鸡比上年稍微好一点，黄羽肉鸡还比较低迷。

现在生猪生产恢复，2021 年猪肉产量较上年增加 30%。禽肉消费的替代作用可能要下降，在后期安排生产、指导生产的时候要考虑这一点。猪肉生产恢复，猪肉价格下调，在此形势下再增加肉鸡、肉鸭养殖规模，很难获得较高的效益。

畜牧业中肉鸡产业化程度是最高的，比肉牛、肉羊产业至少超前 20 年。政府历来对肉鸡产业发展干预较少，主要是遇到禽流感突发时政府采取了一些措施。随着禽流感疫苗的成熟和普及，人感染禽流感死亡的病例大幅下降，民众对禽流感的敏感度也在降低，肉鸡产业还处在正常的市场化的发展轨道。

4. 对策建议

建议抓好两个重点：一是品种市场布局问题，要细分一下各个品种的发展问题。二是产能调控问题，要根据市场份额、市场消费前景合理调整产能，该多的时候多一点，该少的时候少一点，让产业链有一个合理稳定的收益。

（三）畜禽业数据分析

杨红杰对畜禽业数据质量、数据分析问题发表了意见。

1. 产业发展趋势

肉鸡产业在整个畜牧业和整个食品经济中具有重要地位。据联合国粮农组织（FAO）发布的数据，2016 年禽肉超越了猪肉，成为全球第一大肉类消费品。

肉鸡产业未来一定还会有很大发展空间。我国是一个人多地少、资源匮乏的国家，畜牧业不能脱离我国基本国情，最终畜牧业的发展拼的还是效率。在料肉比水平、疫病防控能力、产业化发展程度等多个方面，肉鸡产业具有明显优势，是其他行业没法比的，肉鸡行业未来发展潜力很大。

2. 数据分析与利用

全国畜牧总站的统计工作主要是为农业农村部畜牧兽医局决策提供支撑，为行业统计提供服务，是整个统计工作的前端，负责数据的催报、数据的收集和数据的整理。数据收集上来之后，交给专家进行分析，然后报农业农村部畜牧兽医局供决策参考，以及行业发展参考。目前，经过十多年的不断完善，统计系统在数据收集方面有了很大进步，但是在怎样使用数据上还有很大的提高空间。

一方面要把握好局部与全局的关系。例如，前段时间有媒体报道有的省份羊肉价格暴跌 30%。核查全国的监测数据，结论是 2021 年上半年以来，羊肉价格确实在下降，但比年初的时候只下降了 6.5%。分析认为，媒体报道的消息可能是准确的，但这不是全国的总体情况，只是局部某一地区的情况。该地区像养猪一样来养羊，不是按照牧区的养殖方式，而都是从外地调运架子羊再集中育肥，两三个月左右再集中出栏，这一个地区大规模几万只羊同时出栏可能会造成价格的大幅下降。

另一方面要注意对数据做深度分析。例如，2021 年进口 4 万头种猪，与 2019 年和以往正常年份一两万对比，初步感觉可能是 1：2 或 1：4 的概念。但如果深度分析，这 4 万种猪是从哪些国家进的？进的是杜洛克、长白还是大白？是公猪还是母猪？不同类别带来的影响的差异非常大。如果杜洛克猪做父系父本，进口一头可以影响到后面四五千头商品猪；同样是公猪，如果是长白、大白，其倍增效率可能就没那么高。所以不能简单说 2010 年我们进口 4 万头种猪。实际上，2020 年进口种猪来源国基本上是法国和丹麦，主要是以长白和大白为主，这与前两年从美国直接进杜洛克相比，其对后端的影响非常小。家禽的数据统计分析，目前我们可能更多关注到的是白羽肉鸡、黄羽肉鸡的数据，从育种的角度来说是如此，但是从消费的角度，市场中白羽肉鸡和黄羽肉鸡的概念越来越模糊。此外，黄羽肉鸡也不能简单的就是黄羽肉鸡一个总量概念，黄羽肉鸡也分快羽、中羽和慢羽三大类别，各类别所呈现出来的产业发展业态、对消费量和供应量的影响也是有差别的。

3. 统计监测视角

产业数据统计监测，目前关注的更多的是生产端，相对忽略了消费端。目前所说的肉类消费量，更多是表观消费量，就是生产加上进口，再减去出口。但实际上，消费端有很多工作要做。例如：中国科学院有一个课题组开展食物浪费研究，前两年形成的一个关于餐桌上的浪费报告，引起了国家领导人的关注，前后做了五次批示，推动了关于反对浪费的法律法规的出台，在社会上产生了很大的影响。这项研究的开展，就是通过组织大批学生到各个餐厅去，调查点菜的情况，并把剩下的食物一一称重，最后得出相应的结论。课题组在四个城市，通过三年的跟踪调研，得出研究结论：户外的餐饮消费中，每人每餐浪费 98 克的食物。就是这样一个数据，引起了国家领导人的关注，作出批示，推动了后面很多政策的出台。过去，我们更多是从生产端开展经济研究，下一步我们还要站在更高的层次，以更高的视野来推动我们产业的进步。

（四）生猪生产供需形势

王祖力在"2021 年上半年生猪产业发展形势及趋势"报告中分析了 2021 年上半年生猪产业产能、消费、贸易和收益及发展前景。

1. 生猪产能

国家统计局发布数据显示，截止到 2021 年 6 月，生猪存栏量已经与 2017 年水平相差不大，约为 4.4 亿头；能繁母猪存栏量已经超过 2017 年，用了不到两年的时间恢复到疫情前的水平，产能恢复很好；生猪出栏整体水平约为 2017 年同期的 85%。

2. 猪肉消费

猪肉消费力总体较弱，主要表现在三个方面：一是新冠肺炎疫情的冲击，对实体经济影响很大，一定程度上抑制了猪肉消费。尤其是 2020 年肉价偏高，对消费的抑制较为明显。二是禽肉对猪肉的替代，整个消费结构发生变化。猪肉近两年在整个肉类消费结构中下降 10 个百分点，从 63% 降到 53%。三是生猪养殖成本提升较大，与发生非洲猪瘟疫情之前相比提升 4 元/千克左右，很大程度上抑制了猪肉的消费。保守估计，消费与往年正常水平相比要下降 10 个百分点，总体消费比往年要弱很多。

3. 进出口贸易

我国猪肉贸易方面，出口基本上可以忽略不计，主要是进口。2021 年上半年猪肉进口量保持了一个比较高的水平，上半年前 5 个月海关公布数据，进口量接近 200 万吨，较 2020 年同期水平增长 14%。冻肉贸易商亏损严重，贸易商手里冻肉积压至少有 200 万吨，而国内每个月的猪肉消费总量也就 400 万吨。进口冻肉积压，可能对于 2021 年三季度，甚至下半年猪价反弹都会有非常强的抑制作用。

4. 养殖收益

2021 年上半年行业总体盈利水平还是不错的，尤其是 5 月头均盈利能达到 450～500 元。6 月开始进入亏损，按照 6 月均价计算，整月头均亏损为 130 元，其中上市公司亏损很严重。

5. 发展展望

2021 年下半年产能继续增长，供给过剩难以避免。从大趋势上看，非洲猪瘟疫情防控是没有问题的，产能会继续恢复。下半年价格会回到成本线以上，生猪养殖还是会有盈利，不会出现全行业大批量淘汰产能的情况。农业农村部跟踪监测的规模养殖场产能 6 月环比依然增长，所以大规模养殖企业产能扩张短时间内收不住。产能会继续增长，即使数量不再增长，之前留下的三元商品母猪逐步被二元商品母猪替代掉，其真实的产能也是增长的。因为结构改善，生产效率是提升的，即使量不增，质也会提升。生产产能会继续恢复，而且未来一定会面临过剩的行情。因为目前能繁母猪存栏的真实产能与目前需求水平相比是够用的。如果产能继续往上走，包括质的提升，未来面临的一定是一个过剩的状态，这一点很难避免，至少从目前来看很难避免。同时，消费跟往年增长水平相比较弱，消费的恢复不及预期。

2021 年下半年进口贸易量下降。目前分析，下半年猪肉进口数量会出现明显的下降，因为贸易商已经深度亏损。进口冷冻六分体的价格，大概现在的价格在 1.7 万元/吨，6 月跌到最低的时候大约是 1.4 万元/吨、1.5 万元/吨，贸易商当时进口这一批冻肉的成本价大概在 2.1 万元/吨、2.2 万元/吨，所以亏损最多的时候，1 吨亏损五六千元，即使现在 1 吨也要亏损三四千元，亏损很严重，后面的订单肯定会锐减。

2022 年供给过剩、持续亏损的可能性较高。2021 年下半年养殖场户还会有盈利。但如果产能数量一直再继续按此势头恢复，产能质量也在改善，2022 年上半年可能会面临真正的产能过剩，包括供应量的过剩。因为产能释放，届时释放的量级一定会不小。因为产能在持续恢复，2022 年上半年需求可能不会有特别明显的改善。产能恢复带来的产量明显增长，预计市场会进入真正的供应过剩的状态，且有可能出现持续的较长时间的亏损，对此必须引起高度关注。

（五）农产品贸易形势

吕向东在"2021 年上半年肉鸡贸易问题"报告中，分析了全球农产品贸易背景和中美农产品贸易形势。

1. 我国农产品贸易形势

2020 年，我国农产品进口方面，除了棉花以外的所有大宗产品，包括粮食、谷物、油籽、糖、肉类，基本上都是创了历史新高，一个主要原因是与中美经贸摩擦有关系。2021 年上半年，进口和出口都是大幅增长。进口谷物、油籽持续增长，植物油进口超三成；棉花、食糖进口大幅增加；畜产品进口也是增长的。2021 年上半年进口超过 1 000 亿美元，2020 年全年进口 1 700 多亿美元。2021 年上半年出口是 384 亿美元，近 400 亿美元，较上年同比增加 9.2%。受中美贸易摩擦和新冠肺炎疫情的影响，出口实际要比预期多；进口量增长非常快，上半年增长将近 1/3。预计 2021 年逆差要破 1 000 亿美元。

2021 年 1—5 月小麦进口 461 万吨，增长了近 90%；大豆进口 3 800 多万吨，增长了 17.5%；玉米进口 1 200 万吨，增长了 3 倍多；大米进口 200 多万吨；大麦是 465 万吨。2021 年玉米紧张，不仅仅从美国进口玉米多了，玉米替代品大麦、高粱都出现了成倍增长。此外，1—5 月畜产品进口 226.5 亿美元，同比增长 13%；出口量不大，同比下降不到 5%。

2. 中美贸易情况

2020 年从进口实际到港情况看，自美国进口农产品 237 亿美元，已恢复至 2017 年经贸摩擦前的水平，2019 年 141 亿美元。2021 年 1—5 月中美农产品进出口总额 214.9 亿美元，较上年同期增长 114.2%。其中，自美国进口 188.4 亿美元，增长 149.1%；对美国出口 26.5 亿美元，增长 7.6%。大豆、肉类、谷物、棉花和水产品占进口总额的 85.6%，其中自美国进口大豆 2 100 万吨、玉米 667 万吨、高粱 347 万吨、小麦 120 万吨、牛肉 14.2 万吨。

二、2021 年上半年中国肉种鸡生产监测

高海军在"2021 年上半年肉种鸡生产监测分析报告"中分析了我国白羽和黄羽祖代肉种鸡、父母代肉种鸡、商品代雏鸡生产状况。

（一）白羽肉种鸡生产形势

1. 祖代种鸡

祖代种鸡更新。2021 年上半年一共更新了 56.48%，比 2020 年有所增多。2020 年上半年更新了 47.32%。2021 年强制换羽的数量比 2020 年少。2021 年上半年换羽 6.97%，2020 年是 12.95%；2020 年全年换羽 18.75%，水平较高。

祖代种鸡存栏。2021 年上半年全国祖代白羽肉种鸡存栏量是 164.70 万套，较上年同比减少 0.64%。后备存栏 55.6 万套，较上年同比减少 11.14%。其中，2021 年在产存栏 109. 万套，较上年同比增加 5.73%。到 6 月，全国祖代白羽肉种鸡存栏量是 164.97 万套，较上年同比减少 1.9%；其中，后备种鸡较上年同比减少 3.98%，在产种鸡较上年同比减少 9.81%。当前祖代种鸡规模跟上年同期基本持平。

祖代种鸡产能利用。2019 年祖代产能超水平发挥，达到了 60.14%；2020 年有所下降，是 57.56%，但也是较高水平。白羽肉鸡的祖代种鸡韧性较大，实际供应父母代雏鸡的数量最大可以相差 25%。

父母代雏鸡产销。2020 年累计销售父母代雏鸡 6 000 万套，较上年同比增加 24.35％。2021 年上半年，父母代雏鸡产销量同比又增加了 10.54％。需要特别说明的是，2021 年 3 月引自新西兰的一批祖代雏鸡检出禽白血病，白羽肉鸡联盟建议海关动检部门要加强检疫，第二季度有些祖代企业引种计划受到影响。出于对未来引种不确定性的担忧，2021 上半年父母代雏鸡价格持续走高。从动物防疫、生物安全角度，凸显出培育具有自主知识产权白羽肉鸡品种的重要性。

2. 父母代种鸡

父母代总存栏。2021 年上半年，全国父母代种鸡存栏是 6 464.02 万套，较上年同比增加 9.9％，后备种鸡同比增加 5.13％，在产种鸡存栏同比增加 13.39％。从 2021 年初到 6 月一路走高，并且到 6 月已经达到近六年来比较高的水平。6 月父母代存栏同比增加 14.88％。白羽肉鸡父母代存栏从非洲猪瘟暴发之后出现了一个快速的扩张发展。

商品代雏鸡供应情况。2021 年上半年，全国商品代雏鸡累计供应量是 29.29 亿只，与上年同比大幅增加 19.66％。其中 6 月供应了 5.48 亿只。

商品代及鸡肉价格。2021 年上半年商品代雏鸡平均销售价格是 3.74 元/只，较上年同比上涨 35.48％；毛鸡价格 8.68 元/千克，较上年同比上涨 15.26％；鸡肉价格 10.49 元/千克，较上年同比下降 3.32％。6 月商品代雏鸡价格是 2.63 元/只，成本是 2.73 元/只，毛鸡平均价格 8.44 元/千克，鸡肉价格是 10.5 元/千克，屠宰场成本是 10.2 元/千克。鸡肉价格低迷，2018—2019 年肉鸡行情高涨时，屠宰产能扩张较快，屠宰端的产能调整需要时间，因此，2021 年上半年屠宰对毛鸡需求还是比较大的。这种价格反向变动的情况也只是短期存在，长期来看雏鸡、毛鸡和鸡肉价格变动是高度相关的。

（二）黄羽肉种鸡生产形势

1. 祖代种鸡

2021 年上半年，全国在产祖代黄羽肉种鸡的存栏量是 152.73 万套，与上年同比小幅减少，但是存栏水平仍处于历史高位，是近十年来的第二高。6 月行情特别差，出现了 2021 年以来的首次减少。各个月度的存栏水平普遍低于上年同期，但还是处于较高的水平，明显要高于 2018 年、2019 年。可以说祖代种鸡长期处于过剩状态。

2. 父母代种鸡

父母代种鸡存栏。2021 年上半年全国在产父母代黄羽肉种鸡存栏 4 139.23

万套，与上年同比减少 5 个百分点，与 2019 年水平接近，处于近年较高水平。2018—2019 年行情比较好，父母代种鸡存栏持续递增。2020 年到现在一年半的时间里面，以递减趋势为主，并且到 2021 年 6 月存栏量水平与 2019 年接近。

父母代雏鸡供应。2021 年上半年比上年同期大幅减少了 15.29 个百分点。父母代雏鸡销售量减幅比较大，转卖商品代比例有所增多。另外监测父母代雏鸡的销售量包括外卖的外销量和企业自用两部分。2021 年上半年销量占比进一步减少，父母代雏鸡外销量占比是逐年减少的。上半年价格同比下降 8.69%。虽然父母代雏鸡价格变动幅度比较大，但仍然处于相对稳定水平。

3. 商品代雏鸡

销售数量。2021 年上半年监测企业商品代雏鸡销售量是 8.89 亿只，推算全国上半年大概是 22 亿只，同比上年小幅减少。从上半年两季度来看，第一季度没有减少，主要是第二季度减幅比较大，也说明 2021 年需求端的景气度不及去年同期。

价格走势。根据监测 2021 年上半年商品代雏鸡销售价格整体低位调整，平均为 2.02 元/只，成本是 1.9 元/只，这个价格同比上年下降了 5.8%。随着市场持续低迷，雏鸡收益日渐收窄，到 6 月一只雏鸡已经亏损 0.14 元。

4. 商品代毛鸡收益

2021 年上半年毛鸡销售均价 15.33 元/千克，同比上年有较大上升，当然这个上升也是因为上年同期太低。2021 年上半年一只毛鸡能够盈利 1.44 元，但价格下降趋势非常明显。1—3 月可以说是由于季节或者是节日效应，有一点盈利；4—6 月逐渐亏损，并且亏损的幅度逐渐加剧；到 6 月一只鸡已经亏损 2.13 元。按类型来看，快速型、中速型 5 月就已经亏损了；慢速型前 5 个月有点盈利，到 6 月进入了亏损。

三、2021 年上半年中国肉鸡生产监测

郑麦青在"2021 年肉鸡生产监测分析"报告中从肉鸡产能、养殖收益和未来发展趋势等全面分析了肉鸡生产形势。

（一）肉鸡产能

截至 2021 年 6 月，全国商品代肉鸡出栏量是 47.1 亿只，较上年同比增加了 7%；鸡肉产量 780 万吨，较上年同比增加约 11%。其中增幅较大的是白羽

肉鸡，出栏量和肉产量同比增幅都超过 20％。黄羽肉鸡的出栏量和肉产量都有所下降，出栏量降幅更大，接近 7.8％。新冠肺炎疫情之后，白羽肉鸡持续增长，只有一段时间是回调，而黄羽肉鸡的走势是出栏量不断减少。

从补栏情况来看，到 2021 年 6 月白羽祖代是 56 万套，同比上年增加近 7.9 万套；父母代补栏同比增加 10.5％，上半年累计补栏 3 100 多万套，上年同期是 2 500 多万套，增幅比较大；商品代补栏增加 19.7％。黄羽肉鸡，到 2021 年 6 月父母代补栏较上年同比减少 15％，商品代补栏量同比减少接近 2％。

（二）产业链收益

白羽肉鸡全产业链，2021 年上半年平均每出栏一只鸡有 2.6 元的收益，分配在各个环节的情况是不一样的。2021 年当月的月收益，6 月最少，收益仅为 0.99 元/只；前 5 个月在 2 元/只左右。2021 年 6 月父母代和商品代开始亏损，屠宰环节有小幅的收益。但是对于屠宰来说，上半年总体还是亏损的，因为前 5 个月都是亏损的，包括 2020 年 12 月也是亏损的。2019—2020 年屠宰线扩充了 27 条，现在是 60％～70％的开工率。

黄羽肉鸡全产业链，2020 年全年基本均是负收益，2021 年上半年收益同比增加 5.38 元/只，总体平均是 5.13 元/只。1 月、2 月收益比较高，之后就一路下滑，6 月是 2.2 元/只。上半年出栏黄羽肉鸡平均收益是 5.13 元/只，对养殖户来说基本上每只鸡收益 2.5 元，但对于龙头企业来说就是亏损的，因为龙头企业要保证合同养殖户的收益。

（三）趋势预判

白羽肉鸡继续延续前期的高速增长，黄羽肉鸡延续前期的缓速下降。鸡肉供应会保持高速增长，鸡肉消费增速放缓。随着猪肉的供应恢复，鸡肉消费增速不但要减缓，而且会出现短期的下降。预测 2021 年全年总体出栏增加七八亿只鸡，主要增量在白羽肉鸡，而黄羽肉鸡呈减少趋势。全年鸡肉产量预计是 1 690 万吨，较 2020 年增加 9％～12％。

四、2021 年基于企业视角的肉鸡产业经济发展形势

黄超做了关于"2021 年上半年黄羽肉鸡生产形势、问题及对策"的专题报告，李景辉做了"我国白羽肉鸡产业现状与未来"的报告，两个报告分别从企业视角分析了 2021 上半年影响白羽和黄羽肉鸡产业发展形势、存在问题及

未来趋势和对策。

（一）基于企业视角的黄羽肉鸡产业发展形势

1. 国家肉鸡产业技术体系南宁试验站 2021 年上半年总体情况

广西金陵农牧集团是国家肉鸡产业技术体系南宁试验站。黄超从出栏数量、价格收益等方面介绍了 2021 年上半年南宁试验站的总体情况。

（1）出栏数量。2021 年上半年出栏 307 万只，相对于 2020 年上半年出栏 633 亿只，可以说只有 2020 年的一半不到。受 2020 年深度亏损影响，在 2020 年下半年公司已大幅度减少投苗，以减少亏损。2021 年 1 月出栏比较高，主要是将 2 月的量提前上市。从各个品种鸡出栏情况来看，2021 年出栏以快速、中速型为主，但是快速型、中速型是按比例在减少，与往年的比例差不多，但是慢速型是在大幅度减少的。出栏体重在近两三年总体上涨，现在涨速比较缓慢。快速型 2020 年是 2.11 千克/只，2021 年是 2.18 千克/只；中速型 2000 年是 2.03 千克/只，2021 年是 2.16 千克/只。

（2）价格收益。2021 年自 4 月开始，整个第二季度出栏肉鸡的成本明显比之前高了很多。快速型第一季度每千克 10 多元/千克，第二季度每千克 11 多元/千克，上涨的幅度比较大，主要是饲料价格的增长。快速型在第一季度价格相对比较稳定，且是有盈利的。当时的饲料成本价格还不是很高，售价在一季度相对来说好一些，但是到二季度成本上升，售价也下降了，所以二季度是亏损的。中速型在一季度有盈利，二季度基本是在下降。慢速型亏损比较厉害。广西土鸡量增长比较快，慢速型本来市场已经饱和了，再加上现在消费低迷，慢速型是 6 月亏损最多的品种。

2. 黄羽肉鸡产业形势

（1）基本现状。2021 年上半年黄羽肉鸡产业应该说是全面亏损。种苗企业价格受肉鸡价格影响，售价比较低，一直在成本线之下；只有 2 月价格比较好，但是到 2 月之后，销量和价格一直往下走，持续低迷。肉鸡企业仍旧持续性亏损，这一轮连续亏损已持续了 19 个月。在这种行情况下，很多小的养殖场换了几任老板，但是他们还没有退出养鸡行业，都认为亏了这么久，应该快要涨价了，还在苦撑。

2020 年新冠肺炎疫情暴发以来，鸡肉消费水平大幅度下降。除了一些必要的宴席之外，整体消费能力下降比较厉害。南方一些传统节假日会促进肉鸡的消费，但是近两年节日效应明显减弱。比如，广西有一个丰收节，过去每逢丰收节农户基本上会请亲朋好友来家里吃饭，但是这两年基本上没有了，鸡肉消费大幅削减。

猪价下跌冲击肉鸡市场行情。2018 年 8 月至 2020 年,受非洲猪瘟疫情影响,猪肉产量下降,拉动了鸡肉的消费,鸡肉代替了约 20% 的猪肉消费。现在养猪行业恢复速度非常快,生猪出栏量已经逐渐饱和,猪价从年初约 30 元/千克跌到 6 月约 12 元/千克,跌幅很大。现在猪价基本在 14 元/千克左右,价格仍比较低。猪价下跌对肉鸡市场行情更是一个冲击。

养殖成本大幅度提高。2020 年原料价格一直在涨,饲料企业在 2020 年连续涨了 11 次价格,在 2021 年又连续大幅度上涨。玉米价格在春节前后最高涨到 3 200 元/吨,相比 2020 年初 2 000 元/吨的价格上涨了 1 200 元/吨。2021年豆粕价格最高 4 000 元/吨,相比 2020 年初的 2 500 元/吨上涨了 1 500 元/吨。总体来说,饲料价格涨了 30% 左右,肉鸡成本涨了 1 元/千克,涨幅较大。在疫情冲击和饲料价格上涨双重压力下,相当一部分黄羽肉鸡企业的日子不好过。

(2)企业运行。黄羽肉鸡三家上市企业,分别是温氏、立华和湘佳。温氏 2021 年上半年出栏 48 408 万只,较上年同比增长 1%。立华 2021 年上半年出栏 17 443 万只,较上年同比增长 24%。2020 年立华的肉鸡养殖表现确实不错,在同行业基本上都亏损的情况下,立华还有盈利。湘佳 2021 年上半年出栏 1 635 万只,较上年同比增长 45%。因为 2019 年黄羽肉鸡养殖赚钱较多,大家认为这个市场还有很大空间,就把养殖量加上来。据统计,近三成养殖户在扩张,有三成养殖户与上年持平,只有少数企业减少了产量。从目前的产量来说,黄羽肉鸡处于产量过剩的局面,当前的消费能力无法消化这些产量,需要进行减产。

2020 年有 3 家上市企业进入黄羽肉鸡养殖,分别是新希望、海大、正邦。经过 2020 年的波折,2021 年正邦基本上退出了肉鸡养殖,新希望和海大现在虽然还没有退出,但是 2021 年在数量上大幅压缩,剩余量已经很少了。部分黄羽肉鸡养殖企业经过如此长时间的亏损,经营比较困难,已经出现大量延迟支付工资或延迟贷款现象,有个别企业资金链基本上已经断裂,还有部分企业资金比较困难,变卖了部分产业来维持企业的运转。

3. 黄羽肉鸡发展面临的挑战

(1)市场低迷。黄羽鸡市场经过 2020 年和 2021 年的低迷期,已出现较长时间亏损,接下来要考虑如何保存实力活下来。因为总体产量没有减,市场消费比较低迷,何时能够盈利看不准,再加上现在猪价也降下来,所以黄羽肉鸡价格上涨的可能性就更低了。要想活下来,就必须保证资金链不断。

（2）饲料成本上涨压力。饲料成本上涨已经是一个不争的事实，亏损现在仍在不断加大，目前大部分企业都在考虑如何降本增效，减少自己的损失。从目前的形势看，2021年饲料原料价格还会在高位，虽然有的企业已经用了一些替代性原料，包括大麦、小麦和杂粮等，但是成本还是偏高，只能说成本相对于原有的配方来说有所降低而已。

（3）资金链紧张。目前各企业表面上能够维持正常经营状况，但实际上是暗藏危机，大家的资金链都很紧张，随时会有断裂的可能性。成本高、价格低、资金链紧张，整个行业必须要减量面对。如果一直是供过于求的局面，价格肯定上不来，亏损期会继续延长，很可能出现一些企业亏损倒闭的局面。

（4）禁活影响。随着国家推广集中屠宰、生鲜上市，活禽市场的空间越来越少。现在全国已有133个城市推行禁止活禽或者是逐步推行禁售活禽，这对黄羽肉鸡的销售冲击巨大。广西大部分城市也在逐步推行禁活，但是目前还没有完全实施，部分城市采取"毛进光出"的政策来推行禁活，这也是导致2021年的肉鸡交易量在原来交易量的基础上下降10%～20%的重要原因。

（5）新建屠宰场不能一蹴而就。因为国家推行禁活，对于黄羽肉鸡产业来说必须要延长产业链，增加屠宰场。无论是黄羽肉鸡企业自己来建，还是引进其他屠宰企业来建，都是必需的。目前黄羽肉鸡的屠场确实太少，不足以支撑肉鸡的销量。但现在要建成投产也要一年的时间，最起码要到2023年才会有比较多的屠宰场投产，在没有足够的屠宰厂建成之前，禁止活禽市场交易还是需要一个过程。

（二）基于企业视角的白羽肉鸡产业发展形势

1. 白羽肉鸡产业发展现状

白羽肉鸡行业自2017年以来保持连续四年整体盈利，其中2019年、2020上半年因非洲猪瘟疫情冲击生猪产业而获利较丰。由于总体产能处于持续增长期（2020年国内屠宰量近60亿只），加之进口数量大幅度增长（2020年进口鸡肉140多万吨，同比增长100%），以及猪肉价格持续下降，鸡肉对猪肉的替代效应减弱，从2020年四季度开始到目前，白羽肉鸡行业进入到数量稳定增长、行业参与者有赔有赚的正常阶段。

2. 白羽肉鸡产业发展前景

白羽肉鸡将继续扩大笼养和多层平养比例，引进智能化，以及解决种鸡短缺问题。我国种鸡供应即将不再紧缺，圣农等国内白羽肉鸡育种成果推广将惠及行业。2021年肉鸡出栏增长5%以上，行业整体上处于盈亏平衡。因一条龙公司持续扩张，高代次种鸡环节处于比较优势地位。基于白羽肉鸡在节粮、成本、环境代价、营养、安全、方便等方面有着巨大的优势，预计再过几年国内需求量将达到年 75 亿只以上，10 年内需求量将超过 100 亿只。即便如此，也仅仅达到世界人均消费量水平，还远远没有触及天花板。我国白羽肉鸡产业将在需求稳定增长中震荡前行。

五、2021 年上半年中国肉鸡贸易形势

吕向东在"2021 年上半年肉鸡贸易问题"报告中，分析了我国肉鸡贸易形势。

（一）全球肉鸡贸易总体形势

2020 年全球种鸡出口 22.8 亿美元，较 2019 年下降 21％。主要出口国有德国、荷兰、美国、法国、英国、匈牙利、丹麦、巴西、西班牙。

2020 年全球鸡肉出口 274.6 亿美元，同比下降 17.6％。鲜冷鸡块出口额 581 951 万美元，较上年同比增长 2.2％，主要出口国为荷兰、波兰、比利时；冻鸡块出口额 1 230 263 万美元，较上年同比下降 18.2％，主要出口国为巴西、美国、荷兰；鲜冷整鸡出口额 88 939 万美元，较上年同比下降 19.2％，主要出口国为中国、荷兰、波兰；冻整鸡出口额 275 338 万美元，较上年同比下降 11.5％，主要出口国为巴西、土耳其、乌克兰；加工鸡肉出口额 569 809 万美元，较上年同比下降 31.8％，主要出口国为日本、德国、荷兰。

（二）我国肉鸡贸易形势

2021 年 1—5 月我国肉鸡出口 16.8 万吨，出口额 5.8 亿美元，较上年同期分别下降 5.6％和 9.6％；肉鸡进口 59.2 万吨，进口额 12.8 亿美元，较上年同期分别增长 11.7％和下降 4.2％。贸易逆差 7 亿美元，较上年同期扩大 0.9％（表1）。

为什么进口量增加，反而进口额下降那么多？一方面有汇率的因素，但不是主要因素。另一方面有品种结构的因素，这是主要因素。从巴西进口的鸡块产品增量很少，从美国进口的鸡爪等增量特别大，但单价低，所以即便进口量增长，进口额还是下降的。

出口主要是一些熟的鸡肉制品，出口整鸡主要是我国港澳地区。对我国港澳地区的出口，以前是活鸡，现在活鸡基本出不去，大部分都是冷鲜产品。

表1 2021年1—5月我国肉鸡进出口数量和金额

单位：万美元、吨

	进口额	同比	进口量	同比	出口额	同比	出口量	同比
种鸡，重量≤185克	1 803.6	12.0%	32.5	10.7%	—	—	—	—
其他鸡，重量≤185克	—	—	—	—	84.8	52.4%	70.8	32.2%
其他鸡，改良种用除外	—	—	—	—	67.8	—	262.5	—
整只鸡，鲜或冷的	220.5	−78.1%	1 540.5	−78.2%	10 150.0	23.4%	27 459.5	18.6%
整只鸡，冻的	—	—	—	—	343.3	−2.3%	1 089.3	7.5%
鲜或冷的鸡块及杂碎	—	—	—	—	—	—	—	—
鲜或冷的带骨鸡块	—	—	—	—	223.8	21.5%	550.2	18.7%
鲜或冷的其他鸡块	—	—	—	—	18.5	—	49.3	—
鲜或冷的鸡翼（不包括翼尖）	—	—	—	—	2.7	—	6.7	—
鲜或冷的其他鸡块及杂碎	—	—	—	—	29.4	65.6%	83.1	56.0%
冻的鸡块及杂碎	—	—	—	—	—	—	—	—
冻的带骨鸡块	15 641.8	−18.6%	165 685.9	28.8%	1 866.4	21.9%	9 023.1	30.0%
其他冻鸡块	304.3	−94.3%	1 487	−94.3%	5 917.3	10.4%	29 104.3	20.2%
冻的鸡翼（不包括翼尖）	39 503.1	−29.1%	127 316.6	−22.4%	271.8	−5.9%	575	8.6%
冻鸡爪	64 007.9	52.2%	249 102.9	55.3%	—	—	—	—
其他冻鸡杂碎	6 050.2	−3.3%	43 980	35.1%	83.5	92.4%	604.3	99.3%
冷、冻的鸡吨（即鸡胃）	508.3	−15.7%	2 794.4	1.9%	—	—	—	—
鸡罐头	1.2	−68.2%	4	−54.2%	1 130.2	408.9%	4 425.4	301.6%
其他制作或保藏的鸡胸肉	—	—	—	—	10 588.1	4.6%	30 017.3	8.2%
其他制作或保藏的鸡腿肉	—	—	—	—	17 208.0	−9.0%	41 894.8	−6.7%
其他制作或保藏的鸡肉及食用杂碎	—	—	—	—	9 962.3	5.3%	22 806	5.1%
总计	128 040.9	−4.2%	591 943.8	11.7%	57 947.9	−9.6%	168 021.6	−5.6%

六、鸡肉期货研发进展

郑州商品交易所农产品部郭晨光经理做了"鸡肉期货的研发进展介绍"的报告。郑州商品交易所是一个期货交易所。郑州商品交易所从 2019 年开始研发鸡肉期货，到现在已有两年时间。报告主要从三个方面介绍鸡肉期货的研发进展：第一是什么是期货；第二是鸡肉期货上市的积极意义；第三是郑州商品交易所相关工作及进展。

（一）什么是期货

1. 期货概念

什么是期货？期货的英文是 Futures。期货价格是指未来的价格。未来的价格是什么特征呢？由期货交易所统一制定的一个统一时间、统一交割地点、统一品质的标准化合约。通俗来讲，就是大家可能为了确定未来的采购价格或者是销售价格，跟自己上游企业、下游企业签订一些远期合同。交易所的作用就是把这些远期合同标准化，将某种商品变成一个可交易的标的，在期货交易所交易。

2. 期货具有价格发现和套期保值两大基本功能

一是价格发现功能。即可以发现远期的价格。因为大家在市场上签订的远期合同是双方博弈的结果，博弈能力强，可能这个价格就稍微好一点；如果博弈能力弱、话语权弱，价格就相对没有那么好。有了期货工具以后，大家都可以在期货平台上交易，这样形成的价格是一个公开、透明、充分博弈的价格，这个价格就是可以指导买卖双方签订合同的价格。

二是套期保值功能。套期保值是期货市场重要的功能之一，这一功能是基于价格发现功能实现的。期货交易所制定了远期买卖合同。作为一个产业企业，如果知道未来一年之后有买进需求，就可以提前从市场上将价格锁定。一年之后到了交割时间，如果觉得一年之前锁定的价格是可以接受的价格，就可以以一年之前的价格拿到这个货物，届时这个货物价格无论涨或跌都与企业没有关系，这个价格就是我一年之前签订的合约或者是买入这个合约的价格。

3. 期货能够帮助平抑价格

期货的好处是可以平抑价格波动。做一个类比，可能现在肉鸡产能释放还没有到高峰，未来一年可能这个产能释放要到高峰，到高峰期的时候市场价格还不如现在的价格，与其这样，我现在可以基于这个时间点，把未来我将要释放的产能在期货市场提前卖出，把这个价格锁定，将来现货市场再有价格变化就与我无关了。如果只是从现货角度来讲，要防御风险可能主要是缩小产业规模、减产，或者是用一些激进的销售策略。通俗来讲即是预期后期要降价，提前出栏或者是提前释放产能，把在栏的肉鸡提前卖掉。有了期货之后就不一样了，可以根据不同时期的合约价格安排自己的产量、产能，同时可以锁定自己的价格。所以说，期货不是能保证赚钱，其不是一个盈利的工具，而是保证平稳的工具。可能在这个价格是 10 元的时候，可以赚 2 元；在这个价格是 20 元的时候，也是赚 2 元。但在期货工具的帮助下，企业能够稳健经营，而不是在价格上下涨幅波动中承受市场风险。这就是期货交易的作用。

4. 市场化程度高的农产品品种有利于期货功能的发挥

目前来讲，国内有 5 家期货交易所，已经上市了 69 个期货品种和 21 个期权品种。郑州商品交易所上市的农产品主要包括五个板块：粮、棉、油、糖、果，现在计划拓展鸡肉期货。

鸡肉期货和生猪期货存在一定差异。猪粮安天下，国家高度重视生猪产业的发展，因此生猪期货市场在一定程度上确实会受到国家宏观调控的影响。相对而言，肉鸡产业市场化程度比较高，所以肉鸡产业更需要一些市场化工具来帮助产业进行转型升级或者市场调控。鸡肉期货是一个更市场化的产品。生猪和肉鸡两个期货发挥的空间是有明显差别的。在市场化条件下发展的品种更有利于期货功能的发挥。

郑州商品交易所交易的粮食有五个品种，有普通小麦、稻谷、早籼稻、晚籼稻和粳稻。由于国家托市收购政策，其实市场上没有什么波动，所以在期货交易所的表现就是这五个品种是没有交易量的。在政策性指导比较强的情况下，期货市场功能的发挥就十分受限。

期货市场的作用就是为实体经济服务，在需要期货市场发挥作用的时候就可以发挥作用，但是如果不需要期货市场发挥作用的时候，期货市场相对而言也没有表现出扰乱市场，或者是影响市场的情况。

（二）鸡肉期货上市的意义

我国鸡肉产值超过 2 000 亿元，对国计民生具有重要影响，作为国内仅次于猪肉的第二大肉类蛋白供应源，鸡肉的稳定供给对平衡"猪周期"带来的影响具有积极作用，有效保障国内的肉类供给安全。关于鸡肉期货上市的意义，包括服务产业振兴，保障肉鸡供给安全，完善鸡肉价格形成机制，助力养殖户稳定收益，助力企业稳健运营，引导金融力量服务产业发展，丰富期货品种体系等多个方面。在这里主要拣几点个人觉得比较接地气的四点内容与大家分享：

一是利益链条保障。根据最新的统计数据，肉鸡养殖户超过 20 万户。20万户其实是一个比较庞大的群体规模，直接决定了我们国家鸡肉的供给。现在连续五年中央 1 号文件提出要推进保险＋期货。保险＋期货是一个什么样的形式呢？我们为肉鸡养殖户提供一个农业保险，这个保险的风险是一个价格下跌的风险，这个价格下跌的风险应该讲没有地方对冲，保险公司没有地方对冲价格下跌的风险。有了期货以后，保险公司可以通过期货公司的合作来期货市场对冲这个价格风险，实际上可以间接地通过金融市场来稳定农民的收益。当然有一些"公司＋农户"合同养殖，肉鸡价格也是固定的。从利益链条保障机制来讲，期货市场可以通过稳定终端产品价格，向上延伸从而稳定养殖端的作用。

二是价格发现。在前面介绍期货市场两个作用的时候也简单提到了这一点。比如说一年以后的价格低于当前价格，这时候企业可能会根据期货价格考虑，未来的价格对于企业来讲已经非常不利了，就可以提前缩减规模，或者是提前安排销售计划、生产计划。因为这时候未来的价格不再是一对一终端远期客户决定的，而是整个市场给予的一个信号，更权威、更公正，这样企业可以灵活地通过未来的价格信号调整自己的经营方式方法和策略。这可能比联盟之间的合作，或者利益群体之间的合作，再或者是非缔约关系的合作更市场化、更紧密一些。

三是通过锁定价格与上游饲料形成一个闭环。因为饲料是有期货品种的，例如豆粕、菜粕、玉米等都是有相应的期货品种。如果有了鸡肉期货以后，就可以成为一个完整的产业链。在上游锁定饲料价格，在下游锁定了产品价格，企业就可以集中精力去拼养殖水平，而不再为价格发愁。现在因为缺乏鸡肉期货，养殖企业很多是通过采购饲料的时候进行期货套保，锁定了饲料的价格，但是下游没有锁定未来价格的工具，所以它也只能被动地接受市场风险。养殖企业只能根据自己对于市场的判断，如果觉得好就往后延一延，进一些作为库存，晚一点卖；觉得不好就主动销售，这是一种被动的风险防御的方式。实际上，对于一个产业来讲，有这个期货和现货两个工具一块走路，是非常有益的。

四是期货是能够打通产业和金融之间沟通的桥梁。这是期货市场最重要的一个作用。为什么这么讲呢？从郑州交易所最新上市的苹果期货来讲，表现就非常明显。苹果在我们国家是比较重要的水果，但苹果产业一直是弱、散、小。上市了期货以后，一方面，资金因为有了风险保障，更敢于尝试传统农业或者是传统行业，扩大生产经营，提高效率。另一方面，通过期货可以实现融资的功能。因为原来这批货值多少钱，很难有人给出一个公正的判断或者是依据。但是有了期货，只要按照交易所的标准，生产出来的产品就有一个公允的价格，有了这个公允的价格，银行就敢进行评估、敢给予贷款。同时，交易所也提供融资服务。生产者把货物放在交易所的仓库里，形成舱单，也就是有价证券，交易所也可以提供融资服务。肉鸡产业集中化程度比较高，有很多上市公司，尤其是一些中小企业，可能面临融资难、融资贵的问题，通过期货市场也能解决。

（三）郑州商品交易所相关工作及进展

根据证监会的要求，郑州商品交易所开展了质量摸底检验。因为拟交易的是冷冻的白羽肉鸡的鸡大胸，所以我们几乎采购了市面上大家所知道的大中小各个工厂的产品。大约检验了 300 个，获得的数据有 1.7 万个。我们也跟禾丰、凤祥、圣农、双汇等各大企业开展了一些质量对标检验。

期货市场最重要的是产品的标准化。在此以点带面，通过一个细节介绍我们所做的一些标准化的工作：我们在解冻失水率这个指标上进行了比较大的完善。解冻失水率，因各企业的解冻方式不一样，对结果影响就会不一样。我们发明了一个水域设备，包括冷水域时间、控制的温度等。把这个操作流程标准化以后，我们现在已经跟所有企业达成一致。包括这个设备现在也在很多企业里面进行推广。

我们期待尽快、更好地让行业利用上鸡肉期货这样一个很有用的工具，用上以后就会感觉到其跟传统的被动式的风险防御措施是有本质上的区别的。

七、肉鸡产业经济学术研究进展交流

李华做了"基于纵向产业链视角的我国肉鸡价格波动和传导研究"的报告，张灵静做了"中国肉鸡养殖业抗生素使用——基于国际比较"的报告。

（一）基于纵向产业链视角的我国肉鸡价格波动和传导研究

这一研究主要是总结肉鸡产业链系统中肉鸡配合饲料价格、商品代肉用雏鸡价格、活鸡价格、白条鸡价格，这四类产品的价格波动和传导规律，并通过实证分析结合访谈案例分析肉鸡产业链价格非对称传导的原因。

1. 肉鸡产业链价格波动、肉鸡配合资料的价格走势

综合 2005—2020 年肉鸡饲料、雏鸡、活鸡、白条鸡四个价格序列走势分析，雏鸡价格、活鸡价格和白条鸡价格曲线具有较强的相关性，周期波动幅度和起止时间类似，可以推测三者价格之间具有较强的关联性。饲料价格弹性相对来讲比较低，走势受多重因素影响，价格相对平稳。饲料在肉鸡养殖成本中的比例占 50％～80％，所以饲料价格对肉鸡价格走势具有基础性作用。

2. 肉鸡产业链价格传导

肉鸡纵向产业链中饲料价格比较独立，不易受其他价格影响，随着时间的延长，饲料价格对活鸡价格、白条鸡价格具有长期影响。雏鸡价格主要受自身影响，对活鸡价格和白条鸡价格的作用力比较大。活鸡价格对白条鸡价格具有决定性影响，所以说活鸡价格是白条鸡价格的先行指标。肉鸡纵向产业链中的价格传导，主要是从雏鸡价格传导到活鸡价格再传导到白条鸡价格，价格从上游传导下游，反之从下游到上游的传导关系并不明显，或者说下游产品的价格对上游产品的价格影响比较小。

3. 肉鸡产业链价格非对称传导原因

商品供需特性差异。雏鸡价格走势与肉鸡养殖利润密切相关，雏鸡价格作为养殖成本的一部分传导至活鸡更为顺畅，而活鸡价格反作用于雏鸡价格时需要市场供需博弈。

市场主体地位差异。在正向价格传导过程中，饲料加工和雏鸡繁育经营主体较为强势，随着滞后期数的增加雏鸡价格影响越来越大并对活鸡价格、白条价格起主要作用；在逆向传导过程中，鸡肉批发零售商和肉鸡屠宰加工经营主体比较强势，当白条鸡价格上涨时，这些经营主体会获得更多利润，因此白条鸡价格传导能力较弱。

肉鸡产业链一体化程度不足。我国肉鸡产业链一体化程度不足，散养模式占比较大，是形成市场地位差异的主要因素。肉鸡养殖散户、单环节经营的企业在经营过程中受周期影响较大，经营不稳定，造成供给波动较大。

4. 主要结论

一是雏鸡、活鸡和白条鸡价格的周期相似。雏鸡价格、活鸡价格和白条鸡价格具有相似的周期波动和波动幅度。这三项产品价格整体表现为趋势向上，价格波动周期为 2～3 年。饲料价格与活鸡价格和白条鸡价格存在较强相关性，结合饲料价格的脉冲响应函数分析，本报告认为饲料价格长期上涨的走势是活鸡价格和白条价格走势长期向上的基础。

二是肉鸡产业链中存在价格非对称传导现象。肉鸡产业链中除了饲料价格走势比较独立外，其余三者价格之间相互作用。肉鸡产业链价格由上游传导至下游价这一顺向过程中，价格传导表现较为顺畅，根据脉冲响应分析，雏鸡价格的变动会及时传导至活鸡和白条鸡。格兰杰因果检验表明，活鸡价格对白条鸡价格具有单向的引导关系，在方差分解中活鸡价格对白条鸡价格构成主要影响，反之白条鸡价格对活鸡价格的影响不如雏鸡价格对活鸡价格的影响。

三是存在非对称价格传导的原因主要有三点。商品的供需特性、市场主体地位间的差异和我国肉鸡产业链一体化程度不足。

（二）中国肉鸡养殖业抗生素使用——基于国际比较

本研究首先对肉鸡生产的经营方式进行分类，根据经营方式将肉鸡生产主体划分为一条龙公司、"公司＋农户"和市场户三种类型，按照三类经营方式测算单只鸡抗生素的有效干物质投入剂量，并按权重，测算全国单只鸡抗生素投入平均剂量。在单只鸡投入剂量的基础上，根据抗生素有效干物质的价格，分别计算三类公司的抗生素的投入成本，并按照权重系数，测算全国单只鸡抗生素投入的平均成本；最后将中国单只鸡抗生素投入剂量与欧洲 9 国、美国和越南进行比较，明确中国肉鸡产业抗生素投入在 11 个主要肉鸡生产国中的位置。

数据来自国家肉鸡产业技术体系肉鸡产业经济岗位 2019 年 5—12 月在吉林、辽宁、山东、河南、河北、安徽、湖南、广西、云南 9 省份共 334 家养殖场户的调研。

1. 中国肉鸡产业抗生素投入现状

（1）抗生素选用品类测算。334 个鸡场一年内使用的抗生素为 10 类 27 种，涵盖了《中华人民共和国兽药典（2015 版）》规定的全部抗生素大类。从总体上看，氯霉素类人工合成抗生素氟苯尼考是鸡场选用最广泛的抗生素，选择氟苯尼考的鸡场高达 82.04％。主要原因在于：一是氟苯尼考是兽用专用广谱抗菌药物，广泛用于大肠杆菌、沙门氏菌和支原体感染的治疗；二是该类抗生素属于抑菌药物，既可以作为预防性用药，又可作为治疗性药物；三是该类抗生素的价格适中，在饲主的成本接收范围内。

从经营方式上看，三类养殖场选药比例最高的氯霉素类抗生素为氟苯尼考。其中，一条龙公司对该药选用比例明显低于其他两类公司，一个重要原因在于，一条龙公司饲养技术水平及管理水平普遍高于其他两类公司，特别是生物安全水平和动物福利水平，明显优于其他两类公司，因此，对部分药物的选用明显低于其他两类公司。

（2）抗生素投入剂量测算。鸡场主要品类的抗生素投入剂量。从具体品类上看，中国单只鸡抗生素投入剂量最高的药品为β-内酰胺类药物阿莫西林。主要原因在于兽用阿莫西林是广谱杀菌剂，对大肠杆菌病、沙门氏菌病、支原体感染等具有良好的治疗效果，养殖场更愿意使用该品种的抗生素。从经营方式上看，β-内酰胺类药物阿莫西林在"公司＋农户"养殖场与市场户养殖场中的投入剂量最高，而一条龙公司单只鸡投入剂量最高的则为喹诺酮类抗生素恩诺沙星，与此同时，一条龙公司中单只鸡阿莫西林用药剂量明显低于其他两类公司，这也说明，一条龙公司在疫病防治上具有明显的优势。

单只鸡抗生素投入剂量的测算。经测算，全国单只鸡抗生素投入平均剂量为428.02毫克，其中治疗性抗生素占抗生素总投入的69.05%。三类养殖场，一条龙公司单只鸡抗生素投入剂量最低，"公司＋农户"养殖场抗生素的投入剂量最高。从用药环节上看，一条龙公司单只鸡治疗性抗生素投入剂量占其抗生素投入总剂量的74.07%，"公司＋农户"养殖场治疗性抗生素投入剂量占其抗生素总投入剂量的65.82%，市场户养殖场治疗性抗生素的投入剂量占其抗生素投入总剂量的56.72%。正如前文所述，对于一条龙公司和"公司＋农户"养殖场，较高水平的生物安全措施与动物福利取代了治疗性抗生素的投入，因此治疗性抗生素所占比率明显低于市场户养殖场。

（3）抗生素投入成本。主要抗生素投入成本的测算结果。从全国平均水平看，单只鸡氯霉素类抗生素氟苯尼考投入成本最高。从经营模式上看，"公司＋农户"养殖场和市场户养殖场单只鸡使用剂量最高的也是氟苯尼考，而一条龙公司单只鸡投入最高的则为喹诺酮类药物恩诺沙星。主要原因在于一条龙公司在鸡苗阶段常采用较为规范的沙门氏菌净化流程，因此恩诺沙星使用量明显高于其他两类公司并明显高于其他药物。

单只鸡抗生素投入成本的测算。全国单只鸡抗生素投入成本接近药物投入总成本的一半，三类公司抗生素投入总量分别占其药物投入总量的44.83%、48.55%、48.48%。从用药环节上看，治疗性抗生素投入成本占抗生素总成本的六成以上。全国平均、三类公司治疗性的抗生素占比分别为66.77%、65.38%、68.66%、71.25%，进一步表明，随着公司生物安全水平和动物福利水平的提高，预防性抗生素投入比例逐渐下降，而治疗性抗生素投入比例则不断上升。

2. 国际比较

（1）与发达国家比较。与欧洲9国抗生素选用品种的比较。欧洲部分国家自20世纪80年代开始限制抗生素的使用。丹麦、法国等欧洲9国由于政策限制及饲养管理技术较为先进，较少使用亚治疗性抗生素。已有研究对比利时、保加利亚、丹麦、法国、德国、意大利、波兰、西班牙、荷兰 9 个国家 181 个肉鸡养殖场治疗性抗生素使用情况，养殖场平均饲养天数 49～56 天。相应研究结果表明，欧洲排名前 5 位的抗生素类别为四环素类、多肽类、磺胺类、β-酰胺类、喹诺酮类。而中国排名前 5 位的抗生素为氯霉素类、β-内酰胺类、四环素类、大环内酯类、喹诺酮类。由于价格的影响，中国肉鸡养殖场对多肽类抗生素的选用较少，另一方面，由于受药残检测严格执行，严格限制磺胺类药物，中国肉鸡养殖场对磺胺类药物使用较少。由于受粪肠球菌耐药性的影响，氯霉素类药物在欧洲鸡场使用较少，取而代之的为多肽类药物。

与欧洲 9 国抗生素使用剂量的比较。根据 Joosten（2019）等人的研究，欧洲 9 国中，抗生素投入水平最高的国家为波兰，最少的为丹麦和荷兰。与之对比，中国单只鸡抗生素投入剂量高于欧洲 9 国。从单个国家看，与中国最为接近的是波兰。按 50 天的风险天数计算 TI_{DDDan} 指数，中国抗生素投入的 TI_{DDDan} 指数为 33.26。这表明，中国抗生素的投入剂量覆盖风险期的 33.26%，超过风险期的三分之一。总体上看，中国抗生素使用的平均程度高于欧洲其他国家。

美国肉鸡产业抗生素投入现状。从预防方面看，美国抗生素主要作为饲料添加剂，阻止疫病发生，并促进鸡只生长。目前美国肉鸡饲料中最常用的抗生素类饲料添加剂有粘杆菌素、维吉尼亚霉素、青霉素、阿维拉霉素、林可霉素，每吨鸡饲料中含抗生素约为 115 毫克。按照平均单只鸡需 4 千克饲料计算，美国单只肉鸡进食预防性抗生素 460 毫克。根据美国技术评估办公室的评估，美国肉鸡养殖业中 86% 抗生素用于预防，而用于治疗的抗生素仅为 14%。如果按此标准，美国单只肉鸡抗生素投入剂量为 540 毫克，其中，治疗性抗生素为 70 毫克。

与美国抗生素投入剂量的比较。自 2006 年美国开始鼓励无抗养殖后，部分收购商在合同中限制、禁止某些抗生素的使用，相关管理部门也推出 HACCP 生产流程，以此限制预防性抗生素的使用。根据 FDA 的统计，2011 年全美 287 个抗生素产品中，用作饲料添加剂的产品仅有 66 个，美国无抗养殖鸡场也增加到 48%。如果将美国肉鸡产业抗生素投入划分为有抗养殖场和无抗养殖场两类，与之相比，中国单只鸡抗生素投入水平高于美国无抗养殖场，而低于美国有抗养殖场。与美国显著不同的是，中国抗生素主要用于治疗上，而美国抗生素主要用于预防和促生长。

（2）与发展中国家比较。越南鸡场抗生素使用的现状。越南是亚洲主要的鸡肉生产国和消费国之一，年饲养鸡只 15.42 亿只。家庭饲养鸡只数量占总量的 40.8%，越南是亚洲最早关注抗生素耐药性的国家之一。已有研究人员 2019 年对越南湄公河三角洲地区 208 个肉鸡养殖场抗生素情况进行了调研，选取了 158 个抗生素组方，并根据组方有效成分进一步测算了抗生素的含量。四环素、多肽类、大环内酯类、β-酰胺类、氨基糖苷类是 208 个鸡场选用最普遍的抗生素，氯霉素类和喹诺酮类抗生素使用较少，原因在于越南养殖场在鸡苗阶段较少执行沙门氏菌种源进化，另外，由于缺乏正规兽医指导和处方限制，越南肉鸡养殖场联合用药较为普遍。

与越南单只鸡剂量的比较。根据已有研究，越南平均单只鸡抗生素投入为 470 毫克，其中预防性抗生素投入为 394.8 毫克，治疗性抗生素投入为 75.2 毫克。总体上看，中国单只鸡抗生素的投入低于越南。从用药环节上看，越南鸡场抗生素的投入主要用于预防与促生长，而中国则主要用于治疗。

3. 研究结论

中国肉鸡养殖场抗生素的选用更为集中。研究表明，334 个肉鸡养殖场抗生素投入为 10 类 27 种。受药物治疗范围、成本、药残检测政策的影响，中国肉鸡养殖场选用最为普遍的前 5 种抗生素为氟苯尼考、阿莫西林、多西环素、恩诺沙星、替米考星，其中，氟苯尼考、阿莫西林、多西环素药物的选择高达 60% 以上。与欧美 9 国、越南相比，中国抗生素品类选用更为集中。

中国肉鸡养殖治疗性抗生素占主体。剂量方面，不管是全国平均水平，还是三类养殖场，单只鸡治疗性抗生素投入超过了抗生素总体的一半，一条龙公司治疗性抗生素投入超过总体抗生素投入的七成。成本方面，中国肉鸡养殖业抗生素投入接近药物总成本的一半，治疗性抗生素投入成本占抗生素总成本六成以上。

中国单只鸡抗生素投入剂量高于欧洲 9 国肉鸡养殖场和美国的无抗肉鸡养殖场，低于美国有抗肉鸡养殖场和越南肉鸡养殖场。值得注意的是，中国抗生素使用主要集中在治疗，美国和越南则主要用于预防和促生长。

八、关于肉鸡产业的重点聚焦议题

(一) 肉鸡产业发展前景看好

黄建明认为，近三年白羽肉鸡产业形势不错，既有因非洲猪瘟疫情引致的替代效应因素，也还有行业自身发展因素。龙头企业信心很大，纷纷制定了 3～5 年的翻番计划，未来 3～5 年可能会出现年屠宰或者是年出栏 5 亿只鸡以上的集团企业。

四川德康农牧食品集团股份有限公司市场部总监颜兵提出，禽肉行业属于一个朝阳行业。禽肉整体来讲属于白肉，从白肉和红肉对人体的健康来讲，白肉应该更好一些。国外鸡肉人均消费量远远超过我国，未来我国鸡肉在肉食品结构中的占比会进一步上升。

国家肉产业技术体系副产物综合利用综合岗位专家、江苏省农业科学院研究员徐为民认为，畜牧业中肉鸡产业应是重点发展产业。我国人多地少、资源紧缺，用家禽来提供动物蛋白是最经济、最环保的。

（二）推动产业转型升级

广西肉鸡产业创新团队首席专家、广西畜牧研究所研究员韦凤英提出，近年来一些黄羽肉鸡企业开始转型白羽肉鸡养殖，一些白肉鸡企业还在不断扩大经营规模，此外很多猪场转产养鸡、养鸭。如此下去，市场就会严重过剩，这一隐患应引起重视。在消费方面，45 岁以后的中老年在控制肉类消费，这个因素也应该考虑进去。

国家肉鸡产业技术体系信阳试验站骨干成员、河南三高农牧股份有限公司副总经理马翔认为，控产能是当前整个肉鸡行业一个非常重要的话题。黄羽肉鸡从 2019 年 11 月到现在基本上都是亏损的。企业至少减产 1/3，但减量以后价格仍然不好，就说明新冠肺炎疫情对消费者造成的影响还会持续。尽管白羽肉鸡这两三年一直在盈利，但黄羽肉鸡企业也在转型，将来也会对白羽肉鸡形成一些冲击。如果白羽肉鸡还在继续扩产的话，也需要考虑到黄羽肉鸡转型带来的影响，这是不可忽视的。

宫桂芬认为，实现肉鸡产业的可持续发展，必须切合实际地解决好废弃物资源化利用问题。废弃物经过处理以后能还田，这是资源化利用最好的途径。现在有些地方执行上已与国家有关部门的标准完全出现偏差，排放标准有的特别苛刻，不符合实际。例如，有些地方废水必须达到人能喝的标准，才能去排放，这就失去了还田原本的意义。现在环保成本投入很高，推动产业可持续发展应该拿出切合实际的、因地制宜的解决方案，不能一刀切。发达国家粪污资源化利用的有益经验值得我们学习，其根据当地种植规模来规划畜牧养殖，有多大土地能承载多少量，就能养多少。在粪污处理问题上，能够一步解决的问题，绝不要用两步，简单化、能达到目的就好。此外，应保持政策的稳定性、连续性，不能供给短缺时就放松，供给宽裕时就收紧，让企业无所适从。

颜兵提出，黄羽肉鸡要重视产业链延伸。随着国家政策禁活，越来越多的城市开始禁活，黄羽肉鸡本来成本就高、养殖天数长，产业发展面临很多挑战。产业延伸包括养殖、屠宰、加工、分割以及食品生产等各个环节，都需要优化和规范。从养殖效率来讲，原来都是平养，一个平方米约是8～10只，效率比较低。现在有些区域也在发展笼养，或者是多层平养等，这种方式有利于提升养殖效率。从品种来讲，现有的品种优势不明显，成本也比较高，屠宰出来，各个方面不利于分割，黄羽面临着品种调整的问题。

（三）有效市场应和有为政府更好结合

黄建明认为，白羽肉鸡确确实实是高度市场化的一个产业，政府基本不干预这个产业，未来发展也要靠产业自身通过市场来调节。

政府有关部门应加强企业信息服务工作，建议将白条鸡作为主要产业信息统计到全国畜牧总站的每周信息报价中。此外白羽肉鸡产业化有非常高的集中度，产业链涵盖的链条、环节很多，里面不管是父母代雏鸡或者是商品代雏鸡，其实都是过程中的一个生产资料，其价格高低并不能反映白羽肉鸡产业整体的情况。所以，建议关于肉鸡产业的分析分成两部分开展：一是基于产业链角度来分析行业的整体情况，二是基于非产业链的分析作为一个参考，这样可能更客观。

黄建明谈到，国家应重视贸易公平和产业保护。黄羽肉鸡产品不出口，国际竞争方面不能反映这方面问题，但白羽肉鸡产品一直都有进口，进口肯定对国内产业有冲击。国外消费者喜欢吃鸡胸肉，不吃鸡爪类产品，中国则相反。那么有的国家出口鸡爪或者是鸡翅，反过来也应该接受我国的鸡胸肉，这是一种对等的贸易行为，也是对我们的行业的一种保护。

沃森氏威海农牧发展有限公司副总经理李长生建议，政府应就动物蛋白供给结构做好规划。中国整个蛋白质供应大概每年1亿吨，其中猪5 000万吨，禽3 000多万吨，还有水产等，整体规划平衡应该是政府来推动，而不能完全靠市场。

河北飞龙家禽育种公司总经理姚彤提出，应提高产业数据的精准度。目前，国家有关部门公布的数据与行业发展的实际情况存在较大差异，这容易导致国家支持政策与行业的发展不协调。希望有关部门能深入白羽肉鸡行业中采集数据，逐渐能让每个部门、每个环节达到数据统一，提高数据准确性，这样对行业的政策引导会有很大帮助。

国家肉鸡产业技术体系鹤壁试验站骨干成员、河南大用实业有限公司经理杜好朋认为，国家对生猪有储备肉制度，比如2021年5月、6月猪肉价格非常低，7月国家已经出台政策收购中央储备肉。建议肉鸡也建立禽肉储备制度。

江苏立华牧业股份有限公司技术部总经理刘岳龙研究员谈到，在应对各种突发事件上需要行业协会和政府主管部门参与协调指导，统筹安排，用科学严谨的方法，把产业模式、全产业链的布局设计统筹起来。应坚守安全原则，或者说安全的底线，资金链问题如此，食品安全、环保安全和突发事件对企业的影响来说更是如此。特别是对上市公司，食品安全、环保安全与各种突发事件应对尤为重要。这需要行业协会和政府主管部门参与协调、参与指导，统筹安排。刘岳龙建议，在企业管理上，应借鉴国外先进经验。如日本企业想建养鸡舍也不是企业自己说了算，当地政府、行业协会或者畜牧兽医局都有职责，都有通盘考虑。不然万一发生禽流感，万一发生自然灾害都是政府的损失。我们也应适当规范，哪怕制定一个上下游原则范围，也有利于产业发展和疾病控制。

宫桂芬谈到，目前生猪生产逐渐在恢复，禽肉的替代作用相对减弱。猪肉完全恢复以后，禽肉不会完全让出来，但可能要让出大部分，所以要稳定禽肉的生产，建议从终端消费产品上加大拉动和宣传力度，这需要政府制定政策。

（四）提高产业发展质量

颜兵提出，现在肉鸡产业2～3年就是一个周期。原因之一就是产业自身存在很多问题。比如现在这个行业的门槛比较低，有一点技术、有一点资金基本上就能够进入到养殖这个行业。未来在食品安全、药残监测以及环保等方面要提高门槛，以保证这个行业的健康发展。

姚彤提出，应防止行业恶性竞争，无论是黄羽肉鸡、白羽肉鸡、小优鸡等，都供给禽肉，应共同发展。宫桂芬也谈到，目前产业正在转型升级，不管是白羽、黄羽、817、大白鸡、小白鸡都还是独立作战，这对行业发展是非常不利的，建议能够统一认识，积极进行宣传和引导，为整个鸡肉行业筹划一个共赢的引导性措施，控制产能，平衡效益。

中红三融集团有公司技术经理高景龙提出，这几年商品代肉鸡的质量不是很稳定，主要问题有两个：一个是父母代和祖代在种鸡的沙门氏菌净化上净化得不好，所以造成传播，商品代出现沙门氏菌感染比较严重的现象。另一个是支原体的发病率比较高。这两个方面提高了商品代白羽肉鸡养殖的用药量，这对减抗也是一种影响。因此在父母代和祖代养殖管理和品质上还有待继续提高。

李长生谈到，自己所在企业通过抓防疫，种鸡和商品代肉鸡基本上就不用药了，最近两年只有一次治疗性用药。建议推动行业硬件以及生物安全升级。

徐为民认为，应在产业特色上做文章，从更高的层次来看国际竞争。黄羽肉鸡是中国的一个特色，而且数量是全世界最大的。将来如果是真正的国际竞争，最终的产品要有竞争力，肯定是在黄羽肉鸡上。因为白羽肉鸡做来做去满足内需是可以的，到国际上没有竞争力。黄羽毛肉鸡更适合中国人的消费习惯，黄羽肉鸡如果全部按照西式的这套工艺去屠宰，最后品质跟白羽肉鸡越来越靠近，差异越来越小，成本差了一倍，这样就难以发展下去。因此，要力争把黄羽肉鸡的特色做出来。

刘岳龙认为，要对提高产业竞争力与产业调控之间的关系有新的认知。黄鸡产业基本上大企业还在增产，它们是以全产业链经济效益为中心来进行决策。经济效益又强调要么是近中期的盈利，要么就是近中期成本的降低，但是一定要比同行盈利多或者亏损少，科技实力、资金规模或者管理能力不够的企业，就可能被淘汰，或者是适当减量，这是没办法的办法。而产业竞争最终要靠生产效率的提升，跟欧美国家等在国际上去竞争，企业家们都应构建这样的战略思想。

九、会议简要总结

王济民在会议主持中就各个专题报告发表了总结性意见，并在会议最后进行了简要总结。

（一）高度关注肉鸡产业及畜牧业发展的新特点与新机遇

当前，肉鸡产业发展呈现出了"四抢"的新特点：一是家禽行业抢占生猪市场。受非洲猪瘟和新冠肺炎疫情等因素影响，家禽行业抢了生猪市场10个百分点。当然，生猪价格如果下跌，家禽抢过来的份额也会退回几个点。2018年之前猪肉占肉类总量的比重是60%左右，将来这一比重如果能稳定调整到55%，家禽就有可能增加5个百分点，这是一个重要机遇。二是白羽肉鸡抢黄羽肉鸡市场。黄羽肉鸡原来主要依靠活禽市场，新冠肺炎疫情下，活禽市场受到很大影响，而白羽肉鸡依靠一条龙的市场体系，通过比较完备的现代化营销体系可直达消费者。三是小品种抢占大品种市场。近几年，817、小优鸡等小品种发展较快，灵活多样，正在抢占正规黄羽肉鸡市场。市场一旦有需求，这些小品种就扩大生产规模。四是大企业抢小企业的份额。即在同一个品种里面，大企业抢小企业的份额。大企业越做越大，小企业越来越少了。上述这四个变化将来可能还会持续。

（二）应充分估计到肉鸡产业发展面临的困难，控制产能和优化产能

2021 年肉鸡产业的日子虽然有些难过，但还不算太难过，更难过的日子可能在下一年。等猪肉彻底产能恢复，价格即便不能回到历史低位上，但也会接近。届时，猪肉会抢鸡肉的市场，鸡肉有可能要还回去 5 个百分点，肉鸡产业要做好这个准备。2021 年肉鸡产业要做好两点：一个是控制产能，一个是优化产能，这是两个重要的措施。控制产能，2021 年应把产能控制住，再不要扩大了；优化产能，该淘汰的落后产能就要淘汰，不能幻想明年价钱会大幅上涨而靠数量取胜。

（三）老老实实坚持高质量发展

肉鸡产业必须按中央的要求实现高质量、现代化发展。白羽肉鸡过去在畜牧业发展中一直是打头阵的，将来还要继续打头阵，如何现代化、如何高质量、如何有竞争力、如何更加绿色化，这可能是未来白羽肉鸡发展的任务。对于黄羽来讲也不能拖后腿，必须跟得上。高质量发展，一个是价格不能太高，一个是质量要更加好，还有一个是环境要友好。这三条必须是要严格把握，差一条都不行。若价格便宜而药残高，恐怕也没人敢吃，必须把药残降下来；价格便宜、质量上去了，环境如果一塌糊涂，人民群众也不答应。现在我们是以人民为中心，要满足人民群众日益美好的生活需求，人民群众美好生活需求里面既要吃肉，也要环境好。可持续就是无论建多大规模的养殖场，粪污处理一定不能超过国家法规的允许范围，同样也不能给周围的居民带来麻烦，否则环保这一关过不了，即躲过一时也躲不过长久，所以从长远来看还是要可持续。高质量发展还需要提高效率、提高效益。现在玉米价格高，豆粕也不便宜，成本上涨对盈利的侵蚀是非常严重的。面对这一问题，应想办法替代，一方面选择用更便宜的原料，另一方面要提高技术水平。

（四）要做好战略管理和风险管理

战略管理和风险管理都非常重要。战略错了，其他一切都不用想了。而在道路和战略正确的情况下，万一中间有什么意外，如果应对不好也不行，特别企业越大面对风险和冲击也越大。如国内的三鹿、日本的雪印等教训，比比皆是。一旦有一个安全事故，或者其他各种各样的事故出来了，随时可能把一个大规模企业击倒。除了控制产能、优化产能，还要做好资源配置，资源里面好

的都留下，坏的要果断清理。

（五）高度重视"碳达峰、碳中和"问题

国家有关部门正在制定方案，对农业的碳排放也有一个指标约束。"两碳"问题对肉鸡产业会有很大的影响，同时行业内部比如说种植业、畜牧业怎么分配也是一个问题。就畜牧业内部来讲，家禽产业肯定是碳排放最少的，从畜牧业整个行业来讲，家禽产业应该是一个潜力巨大的产业，对于前景大家一定要保持乐观。未来 5～10 年，至少到 2035 年，经过努力，有可能再抢生猪市场 5～10 个百分点也未尝不可。国际上也有相应的案例，例如在美国，原来牛肉是其第一肉类，最后被家禽给抢过去了。争取美国的故事在中国能上演，即禽肉超过猪肉，这可能是家禽产业发展的最终目标。

（六）肉鸡产业应为共同富裕做贡献

在座的企业家都要考虑如何共同富裕。目前出现的大企业抢小农户、小农户退出的现象必须引起注意。如果大企业有一天跟小农户没什么关系，仅仅是一个劳动雇佣关系的话，再让国家支持企业的发展，理由就不是很充分。如果能带动一些小农户发展，带动小农户致富，到那时候企业给国家提要求支持发展，还是有理由的。对于国家来讲要吃肉确实是非常重要的，但是要吃肉不一定非要吃我们大企业生产的肉，完全可以扩大进口。那么，为什么非要吃我们国内生产的肉，大家一定要多思考这个问题。从道义上讲、从国家需求上讲，对于小散户、小农户这部分，我们肉鸡企业还是要多想一些办法，这既是社会责任，也是国家看重的地方，其实就是让小农户也能享受到肉鸡产业现代化的红利，这是很关键的一点。

2021 年中国肉鸡产业形势
分析研讨会综述

辛翔飞[1]　原　婷[2]　吕新业[1]　魏凯双[1]　王济民[1,3]

（1. 中国农业科学院农业经济与发展研究所；
2. 中国农业科学院农业信息研究所；
3. 农业农村部食物与营养发展研究所）

2021 年 12 月 18 日，国家肉鸡产业技术体系产业经济岗位在北京召开了"2021 年中国肉鸡产业形势分析研讨会"。会议由国家肉鸡产业技术体系产业经济岗位科学家、中国农业科学院农业农村部食物与营养发展研究所副所长王济民研究员主持。农业农村部畜牧兽医局畜牧处处长王健，农业农村部畜牧兽医局监测信息处四级调研员林湛椰，农业农村部农业贸易促进中心副主任吕向东研究员，国家农业农村部生猪产业预警首席专家、国家生猪产业技术体系产业经济岗位科学家、中国农业科学院农业经济与发展研究所王祖力副研究员，农业农村部肉鸡产业监测预警首席专家、中国农业科学院北京畜牧兽医研究所郑麦青副研究员，中国畜牧业协会禽业分会主管高海军，中国畜牧业协会禽业分会专员腰文颖，山东省家禽体系产业经济岗位科学家、青岛农业大学张怡副教授，中国白羽肉鸡联盟总裁李景辉，中国白羽肉鸡联盟秘书长黄建明，国家肉鸡产业技术体系南宁试验站站长、广西金陵农牧集团有限公司育种总监陈智武，白羽肉鸡联盟、北京大风家禽育种公司副总经理高亚莉，国家肉鸡产业技术体系部分岗位科学家、试验站站长、岗位和试验站团队成员、部分试验站依托企业负责人，以及相关肉鸡企业代表等近 60 人参加了此次线上和线下研讨会。

会议举行了专题报告。王健和林湛椰分别对 2021 年我国畜牧业、肉鸡产业发展的政策和形势以及现阶段的工作重点进行了总结分析。高海军做了"2021 年黄羽肉种鸡生产监测分析"报告，腰文颖做了"2021 年白羽肉种鸡生产监测分析"报告，郑麦青做了"2021 年肉鸡生产监测分析"报告，王祖力做了"2021 年生猪产业发展形势与趋势"报告，吕向东做了"2021 年肉鸡贸易形势分析"报告，张怡做了"2021 国际肉鸡产业发展形势"报告，陈智武做了"2021 黄羽肉鸡产业形势、问题和对策"报告,高亚莉做了"2021 白羽肉鸡产业形势、问题和对策"报告。

一、2021 年我国肉鸡产业发展宏观环境

(一)肉鸡产业发展相关政策

王健重点梳理和介绍了关系肉鸡产业发展的相关政策。

1. 中央领导高度重视肉鸡产业发展

在 2021 年 11 月召开的全国畜牧渔业工作会议上,国务院胡春华副总理在讲话中六次提到了鸡,指出了肉鸡产业发展存在的问题,也谈到肉鸡产业的优势和特点,并对肉鸡产业发展提出了要求。胡春华副总理指出了白羽肉鸡种源主要依赖进口的问题,同时谈到了肉鸡具有生长速度比较快、周期比较短和生产效益比较高的优势和特点,以及红肉和白肉消费结构问题,提出要提高禽肉消费比重,充分发挥市场的调节作用:一是要不断提高禽肉在整个肉类产品中的消费比重。现在我国的禽肉消费占肉类的比重尽管已经提高到了 30%,但跟发达国家 50%的水平相比仍有很大的上升空间。二是发挥禽肉的市场调节作用。近两年在猪肉供应相对偏紧的阶段,禽肉以其生长周期短、效益高的优势,发挥了很好的替代作用,所以从国家的畜产品保障角度来讲,要发挥禽肉的优势,发挥其在畜产品保供当中的调节作用,大力发展禽肉产业。

2. 畜牧业法修订涉及禽肉产业

2021 年 10 月十三届全国人大常委会一审通过《畜牧业修订草案》,现在即将经过二审。一审修改内容较多,如围绕着畜禽资源保护、畜禽种业创新、畜禽资源丰富化、压实地方责任等问题,法案中专门增加了两章内容。一章是关于草原畜牧业发展,一章是关于畜禽拓展,明确把畜禽业改善计划列入法律条文。在畜牧法修订的过程中,把畜禽屠宰的一些关键性的条款做了规定,逐步推行牛羊禽规范化屠宰。黄羽肉鸡产业发展要加快升级步伐,传统鲜食消费习惯要做出适应性的调整和改变,这两年许多活禽交易市场关闭,产业发展要适应整个国家大政方针的要求。

3. 养殖用地管理越来越严格

从发展趋势讲,用耕地发展畜禽养殖业压力比较大。从国家对于耕地分配用途管制的要求来讲,土地要高效使用、节约使用,同时还要按规定规范使用。

在 2018 年下半年生猪供应偏紧的时候,国家出台了包括养殖用地、环保、

贷款等相关政策，以促进生猪恢复发展。按照国务院的要求，生猪的政策大部分都复制和转移到畜牧业上来了，其中关于养殖用地问题的基本表述是畜禽养殖用地，这是农业用地的重要组成部分，可以使用一般耕地，允许在规划过程中涉及基本农田，确实少量难以回避的可以占用，但是必须补划。这些包括生猪产业恢复、大力发展畜牧业的用地政策受到了地方包括广大养殖户的欢迎。

近期，自然资源部、农业农村部、国家林草局发布了《关于严格耕地用途管制问题》的通知，国家层面对养殖用地的管理越来越严。第一，永久基本农田肯定是不能占的，今后不得再提新增永久基本农田发展生猪养殖，原来难以回避的可以少量占用，但是一定要补划。目前再新增养殖场，永久基本农田碰都不能碰。第二，原来使用一般耕地不需要占补平衡，现在是严格养殖场使用一般耕地，而且需要审批，以前是备案即可。第三，从文件的角度来讲，耕地要落实进出平衡，现在国家耕地保护有阶段性目标，压力非常大。以后再用耕地，必须是林地、草地或者其他农用地转变为耕地以后，在保证耕地保有量目标任务不受影响的情况下才允许使用耕地发展畜禽养殖。

4. 小农户与现代畜牧业融合对接

2012 年开始大力推行标准化畜禽养殖，对提高绿色发展水平、疫病防控水平等都发挥了重要作用。目前我国畜禽养殖规模化率已经达到了 68%。进入"十四五"之后，农业农村部继续推进规模养殖发展以及畜禽养殖示范创建。目前面临的一个重点课题是怎样引导中小规模养殖户发展。对中小户与现代农业、现代畜牧业有机衔接问题中央有明确要求。从主体的绝对量来讲，目前中小户还是占主流的。畜牧业六大畜种——生猪、蛋鸡、肉鸡、肉牛、肉羊、奶牛，各畜种中小户分布不太一样，肉鸡产业中龙头企业带动的合作农户占 65% 以上，这是其他产业做不到的。这几年在推进生猪生产恢复的过程中推行了"公司＋农户"，以及入股、加盟、托管等多种形式。2022 年应围绕在我国现行条件下畜禽产业发展趋势和小农户如何融入现代畜牧养殖业发展的相关问题做一些重点研究。

5. 肉鸡育种支撑和保障现代肉鸡养殖体系发展

白羽肉鸡育种的成果是非常值得肯定的，但是也要辩证地看待这个问题。要尊重市场、尊重市场的规律，要符合我国的国情。白羽肉鸡将来可能也会像黄羽肉鸡一样，可能有一个划分，但不会完全与国外的纯粹的高产品种一样。所以既不能妄自菲薄，也不能妄自尊大，要积极稳妥、持续深入地推进白羽肉鸡育种工作。前面走的路有成绩、成效，但也要看到后面可能还有很多工作需要去做。种鸡的创新和进步对现代肉鸡养殖体系起到了很大的支撑和保障作用，接下来我们有更多的机会去做衔接工作，将来要把培育出来的好产品辐射到广大养殖场中去。对于原来的国外品种，就好比华为和 iPhone 手机一个道理，将来在我国市场竞争的氛围下，各有优势。

（二）肉鸡产业发展机遇和要求

林湛椰就当前我国肉鸡产业发展面临的重要机遇和工作重点进行了总体分析。

1. 肉鸡产业发展面临重要机遇

（1）肉鸡产业保供地位提升。近两年在世界疫情和百年变局叠加的背景下，粮食供给趋紧，大豆进口增加。在此形势下，肉鸡产业以其肉料比较低、生长周期短的优势，对国家整个食物安全供给起到了调节作用。2019 年、2020 年猪肉供应紧张，肉鸡产业对保障肉类供给有很大帮助。中央领导同志高度肯定了肉鸡产业为肉类保供发挥的重要作用。当前，产业发展外部信息化的环境，如国家已经搭建好的 5G 网络、很多通信基础设施等，这是一个难得的重要"天时"，这个便车要搭好，不要错失这个机遇。肉鸡散养户少，规模化程度高，信息化利用比较容易，一定要把"天时"紧紧抓住，并充分加以利用。

（2）肉类产业发展的"双碳"机遇。现阶段，国家养殖用地政策在收紧，碳达峰碳中和也对养殖业提出了新的要求。肉鸡易于立体化饲养，单位面积土地上的产肉量相对是比较多的，跟其他畜种相比用地是比较节省的。肉鸡养殖环节的碳排放也是比较低的，鸡粪污染相对比较小，这一重要优势要发挥出来，这也有利于企业争取当地政府的支持。

（3）肉类消费的结构变化机遇。现阶段我国人口结构较之以往已发生很大变化，人口老龄化的程度在不断加深。在这一背景下，肉类消费结构肯定会发生变化。那么，红肉的消费趋势接下来可能是稳中下降，白肉因为其对老年人来讲相对更有利健康，所以相应的需求肯定会多起来。同时，随着近些年城市中重视健身的人群增多，对鸡胸肉的需求就明显增加，之前鸡胸肉每吨 4 000 多元，现在上升到了每吨 1 万多元。面对消费偏向和消费需求的这种转变，行业要主动去迎合，抓住机遇，用好我们产业整体素质高的特点，通过白羽肉鸡联盟等平台，把产业做大做强，在困境的时候一起抱团取暖，在顺境的时候把我国肉鸡的形象和品牌打造起来，进一步强化消费者对我国肉鸡的信心。

2. 肉鸡产业发展要保障好"三个安全"

（1）产业自身发展安全。要通过信息化手段加强监测。农业农村部会及时地发布肉禽相关的信息供经营主体参考，同时，现在很多机构都在发布此类相关信息，要通过信息化的手段，让市场更好地发挥作用。现在的恶劣天气特别多，前段时间东北辽宁、河北北部、内蒙古通辽一带发生了特大雪灾，损失比较惨重，辽宁2%以上的鸡被冻死了。这其中很大的问题是我们以前的鸡舍建设防灾标准特别低，没有注意这一点，现有的鸡舍多是15米的跨度、100米的长度，用彩钢板搭起来的。这次辽宁是先雨后雪，坡度很缓，在人工没法除雪的情况下，造成圈舍大面积坍塌。新建的圈舍包括已有的圈舍要想办法加固，设计鸡舍的时候把气象灾害这个因素考虑进去。气候变化以后，极端恶劣天气会越来越多，家禽产业集中度高，有时候局部地区降雪后处理不好会带来很大的损失。

（2）公共卫生安全。猪周期引发的因素很多，有生长的因素、疫病的因素、政策的因素等。家禽与生猪不同，2000年以后引起肉鸡产业剧烈变动的主要就是禽流感。非洲猪瘟疫情对生猪的影响很大，但是其对社会造成的心理恐慌程度其实还不及禽流感，可以说，在新冠肺炎疫情出来之前，对人类卫生健康最大的疫病就是禽流感。2014年、2015年的H5N6流感，特点是家禽不发病，但是人发病，给家禽都打上疫苗人就没病了，所以家禽至少是一个重要的中间宿主。2021年中央政治局专门就生物安全进行了集体学习，可以说对生物安全的重视已经提到了前所未有的高度。总书记提出要人病兽防、关口前移，像禽流感这种人畜共传病的防疫工作需要我们行业内一起落实好，把动物防疫的主体责任担当起来。2021年我国家禽没有报告发生一起禽流感，这可能是近20年来第一次。2021年我国周边国家，韩国、日本禽流感是非常严重的，我国为什么没有报告发生呢？很重要的一部分原因还是我们国家坚持强制免疫，给家禽大范围地打上了疫苗，建立了一个强有力的免疫屏障。禽流感有时候是祸从天降，全世界的几个候鸟迁徙带中我国占了两个，候鸟从西伯利亚飞过来的时候会把病毒带过来。由于我们的免疫工作这几年做得比较好，筑起了一道"铜墙铁壁"，所以有效避免了禽流感的大面积传播，下一步要坚持继续做好免疫工作。

（3）质量安全。不管是生猪产业还是肉鸡产业，作为肉类生产产业，一个产品让消费者的信心树立起来需要很长的时间，如果出现一个大的质量安全问题，其负面影响是巨大的。比如之前牛奶三聚氰胺事件的影响，基本上到2018年以后才消失，经历了从2008年开始的整整10年时间。所以一个大的质量安全问题，很可能让消费者心中有顾虑，而这种顾虑需要很长的时间才会淡化掉。做家禽产业一定要注意质量安全问题，不要有任何违法添加。总体来说，当前整个产业是很健康的，希望大家一起努力，共同把这个产业做得更好。

（三）生猪产业发展形势

猪肉和鸡肉是我国两大最主要肉类消费品，生猪产业的供给与需求直接影响着肉鸡产业的发展。王祖力在专题报告中分析了 2021 年生猪产业发展形势及未来趋势。

1. 关于生猪产能恢复问题

目前，无论是官方统计数据还是社会机构数据，生猪产能恢复确实非常好，而且截止到 2021 年上半年，生猪存栏和能繁母猪存栏基本上恢复到疫情前的水平。特别要注意的是，要搞清楚"产能恢复"的概念，它与产量不完全是等同的。虽然产能已经恢复到正常水平了，但产量要滞后于产能。按照正常的推理，应该是产能恢复 10 个月，产量才能随之恢复。因此，2021 年产能恢复了，但是 2021 年市场上的猪一定是不多的，这是对产能概念的科学理解。

2. 关于生猪价格问题

2021 年前 9 个月猪价超预期下跌，这是非正常的下跌。为什么这么说？2021 年从年初的时候，猪价接近 40 元/千克，之后一路跌到 10 月初的约 10 元/千克。从年初的暴利状态一度跌到深度亏损，仅仅 9 个月的时间。我们前面恢复 20 多个月，猪价 9 个月进入到深度亏损的状态，这肯定不正常。2021 年上半年市场恢复，2021 年市场的猪肯定不会多于往年市场的猪。可以看到，整个 2021 年逢节必跌，春节、清明节、五一假期、端午节、中秋节都砸下来坑了，这跟往年正常年份相比完全相反，市场出现的是不正常的扭曲状态。但这种不正常背后的原因是年初那一波疫情反弹让整个行业集体误判了后市的行情。那一轮疫情实际上对产业影响非常小，没有逆转产能恢复的势头，但全行业都认为那轮疫情产生的影响非常大。所以年初的时候，所有的人都在预测后面猪价一定会暴涨，呼吁大家不要卖猪，"压栏 50 天，猪价涨上天"。舆论都说疫情非常严重，某地损失了 30%、40%、50% 等。一些主流的会议，包括业内影响非常大的会议，都有数据分析各个省生猪损失了多少，包括具体到山东某个市损失了多少。这些判断看似很科学，所以当时几乎所有人都是笃信的，大家对后期的猪价预测非常乐观，认为一定会暴涨。全行业对猪价的这一集体误判，最终导致的结果是生猪出栏的体重跟猪价出现背离。往年正常年份是猪价上涨，体重会涨，但是 2021 年完全相反。按照整体出栏的体重大概算一下，上半年的出栏体重跟往年相比总体增 10% 以上，也就是出栏同样多数量的生猪，猪肉的产量增加 10%。

此外，在贸易方面，往年价格涨上来，进口数量涨上来，价格跌下来，进口数量也会跌下来，但 2021 年也是背离的状态。贸易商误判了，他们觉得后面猪价会暴涨，在 2021 年上半年大量地下进口订单。我国 2021 年每个月的进口订单基本上在 35 万～40 万单，相当于每个月全国猪肉消费总量的 10 个百分点。

综合分析，2021 年猪肉单产水平提升约 10%，进口增加约 10%，消费下降接近 10%，因此猪肉市场表现严重供过于求，猪价一路跌到 10 元，进入深度亏损的状态。大家误判行情，进口冻肉贸易商还在大量进口，进口量维持在很高的水平。这是 2021 年整个市场的扭曲。简要总结是，2021 年前 9 个月猪价的超预期下跌，使整个市场出现扭曲状态，出栏体重增长，进口冻肉源源不断地进来，对市场冲击是非常大的。但是不可否认前面产能恢复很好这个大背景，如果产能恢复不好的话，出栏还少 30% 的量级，2021 年不会出现这样的状态。

2021 年 10 月猪肉价格又出现一波反弹。从 10 月的最低点约 10 元/千克反弹到约 19 元/千克，价格有 70%、80% 的波动反弹。市场上养殖户、贸易商认为这种反弹是异常的，感觉 2021 年的猪真的多了，实际这是前面市场扭曲下的恢复性反弹。从出栏情况看，2021 年的五六月后出栏量下降，进口也是一样，从年初每月进口 46 万吨，到 10 月下降到不到 20 万吨，降幅超过 50%。这是在纠正不正常的状态，体重降下来，进口降下来，市场的供需关系向正常回归，猪价出现恢复性反弹。10—11 月的猪价反弹，是一种正常的上涨，是向正常水平的回归。

3. 关于企业亏损问题

上市公司所有的报告数据体现出来的是亏损很严重，反映出好像很多上市公司要倒闭，资金链要断裂。实际上这是一种错觉。2021 年生猪养殖是盈利非常好的年份。

2021 年前五个月生猪养殖每头的纯利润，1 月是 2 500 元，2 月是 2 000元，3 月是 1 500 元，4 月是 1 000 元，到 5 月接近 500 元，前五个月盈利非常好。6—10 月确实是亏损的，但亏损是非常少的。大概算一下，前 11 个月按照加权平均来计算，生猪养殖头均盈利是 600 元。往年正常年份生猪养殖的头均盈利是 200 元，2021 年是 600 元，可以说 2021 年前 11 个月是非常好的盈利状态。行业说资金链断裂、压力很大，其实是上市公司前两年扩张太快了，手里面没有预留足够的现金，一旦亏损，资金链面临断裂的风险。包括行业龙头在内所有的企业都一样，都面临同样的问题。因此企业开始大量裁员、降薪，卖饲料，大量减母猪，开始断臂求生。但客观地讲，2021年生猪养殖盈利是非常好的一年。

4. 关于产业后市发展展望

2021年9月、10月的时候，市场对2022年上半年的行情特别悲观。大家认为2022年上半年猪价会很快跌到每千克10元甚至10元以下。因为2021年跌到每千克10元的时间点是中秋、国庆的消费旺季，产能、产量都还在惯性地增长，2022年上半年又是消费的淡季。我们判断，2022年的行情不乐观，但是不能过度悲观，亏损不会很严重，因为2022年上半年的情况跟2021年在以下几个方面会有很大的区别。第一，市场预期变化。由于大家对2022年上半年预期悲观，年底之前养殖企业和贸易商可能会透支2022年上半年，把一些本来应该在2022年上半年出栏的生猪提前出栏，比如正常应该130千克出栏的可能在2021年100千克、110千克就出栏，避开2022年上半年很悲观的行情。第二，出栏体重变化。2021年大家把生猪体重养到180千克甚至200千克，2022年不一样，没有人会压栏，甚至会提前出，出栏体重会下降，而且下降的幅度会比较大。2021年的出栏体重一直很高，如果2022年恢复正常水平，出栏体重下降就是10个百分点以上。第三，国际贸易变化。2021年进口冻肉的贸易商都是亏损的状态，现在的订单量非常少，2022年上半年进到国内的数量会跟2021年不一样，每个月都会保持很低的水平，进口冻肉库存的压力会大幅度减少。2021年每个月都是10个百分点进来，2022年可能也就两三个百分点，这里也能减少六七个百分点的压力。第四，消费需求变化。新冠肺炎疫情对消费的影响总体是一直在恢复的。基于以上几个判断，2022年上半年的行情不会特别悲观，下半年会好转。因为存栏在2021年6月达到高点，从7月到现在连续五个月调减。对应的出栏高点应该是2022年4月，4月以后市场上生猪的出栏会趋势性向下，价格会顺势向上。2022年下半年的情况会好转。这是对后面大趋势的判断。

当然还有一些风险和不确定因素。主要考虑的还是疫情。2021年的疫情比前两年的风险要高，行情低迷通常是疫病高发期。再是，体重偏高的一些生猪的消化节奏和进口冻肉消化节奏短期内对市场影响很大。如果大家担心2022年上半年悲观行情的话，节前开始集中出栏，不排除2021年年底再砸出来一个坑，逢节必跌的魔咒依然会出现。这些因素都会影响后面整体的价格走势。此外，能繁母猪的群体生产效率是在提升的，到底产能调减多少，效率提升多少，最终真实产能的变化是什么样的，还需要持续关注和分析。

二、2021 年我国肉种鸡生产监测

高海军在"2021 年黄羽肉种鸡生产监测分析"报告中对我国黄羽祖代肉种鸡、父母代肉种鸡、商品代雏鸡生产状况进行了分析，并对未来发展进行了预判。

（一）黄羽肉种鸡生产形势

1. 祖代种鸡

祖代种鸡快速、中速、慢速型的占比还是秉承着快速和中速型逐渐减少、慢速型逐渐扩大的趋势。与 2020 年比起来，慢速型有 1‰ 的增加。对于黄羽肉鸡来说，慢速型还是最具有代表性的一个品种。从祖代种鸡的存栏量看，2021 年 1—11 月祖代种鸡的存栏量减了 1.47％，但还是处于历史上比较高的水平，仅次于 2020 年。这是一个很重要的监测指标。黄羽肉鸡行情差的时候对于祖代的影响不是很明显、很直接，如果行业在需要的时候，又能够很迅速、充足地提供下游所需要的产品。2021 年祖代种鸡存栏是先增后减的趋势，这跟上年存栏量的水平包括变化的规律都非常接近。从上游来看，黄羽肉鸡的供给能力还是非常充足的。

2. 父母代雏鸡

2021 年父母代雏鸡销售量同比减少 11.42％，减幅较大。祖代的产能有较大的减少，尤其是 8—11 月减少的趋势比较明显。另外在父母代雏鸡的销售或产量中，2021 年外销量所占的比重比上年略微有一点提升。父母代雏鸡的销售价格具有很大的随机性，跟市场并没有太直接的关系。

3. 父母代种鸡

从 2012 年到 2021 年在产父母代种鸡每年存栏量的变化情况看，2021 年全国父母代种鸡的存栏量是 4 019.06 万套，比上年有比较大幅度的减少，处于近三年的一个最低水平，但仍高于 2018 年以前的水平。从近 4 年的月度走势可以看出父母代种鸡的变化规律。2018—2021 年，这四年的前两年和后两年形成了一个比较明显的反差。前两年由于市场行情好，连续两年是持续递增的趋势，最近这两年整体上是以持续递减的趋势为主，2020 年递减的趋势不是太明显，但是也有这种趋势，2021 年的递减趋势非常明显。特别是 2021 年下半年，尤其是最近这四个月，减幅越来越大。10—11 月的存栏水平已经达到了近四年来的最低水平。

4. 商品代雏鸡

从供应量看，2021 年 1—11 月的雏鸡销售量较上年同比减少了 6.22%，这一减幅跟父母代种鸡的减幅基本是同步的，也是从下半年起减幅有所加大。价格变动情况，2021 年商品代雏鸡的价格普遍偏低，全年平均价格 1.87 元/只，平均每只亏损 0.04 元，基本上从 4 月到 11 月都是在亏损，只有一季度略有盈利。不同类型的黄羽肉鸡商品代雏鸡的效益都很差，但相对而言快速型的效益最差，一只雏鸡亏损 0.33 元，而中速型和慢速型还有一点微利，基本上是盈亏平衡的水平。2021 年慢速型商品代雏鸡的价格比上年还是有增长的，上一年慢速型雏鸡的价格是 1.94 元，2021 年涨到 2.01 元，但是效益水平确实下降了，这是由于 2021 年的成本同步大幅上涨，效益不增反减。2021 年种鸡的利润率是下降的，但未来一年依然是有能力向社会提供比较充足的雏鸡。黄羽肉鸡的生产水平有很大的弹性，如果能充分发挥的话，2022 年供应 50 亿只应该是没有问题的，60 亿只也有可能。

5. 毛鸡效益和产量

2021 年 1—11 月，黄羽毛鸡的平均价格 15 元/千克，同比上升 12.7%。在父母代种鸡包括雏鸡的销售量都是明显减少的基础上实现盈利，这是一个阶段性供求关系的变化。2021 年毛鸡盈利 0.54 元/只。2021 年的价格整体上是先降后升，从 6 月至 9 月这四个月是亏损的，其他月份是盈利的。整体盈利水平偏低，现在给出的盈利水平还要考虑在实际监测过程中的一些特殊情况，如有少数企业在填报成本价格的时候，填报的是生产成本，不是综合成本。所以说对于成本的考量和监测可能会略有低估，整体的效益情况可能还要差一点。

6. 结论和预判

一是父母代种鸡的存栏持续递减，已经递减到近三年的最低水平，但是祖代种鸡的存栏仍处于历史高位。市场不管怎么变化，上游的产业供给能力还是比较充足的，预计 2022 年父母代种鸡的存栏是以低位震荡增加的趋势为主，但是增加的空间比较有限。二是种鸡的存栏量持续减少，雏鸡的效益持续低迷。雏鸡的效益连续 8 个月亏损，在短期内供求关系的影响下，毛鸡的效益在现阶段性是比较好的，略好于上年估计。三是行业市场现阶段处于一个瓶颈的周期，所面临的影响因素、困难还是比较多的。主要的影响因素是新冠肺炎疫情，包括阶段性产能过剩，疫情导致的消费低迷以及对活禽的管制，其他禽种以及生猪等外部竞争加剧。总体来看，这两年黄羽肉鸡的困难还是比较多的，其发展有很多的不利因素。

（二）白羽肉种鸡生产情况

腰文颖做了"2021 年白羽肉种鸡生产监测分析"报告，分析了我国白羽肉鸡祖代种鸡、父母代种鸡和商品代鸡的生产、销售和价格等情况。

1. 祖代种鸡

（1）整体情况。2021 年总基调还是产能增长，祖代更新同比增 27.28%，强制换羽比上年稍微少一点，但也是比较多的。2021 年祖代的总存栏、父母雏鸡的供应、父母代的存栏和商品代雏鸡的供应全部都是充分的。2021 年 1—11 月与黄鸡父母代和商品代雏鸡的供应比上年同期减少的情况比较，白鸡是增加的。这是白鸡和黄鸡的区别。在非洲猪瘟造成猪肉缺口的情况下，白鸡、黄鸡都是填补缺口，获得了大发展。在猪瘟的效应消失以后，再加上产能的持续增加，黄鸡产能向下调整速度要比白鸡快，白羽肉鸡产业链各环节都是效益优先。

从产品看，黄羽肉鸡的毛鸡产量是先降后升，但是白羽肉鸡的鸡肉是先升后降，这也反映了白鸡产能调整的速度明显要比黄鸡慢。

2021 年前 11 个月祖代更新的数量是 114 万套，已经超过了上年全年的量。把祖代更新的量按照来源分成国内自繁和美国、新西兰进口，可以看到美国占 39%，新西兰占 31%，国内自繁占 29%。

从品种看，2021 年科宝是最多的，占 33%，哈伯德占 27%，AA 占 23%，罗斯占 5%。以往 AA 是国内最受欢迎的品种，2021 年 2 月从新西兰引的 AA 疑似白血病之后，新西兰的安伟捷公司连续四五个月不能向国内供种，所以 2021 年减少。由于上述因素；祖代强制换羽特别明显，前 11 个月有 13.11 万套。

（2）祖代种鸡存栏情况。2021 年前 11 个月，祖代存栏平均是 171 万套，同比增加 4.6%，后备的略有减少，同比减少 1.95%。在产存栏同比增加了 8.3%。总体看，祖代更新的数量和存栏的规模同比都是增加的。从祖代存栏近十年的数据看，2013 年发生 H7N9 流感疫情以来到 2017 年，行业一直处于低迷期，所以祖代的存栏也持续下降。2018 年、2019 年是祖代存栏的谷底，2019—2021 年三年是连续增加的。现在基本上又增长到 H7N9 疫情之前的量了。从 2021 年环比看，祖代的存栏总体也是增加的态势。2021 年 11 月和上年 11 月的存栏相比，2021 年前 11 个月平均存栏的增幅较大。2021 年 11 月祖代的存栏同比增加 18.09%，后备同比增加 29.78%，在产同比增加 12.77%。2021 年上半年祖代存栏和父母代存栏差不多，主要是下半年尤其是 9 月以来从美国进口的祖代雏鸡增加以后，祖代存栏增加比较快。

（3）祖代种鸡产能利用情况。2019 年养一套祖代一年实际供应的父母代雏鸡的量是 60.14 万套,2020 年是 57.56 万套,2021 年前 11 个月是 52.12 万套。如果把 2021 年 12 月的数量也考虑进来,估计 2021 年祖代的产能和上年差不多。近十年以来白羽肉鸡的祖代生产效益总的看还是增加的。另外,祖代产能高点和低点差别很大,相差超过 20%,这说明这个产业链的祖代产能发挥是有弹性的,有下游需求可以多供给,如果是行业低迷、下游需求缩减就少供给。

(4) 父母代雏鸡生产及销售情况。父母代雏鸡是体现白羽肉鸡产业链产能的一个重要环节,2020 年父母代雏鸡供应比 2019 年同比大幅增加了 24.35%,2021 年前 11 个月同比增加了 6.84%,平均价格增加 45.03%,平均成本接近 20 元。2021 年祖代企业的效益应该是不错的。2021 年白羽肉鸡行业的重大事件是农业农村部发布的第 498 号公告,即"圣泽 901"白羽肉鸡等 18 个畜禽新品种配套系经国家畜禽遗传资源委员会审定通过。

2. 父母代种鸡

(1) 全国父母代存栏。在产业链上游产能增加的推动下,2021 年父母代的存栏总体呈现增加的态势,处于监测数据以来的最高水平。2021 年前 11 个月,全国父母代存栏同比增加 7.72%,后备父母代存栏同比增加 4.09%,在产同比增加 10.38%。2021 年存栏整体来讲已是历史高位,但进入下半年后雏鸡的价格比较低迷,到 11 月的时候,父母代的存栏同比增加 0.41%,后备同比减少了 2.88%,在产同比增加 3.06%。

(2) 全国商品代雏鸡供应量。2021 年前 11 个月累计供应商品代雏鸡也是增加的,增幅大概超过 8%。商品代雏鸡供应量近 10 年的数据规律,基本上是上半年、下半年各一半,可能下半年稍多一点。

3. 商品代及鸡肉价格

2021 年上半年雏鸡、毛鸡和鸡肉价格的变动并非完全一致,主要是白羽肉鸡产业链的市场信号传递需要有一定的时间。2021 年上半年雏鸡的均价是 3.74 元/只,下半年 1.92 元/只,下半年尤其是 9 月以后的价格不太理想。2021 年 11 个月的鸡肉价格是 10.19 元/千克,同比是下降的,尤其是 9—11 月,鸡肉的价格降至了 10 元/千克的心理价位以下,这与猪肉价格的快速下降同步。白羽肉鸡价格与猪肉价格的影响关系,实际上是单向的,猪肉价格快速下降的时候,通常也会拉低鸡肉价格的快速下降。

三、2021 年我国商品代肉鸡生产监测

郑麦青在"2021 年肉鸡生产监测分析"报告中基于农业农村部跟踪监测

数据分析了肉鸡养殖收益、产量未来发展趋势。此外，李景辉等就不同统计口径或者测算口径得到的肉鸡产量数据进行了讨论。

（一）2021年肉鸡产业链收益

2021年累计一只鸡不到1.4元，比上年同期减少0.61元。毛鸡9月出栏价格7.66元/千克，现在7.82元/千克左右徘徊。父母代的销售价格是近几年的高位，有较为可观的盈利，但是没以前热度那么高。6月屠宰环节开始转亏为盈。父母代和商品鸡养殖上半年从农业农村部监测数据看，养殖户整体的亏损量接近20%。全年平均下来，屠宰环节利润率，每千克大概有5分钱的盈利。商品鸡全年也还算是有盈利的，大概是0.83元/只，父母代利润为3元/（套·月）。黄羽肉鸡产业链同比盈利增加3.1元/只。无论是市场的白羽肉鸡交易价格还是出栏毛鸡、商品代雏鸡的交易价格，七八月都是转折点。黄羽肉鸡基本上88%活禽销售，因活禽禁售的城市地区越来越多，整体产量下降，最主要因素是活禽销售受限。此外，2021年截止到10月进口量、交易金额同比减少，出口量同比增加16%，出口金额也增加15%。

（二）2021年肉鸡产量及未来趋势

2021年到11月为止，白羽和黄羽肉鸡总出栏量是90.6亿只，同比增加6%，肉产量是1527.4万吨，同比增加10%。其中白羽肉鸡增幅较大，白羽肉鸡的出栏量将近53.3亿只，同比增长约为18%。黄羽肉鸡出栏量37.8亿只，出栏量同比减幅8%，肉产量同比减幅4%。在这种情况下，白羽和黄羽肉鸡出栏总量增加6%，肉产量增加10%。

2021年11月，祖代鸡的存栏量高于年均线，白羽肉鸡高于年均线8%，父母代低于年均线将近2.6%；白羽祖代补栏量同比增加24.3%，父母代补栏量增加6.8%，商品代补栏量增加17.2%。黄羽肉鸡祖代低于年均线3.6%，父母代低于年均线5.1%；父母代的补栏量同比减少13.4%，商品雏鸡补栏量同比减少6.2%。11月出现了大量的白羽肉种鸡提前淘汰，使得原先白羽肉种鸡多于黄羽肉鸡的状况转变为现在的白羽肉种鸡略少于黄羽肉种鸡。2021年白羽、黄羽肉种鸡数量变动曲线出现两个交叉口，一个在4月，一个在11月。

预计2021年白羽和黄羽肉鸡出栏总计是98.5亿只，同比增加5.4%。其中白羽肉鸡出栏量增长接近18%，黄羽肉鸡会有8.5%的减量，总体上增加将近5亿只的出栏量。预计肉产量是1 660万吨，同比增加9.5%。整体形势来看，白羽肉鸡出栏量增加，黄羽肉鸡出栏减少。

白羽肉鸡终端消费需求未现增长，市场表现疲软。产能调整在商品端仍未有明显体现。10月的鸡肉和毛鸡价格已经低于成本线，出现经销商囤货。11月毛鸡价格相对于10月上升了将近8%。从雏鸡交易看，毛鸡价格回升之后有过短期的反弹，但是始终没有超过成本线，父母代养殖场持续亏损。种鸡生产趋势从6月开始近半年中父母代生产仅8月有小幅收益，近2个月雏鸡价格持续低迷，生产场亏损程度较大，产能调整速度加快。12月在产存栏减少约15%左右，是本次产能调整以来的最大一次减幅。同时，商品代雏鸡产销量也减少约12%，父母代补栏量大幅减少。黄羽肉鸡对比10月，毛鸡市场保持较稳行情，价格继续上升。按照上市公司公告显示，11月肉鸡出栏量环比减少，销售收入环比增加或持平，温氏和立华的肉鸡经营，全年累计有盈利。从种鸡生产趋势看，父母代在产存栏量有所企稳，与上月基本持平，结束一年半的持续下降趋势。父母代的补栏量依旧保持下降，只是降幅有所减缓而已。到11月上市企业累计出栏量同比增加8.6%，但是依据监测数据显示出栏量同比减少8.1%，这两个幅度正好相反。整个黄鸡产业依旧保持着大企业增量，小企业减量。

整体趋势可概括为供应高速增长，消费增速放缓，价格弱势运行。猪肉供应恢复，鸡肉替代消费消失，增速减缓，或出现短期下降。产量增加，净进口量减少，全年鸡肉供应量增加。产业进入资本竞争时代，集中度将进一步提高。供应的高速增长，消费增速放缓，在未来一段时间，价格将保持弱势运行。

（三）产量数据讨论

李景辉谈到，从生产来看，白羽肉鸡联盟一共40多家企业，2021年联盟企业屠宰白羽肉鸡39.5亿只，比2020年的屠宰数量增加了3亿只。行业60%多的白羽肉鸡产出于一条龙企业，即联盟出栏白羽肉鸡数量占全国白羽肉鸡总出栏数量约60%，依据这一比例可以推算全国白羽肉鸡总出栏数量。此外，根据联盟成员企业对2020年各省屠宰量的调查数据，加总得到全国白羽肉鸡总出栏60亿只，2021年联盟企业调查得到全国白羽肉鸡总出栏67.7亿只。相对于其他抽样调查数据，上述基于屠宰场的全口径调查应该更加准确。此外，2020年、2019年全国肉禽饲料超过1亿吨，从这个角度来推算禽肉产量，2020年应该是3 700万吨禽肉。再者，从种源推算，2021年基于种源数据推算2020年白羽肉鸡出栏数据也是60亿只。但需要注意的是，从种源推算时，不同的品种产能有很大差别，而且白羽肉种鸡从祖代到父母代、父母代到商品代，技术在进步，市场在调节，以前一套父母代可提供的商品代鸡苗按 105 只计算，现在按照 135 只计算，但是否都按照 135 只的产能进行生产，是市场调节和产能潜力两者相结合决定的，最终实际数据反映在白羽肉鸡屠宰数量上（与黄羽肉鸡存在活禽销售的状况不同，白羽肉鸡均是屠宰销售）。

从消费来看，白羽肉鸡的消费一直是稳定增长。麦当劳计划在中国翻三番，肯德基计划到 1 万家，这些计划在正常执行、推进，两个品牌公司开的每一家店都是卖白羽肉鸡；德克士、吉野家、便利蜂三个热菜便当 50% 是白羽肉鸡，便利蜂在北京从 0 到 2000 家用了三年，这些快餐发展迅速，大大推动了白羽肉鸡的销售和消费。目前通过传统渠道的批发市场销售的白羽肉鸡只占白羽肉鸡总销售数量的 30%，如果仅从批发市场渠道来研判白羽肉鸡产销量是不科学的。

四、2021 年我国肉鸡贸易形势

吕向东在"2021 年肉鸡贸易形势分析"报告中，分析了我国农产品贸易情况，重点分析了肉鸡贸易形势。

（一）我国农产品贸易形势

1. 贸易基本情况

2001 年 12 月 11 日，中国正式加入世界贸易组织，成为其第 143 个成员。2021 年是我国入世 20 周年。20 年来，我国农产品贸易量和品种大幅增加，我国的农业贸易地位显著提升。从 2001 到 2019 年，我国农产品贸易额占全球农产品贸易额的比重由 3.3% 提高到 7.8%。我国从 2011 年开始成为世界第一大农产品进口国。目前我国还是世界第二大农产品贸易国，第五大农产品出口国。2020 年谷物、大豆、棉花、糖，包括乳制品和禽肉进口量占国内产量比重非常高。出口也类似，我国的优势产品水产品、茶叶的出口量占国内产量比重也非常高。进口依存度，大豆首次超过 1 亿吨，国内产量不到 2 000 万吨；棉花进口 223 万吨，占国内产量 591 万吨的 37.7%；食糖进口 527 万吨，是国内产量 1 040 万吨的 50.7%；乳制品进口包括液态奶、奶粉、乳清粉、奶酪折合鲜奶约 1 200 万吨，占国内原奶产量的 1/3 以上。从进口看，大豆是直线上升的，肉类都是在增长的。禽肉产品出口和进口实际上都是比较平稳的，也是在增长，增长不像几个肉类波动幅度那么大。农产品进出口的市场比较集中，进口前五个国家和地区中东盟、欧盟基本上占三分之二，出口市场基本上是港澳地区及东盟、韩国。出口产品多元化产品的程度比进口的好一点，进口主要是大豆、棉花，出口的蔬菜、水果分散性比较大。

2. 农产品进出口

2021 年 1—11 月，我国农产品进口增长快于出口，贸易逆差超过 1200 亿美元。大米现在是谷物里出口较多的，为 200 万吨；大麦进口也不少，比上年翻了一番。小麦进口 800 多万吨，玉米进口 2 600 多万吨，大麦进口 990 多万吨，高粱进口约 820 万吨，大豆进口近 8 000 万吨，芝麻进口 100 万吨，油菜籽进口 200 万吨，食糖进口 464 万吨，棉花进口 209 万吨。

3. 畜产品进出口

2021 年 1—10 月，我国畜产品进口 440.8 亿美元，同比增长 12.3%；出口 48.4 亿美元，同比增长 9.1%；贸易逆差 392.4 亿美元，扩大 12.7%。水产品出口 174.5 亿美元，同比增长 15.7%；进口 142.9 亿美元，同比增长 11%；贸易顺差 31.6 亿美元，同比扩大 43.2%。蔬菜出口 125.2 亿美元，同比增长 4%；进口 9.5 亿美元，增长 15.6%；贸易顺差 115.7 亿美元，同比扩大 3.1%。水果出口 59.9 亿美元，同比下降 3.9%；进口 128.6 亿美元，同比增长 33.8%；贸易逆差 68.7 亿美元，同比扩大 1 倍。

4. 中美农产品贸易

以 2017 年 241 亿美元为基准，我国 2020 年进口增加 125 亿美元，2021 年再增加 175 亿美元，2020 年和 2021 年两年共增加 300 亿美元。中美农产品进出口总额 359.2 亿美元，较上年同期增长 71.6%。其中，自美进口 300.6 亿美元，增长 91.3%；对美出口 58.6 亿美元，增长 12.4%。大豆、肉类、谷物、棉花和水产品占农产品进口额的 83.3%；水产品、蔬菜和水果占农产品出口额的 56.1%。肉类进口 34.5 亿美元，其中禽肉进口 9.1 亿美元，增长 63%，占自美肉类进口额的 26%。

（二）我国肉鸡贸易形势

受 2018 年以来非洲猪瘟疫情导致的生猪供给不足的影响，近两年肉鸡进口上打破了长期以来出口额大于进口额的趋势。肉鸡本来是贸易额顺差的产品，近两年波动很大。但近两年肉鸡进口呈现较大波动的最主要原因不是肉鸡生产不足导致肉鸡供需出现较大缺口，最主要原因在于生猪供给不足导致生猪供需出现较大缺口，较大幅度的肉鸡进口增长是为了弥补生猪的供需缺口。

2021 年我国肉鸡进口量与 2020 年相比有较大幅度的下降。一方面是国内肉鸡产能过剩；另一方面受全球新冠肺炎疫情影响，鸡肉国际市场需求受到了一定程度的抑制。2021 年我国肉鸡出口量与 2020 年相比有所上升。一方面是国内需求低迷，另一方面新冠肺炎疫情在中国得到有效控制，国际市场对中国肉鸡的需求也逐步回升。根据中国海关数据，2021 年 1—10 月我国肉鸡及产品贸易出口数量 36.5 万吨、出口金额 12.7 亿美元，较上年同期分别增长 16.3％和 15.2％；进口数量 119.8 万吨、进口金额 28 亿美元，较 2020 年同期分别下降 3.6％和 3.2％；贸易逆差 15.3 亿美元，同期缩小 14.6％。

五、2021 年国际肉鸡产业发展形势

张怡在"2021 国际肉鸡产业发展形势"报告中，分析了国内外肉鸡贸易发展的形势以及经济政策研究进展情况。

（一）国际肉鸡供需形势

1. 国际肉鸡生产形势

受多方面不确定性因素影响，包括受肉鸡产能相对过剩，全球大宗商品价格上涨导致饲料成本上升，新冠肺炎疫情和动物疫情防控等，2021 年全球肉鸡产量是 9 910.3 万吨，与上一年基本持平，增长率仅为 0.02％，增速近乎是停滞的。美国、巴西、中国、欧盟依然是世界四大肉鸡主产国和地区。巴西的增长率最高为 3.39％，阿根廷增长率也达到 3.39％，其次是墨西哥、泰国、美国、欧盟、中国、俄罗斯。巴西 JBS 公司从 2017 年超过美国泰森一直维持在第一的位置。泰森禽肉产量下降了 4.5％，降至第三名。巴西 BRF 食品公司上升成第二位，国际贸易和本地需求共同提升了巴西的鸡肉产量。欧盟受禽流感、劳动力短缺、饲料和能源成本高等因素影响鸡肉产量受到了冲击；俄罗斯受种蛋短缺、饲料上涨等因素影响导致鸡肉产量下降。目前俄罗斯的种蛋大约有 20％是依赖进口，欧洲暴发禽流感依靠进口种蛋的企业影响较大。美国农业部（USDA）预测 2022 年全球经济复苏以后将推动鸡肉需求温和增长，产量增长率会达到 1.81％。

2. 国际肉鸡消费形势

2021 年中国肉鸡的生产量和消费量从 USDA 的数据来看都是一个下降的趋势，产量是 1 400 万吨，比上一年下降 60 万吨，消费量是 1 445 万吨，比上一年下降 76.1 万吨。消费量的增长率下降了 5％，生产量增长率下降了 4.11％。原因是 2021 年猪肉价格大幅下降以后，鸡肉对猪肉的替代效应基本消失。中国对新冠肺炎疫情控制得比较好，但是仍然有一定程度的影响，使得

国内鸡肉的消费需求受到双重抑制。

3. 国际肉鸡贸易形势

2021年世界肉鸡产品出口量和进口量都是下降的，出口量是1 299.6万吨，下降了0.52%，进口量是1 045.1万吨，下降了2.35%。主要原因还是新冠肺炎疫情时常反弹，给冷链运输带来了一些不确定影响，导致进出口市场受到一定程度的冲击。但是USDA预测2022年世界肉鸡贸易量将会缓慢上升，出口量和进口量都会有所增长。从主要出口国看，巴西仍然是出口最大的国家，排名第一，欧盟有较大幅度的减少。从出口增长率看，中国是9.54%，巴西4.65%，美国1.33%。巴西除了全球需求外，因货币贬值和过剩的饲料粮食推动肉鸡产量和出口量增加。进口方面，日本是最大的肉鸡进口国。菲律宾进口增长率最高达到58.21%。受非洲猪瘟疫情影响，菲律宾政府曾宣布进入为期一年的全国灾难状态，导致国内的猪肉生产乏力，猪肉供给不足，对禽肉产品的需求进一步扩大，所以禽肉的进口量有一个较大幅度上升。USDA预测2022年整个生产、消费都是增长的，白羽鸡肉生产、消费增长还是有一定的动力。

（二）国际肉鸡产业经济政策研究进展

1. 可持续政策引导低碳发展

联合国粮农组织（FAO）2021年发布的报告显示，畜牧业是导致全球变暖的主要原因，畜牧业造成的温室气体排放量占总量的18%，超过全球交通运输的排放，全球9%的二氧化碳、37%的甲烷、65%的一氧化二氮都是由畜牧业造成的。美国畜牧业联盟发布可持续性报告，指出畜牧业要持续改进环境管理，引导国际企业践行低碳发展理念。巴西两大食品加工企业也做出回应，JBS宣布到2040年实现温室气体的零排放，BRF也宣布分两阶段逐步达成温室气体零排放目标。家禽产业从碳排放系数看，处于一个最低水平，在整个畜牧业行业中是排放较小的。

2. 福利养殖逐步改善

2021年世界动物卫生组织修订了《陆生动物卫生法典》，提出完成动物舍饲条件。7月21日世界动物保护协会发布2021年全球快餐行业肉鸡福利报告，针对八大跨国快餐品牌肉鸡福利方面的表现进行了评估，部分企业在提升肉鸡福利方面做出实质性改善，欧洲地区取得了良好进展。

3. 饲料原料紧缺催生昆虫饲料行业的兴起

来自英国皇家农业学院2021年的一份研究表明，昆虫可以取代家禽饲料中的大豆，同时发现昆虫的外骨骼当中有一种物质（几丁质）对免疫系统有积极影响，可以减少在家禽行业当中抗生素的使用。韩国的 KEIL 公司致力于黄粉虫饲料的研发，用于大规模养殖禽畜，同时在昆虫饲料无用成分剔除方面取得技术专利，极大提升饲料的营养转化率。据研究机构 R&M 预计，2021—2026 年间全球昆虫饲料原料市场将以 12% 的年均复合增长率增长。虽然昆虫蛋白质可以成为替代大豆一种选择，但是昆虫生产动物饲料仍是一个相对新兴的行业，潜在市场比较大。

4. 禽流感标准入法典

2021 年世界动物卫生组织（WHO）统计，5 月以来欧洲、亚洲、非洲超过 40 个国家暴发了禽流感的疫情，高致病性禽流感在全球范围内呈现一个上升趋势。为了防止高致病性禽流感大范围蔓延，世界动物卫生组织制定了2021 年修订版的《陆生动物卫生法典》，这个法典中将禽流感的标准缩小至高致病性禽流感标准，也禁止从禽流感一些国家进口动物和相应的一些产品。一些国家已经采取了相应的防控措施。

（三）我国肉鸡产业经济政策研究进展

1. 育种技术有重大突破

2021 年出台了两个关于育种的比较重大的政策。一是 4 月 28 日，农业农村部发布《全国畜禽遗传改良计划》，强调要用 15 年的时间建成比较完善的自主育种体系，确保畜禽核心种源做到自主可控。二是 7 月 9 号中央发布《种业振兴行动方案》，对我国种业发展再次做出了重大的部署。我国肉鸡育种工作实现了新的突破。12 月 3 日，国家畜禽遗传资源委员会审定通过了"广明 2号""圣泽 901""沃德 188"这三个白羽肉鸡品种，国内肉鸡市场已拥有自主培育的白羽肉鸡品种，我国白羽肉鸡种源完全依赖进口的局面被打破。另外在其他品种的研发上也取得了一定进展。江苏立华牧业股份有限公司和江苏省家禽科学研究所开发出花山鸡新品种，是国内首个适合于屠宰加工型的黄羽肉鸡新品种。另外益生股份研发小型白羽肉鸡，也取得了申报认定资格。

2. 立体笼养技术有进展

中国农业大学李保明教授完成的项目实现了八叠层多列组合的肉鸡立体高效养殖新模式，改善了传统养殖模式的一些技术难题。这个成果已经在山东民和牧业股份有限公司肉鸡养殖基地应用，效果还是不错的，其中通风采暖节能 50%。

3. 防疫法规驱动新型疫苗上市

为了加强动物疫病防控，2021 年国家修订通过了《中华人民共和国动物防疫法》，已经开始实行。针对动物疫病防疫特别强调预防接种的疫苗应该符合国家质量标准。威力灵疫苗取得农业农村部批准的新兽药注册证书，在我国正式上市，用于防控马立克氏病以及传染性法氏囊病。这是我国首个通过一针免疫可以预防两种疫病的疫苗新产品。

4. 减抗行动持续升温

2021 年 WHO 发布了抗生素减量全球行动计划，明确提出要优化人类和动物卫生工作中抗微生物药物的使用。农业农村部印发了《全国兽用抗菌药使用减量化行动方案》，强调以生猪、蛋鸡、肉鸡等畜禽品种为重点，稳步推进兽用抗菌药使用减量化行动，要求到 2025 年末 50％以上的规模养殖场实施养殖减抗行动。《行动方案》规定要全面落实"三项制度"，即兽用处方药制度、兽药休药期制度、兽药规范使用承诺制度。在这方面，近年来有很多企业已在实践。众成饲料有限公司在无抗问题上做得很好，开展得比较早。在饲料方面，该公司研发了一种微生物发酵饲料，被称为"金疙瘩产品"。这种生物发酵技术可以改善肠道环境，增强动物体质，提高畜禽免疫力。另外提前把环境工作做到位，尽量创造一个让动物不生病的环境，从饲料到屠宰全过程都是无抗的。

六、2021 年基于企业视角的肉鸡产业经济发展形势

陈智武、高亚莉在专题报告中分别从企业视角分析了 2021 年白羽和黄羽肉鸡产业发展形势、存在问题及未来趋势和对策建议。

（一）基于企业视角的黄羽肉鸡产业发展形势

1. 国家肉鸡产业技术体系南宁试验站 2021 年基本情况

广西金陵农牧集团是国家肉鸡产业技术体系南宁试验站。陈智武从出栏数量、价格收益等方面介绍了 2021 年南宁试验站的总体情况。

（1）出栏数量同比大幅下降。2021 年 1—11 月出栏 584 万只，同比减少45％。南宁试验站监测的广西企业都属于中小型公司，减少的量比较多。监测的出栏情况主要是中慢速型肉鸡在增加，慢速型肉鸡因饲养周期比较长，消费低迷，减少比较多。慢速型由原来的 1.6～1.65 千克/只出栏增加到 1.75～1.85 千克/只出栏才有一定的市场。因受屠宰的影响，体重太小损耗较大，销售的利润损失就较多，所以现在中速和慢速型的比重在逐年增加。

（2）各品种盈利差距大。快速鸡在 1—3 月基本是盈利，在 4—8 月亏损比

较严重，在 9—11 月又开始盈利，全年还是实现了盈利。中速鸡价格变化比较大，在 6—9 月亏损非常严重。广西主要是以慢速鸡为主，广西的散养户也是以慢速鸡饲养为主。慢速鸡饲养周期长，饲料转化比高，受原料上涨影响更大，市场饱和，消费低迷，已连续亏损 21 个月以上，创造了亏损连续时间最长的纪录。但从监测的企业看亏损程度还不是很高，因为数量减少，亏损量不是很大。

2. 2021 年黄羽肉鸡产业发展形势

（1）养殖成本居高不下，总体亏损运行。2021 年从监测企业数据看，仍然以亏损为主，主要原因是底料原材料居高不下，养殖成本居高不下，消费低迷，慢速鸡品种已经连续长时间亏损了。监测企业数据显示，中速型鸡亏损较大，慢速型亏损时间最长，从 2019 年 11 月开始到 2021 年 10 月一直是亏损的，经营出现了很大困难，除了一些实力较强的大企业外，很多企业已经停产。2021 年饲养量和出栏量基本上都减少 20％～50％。在高饲料价格下，中速型鸡相对于慢速型鸡有一定的成本优势，在屠宰上市的情况下，中速型鸡的售价和慢速鸡的差别缩小。

种鸡企业基本处于全面亏损状态。从鸡苗售价看，与正常年份相当，亏损主要是由于饲料原材料成本增加所致。实际上我们在做配方饲料的时候，整个饲养成本增加了 30％～40％，且种鸡因为非常规原料使用比较少，受原材料影响更大。经过 2019 年的高点以后，种鸡生产企业扩产比较多，广西中大型企业扩产在 30％以上，还有一些新入行的企业，2021 年是一个产能释放期，造成鸡苗产能过剩，提前淘汰或者减少孵化，间接加速成本的上升。广西目前已经有三家比较大规模的企业被破产或者被接管了。仅仅在广西的一个县，有 60 多家小种鸡企业，每家大概有 2 万～4 万的种鸡，这些小企业已经全部停产。有实力的企业要保存实力减产自救，实力差的企业只能停产或被破产清算。肉种鸡一体化大企业的发展和维持产量，压缩了其他以养殖肉鸡为主的一体化企业和散养户，也造成了单纯以鸡苗为主的企业的销售压力。

（2）疫情和屠宰上市的影响仍旧持续。受疫情冲击最大的是旅游业和餐饮业，这二者也是黄羽肉鸡消费的"大户"，因此黄羽肉鸡受到的影响也最大。屠宰上市的影响在疫情下变得更突出。817 等低成本肉鸡占据一部分原来的低中端市场，也对黄鸡企业造成压力。817 肉鸡现在主要以冻品或冰鲜进入两广市场，两广本土养殖量不大，广东大概在 6 000 万只，广西应该不足 1 000 万只，并且两广养殖要求出栏体重在 1.75 千克/只以上，养殖方式很大一部分是地面平养，成本优势不明显。

3. 黄羽肉鸡发展趋势

（1）市场景气度有望恢复。市场低迷期已经过去，有望部分恢复。2020年和2021年已连续两年严重亏损，2022年黄羽肉鸡有望恢复，进入相对稳定的发展阶段。黄羽肉鸡经历疫情、政策双重压力，基本盘逐渐稳定。市场价格将逐渐稳定，大起大落情况出现的概率逐渐降低，市场将逐渐回归养鸡的本质——规模化、低利润、高效率。成本控制将成为今后养殖企业竞争的根本，随着市场的相对饱和价格稳定，没有竞争力的企业只能退出。饲料原材料价格受外围因素影响，存在较大的不确定性，也将促使养鸡企业理性发展，可以维持一定的盈利水平。

（2）屠宰上市是大势所趋。新冠肺炎疫情加速了黄羽肉鸡屠宰冰鲜上市的趋势。面对白羽肉鸡和817肉杂鸡的屠宰优势，黄羽肉鸡应追求差异化发展，摸索新的发展方式，发挥自己的优势，不应随波逐流。817肉杂鸡的冲击，已经进入一个相对稳定期，在传统的黄羽肉鸡消费区，其市场仍然有限，一旦旅游市场恢复，黄羽肉鸡市场也将部分程度恢复。

（3）屠宰型肉鸡是黄羽肉鸡品种重要发展方向。规模化养殖企业针对屠宰市场要开展屠宰新品种的培育和准备。种鸡高效率、肉鸡高品质和高效率，是黄羽肉鸡品种的发展方向。疾病净化是黄羽肉鸡企业必须高度重视的问题，可能成为种鸡企业竞争的关键，甚至决定企业的生死。种苗企业将逐渐集中化，新技术将逐渐应用在育种上，在技术上将逐步与国际接轨。2022年肉种鸡企业由于肉鸡饲养量恢复有限，仍将面临较大的不确定因素，盈利比较艰难。大众化规模生产的黄羽肉鸡品种将逐渐统一，出栏时间在80天左右，出栏体重在2.0千克/只，将是屠宰型黄羽肉鸡的发展方向。目前慢速型肉鸡出栏体重也在逐渐增加，中速型占比逐渐提高。品种选育将由注重传统的外观选择，向肉质、饲料转化比、均匀度等屠宰型肉鸡转变。817品种和传统的黄羽肉鸡品种将产生某种程度的融合，成为中国特色优质屠宰性肉鸡品种。

（4）黄羽肉鸡产业发展集中度将进一步提高。由于竞争力原因，一些企业将逐渐退出大众化的黄羽肉鸡生产，产业发展将逐渐向少数大企业集中，实现高效、低成本、低利润的发展方式。中小黄鸡企业和散养户将逐渐向地方特色肉鸡养殖发展，需利用原产地优势，做到小而强，一些地方特色的养殖企业将兴起，发扬光大中国传统的肉鸡产业和饮食文化。对一些特色品种鸡大企业可能就没有优势，而小企业就非常有优势。年轻一代人的消费观念也将影响今后黄羽肉鸡的发展方向。老一代喜欢吃有嚼劲、比较老的品种，年轻人希望嫩一点，这也是影响今后黄羽肉鸡发展的因素。可以说，黄羽肉鸡的发展还需要观察，别轻易下结论。同时要等待，要有耐心。另外，有特色的企业要坚守，不能在一片混乱中随波逐流。

（二）基于企业视角的白羽肉鸡产业发展形势

北京大风家禽育种公司是一家肉种鸡企业，在北京、天津、河北、河南、内蒙古、吉林、山东七省市区设立 10 个全资和控股分公司。目前，祖代存栏 18 万套，父母代存栏 200 万套。祖代肉种鸡生产经营能力居全国前列。北京大风家禽育种公司的主要产品——父母代种鸡销往全国十几个省市区，主要客户群是山东、河北、东北三省、河南、江苏肉鸡产业化一条龙企业。高亚莉在专题报告中从企业视角分析了 2021 年白羽肉鸡产业发展形势、存在问题、未来趋势和对策建议。

1. 2021 年白羽肉鸡发展形势

（1）国际供种变化对中国白羽肉鸡市场的影响。美国在 2014 年底发生高致病性禽流感，2015 年 1 月海关总署发布禁令取消从美国进口祖代种鸡，2015 年进口的数量是 72 万套。2016 年美国和法国持续封关，我国祖代种鸡主要从西班牙、新西兰、波兰这三个国家引进，当年引种量是 62 万套。2017 年西班牙、波兰开始封关，只剩下新西兰引种，当年引种量是 68 万套，该年度我国自新西兰的引种主要来自于安伟捷对于全球产能的调剂。2018 年新西兰成为中国市场主要供种国，供种量是 74 万套。概括来讲，2015—2018 年，国内的引种量都是在六七十万套的水平。

2019 年因国内引进了科宝曾祖代，科宝祖代在国内有少量自繁供种。2018 年非洲猪瘟疫情暴发之后，生猪产业受到巨大冲击，2019 年白羽肉鸡市场得到了很大的恢复和发展，引种量增加非常快。2020 年引种量继续保持在 100 万套。2020 年中国海关总署和农业农村部解除了对美国进口的禁令，2020 年下半年来已有来自美国的种鸡进口到我国。2021 年国内科宝自繁数量增加；9 月国内公司开始从美国引种，安伟捷这一原来份额较大的这部分市场也开始恢复。2021 年祖代更新总量预计应该不低于 121 万套。

总体来看，祖代种鸡更新量是恢复很快的，特别是 2019—2021 年连续三年。2021 年从 4 月以来，新西兰安伟捷到目前还是没有供种，安伟捷系统是停了五六个月之后才恢复的，如果这部分还是继续保持的话，2021 年的供种量应该在 150 万套上下。

（2）祖代更新数量需要合理调控。白羽肉鸡联盟 2014 年成立以来，在行业总体调控、引种数量控制等方面发挥了非常重要的作用，近几年白羽肉鸡行业一直持续健康地发展。2019 年暴发式的市场行情，让国内祖代肉种鸡企业从原来的 14 家增加到了 20 家，又回到了 20 世纪 90 年代的水平。并且，2020 年和 2021 年，由于新冠肺炎疫情导致的国际航班中断，无形当中调整了引种的速度，抑制了祖代的更新。如果没有航班的中断，没有安伟捷的问题，引种量要比现在大很多。面对如此大的引种量，无论是从我们行业自身发展的需要来看，还是从对下游行业整体的影响来看，引种企业都应当合理评估引种规模。

（3）引种质量提升与引种不均衡并存。一是海关增加了对进境种鸡的检测监管项目，提升了引种质量。据我们所知，在 2021 年年初的时候海关已经把进境检测的疫病种类增加到了 10 种，检测的力度非常大，这使得出口国家增加了自测自查，对进口种鸡质量监督有保障作用。美国供种能力强，国内祖代企业需求量大，后疫情时期，美国仍是祖代主要来源国，如果不加以控制，还会回到产能过剩的状态。国内自繁数量呈逐年上升趋势，增加较快，应纳入联盟"产能控制"中。二是种源均匀度下降，引种不平衡问题突出。之前我们国内几个大的祖代场，一直能够给全国的一条龙企业供货，同一个批次、同一个种源均匀度比较好把握。但现在不会一个批次大批量地进口，且一个批次不会分开给几个祖代厂家。一方面，因为整个新西兰和恢复当中的美国引种的数量与原来相比都受到了很多的限制，比如航空运输的问题。而且恢复当中的美国供种能力受影响，因为其正在恢复当中，不是一下子就能恢复过来的。另一方面，是供种方的销售策略调整。之前美国一批能够供种三四万套，现在不太可能。所以国内一条龙企业在引种的时候不可能来自同一个种源、同一个批次，这会使父母代的生产性能因此受到影响，这在市场上的反应较为明显。市场反应比较明显的就是商品鸡越来越难养，东北、山东等地很多商品鸡养殖在这方面反映的问题非常多。

（4）消费端动力不足。2021 年消费端动力不足导致整个肉鸡市场出现增长乏力的现象。肉鸡产业和猪周期确实是不能相提并论的。因为猪周期的时间是比较长的，大约三四年一个周期。鸡周期短，在缺鸡的时候大概一年多就能够补充上来。另外从替代角度看，希望猪价企稳回升，带动鸡肉消费需求也能够随之增加。如果猪肉行情不能够在短期内恢复，其对鸡肉的价格影响是非常大的。

（5）产业链盈利分化。2021 年整个白羽肉鸡产业链盈利在分化。祖代环节、父母代环节都有盈利，产品的盈利来自于下游的规模化养殖场，规模化引种还有屠宰迅速扩张，鸡苗端的需求稳定地增长，保持了祖代鸡的盈利状态。

但是下游包括父母代还有商品鸡、毛鸡屠宰，基本上都是微利甚至亏损。有些企业亏损未必是养鸡的问题，亏损的原因是各方面的，比如之前建的一些老养殖场设备的更新、设备的折旧已经摊完了，没有计算在里面，但是新建的企业可能还没有遇到一轮好的市场，设备还没有完全折旧完，就会有亏损。

2. 产业发展面临的问题和思考

（1）稳定发展是主旋律。看待行业还是应当保持一个非常冷静和清晰的头脑。首先应看到世界银行对这一轮疫情的影响和总结是影响重、范围广、幅度大、时间长，所以我们在这方面应当有足够的准备。2021年中央经济工作会议在经济发展问题上总结了三点，即需求收缩、供给冲击以及预期转弱。预期转弱实际上就是2022年经济下行的压力还会非常大。在会议的通稿当中，我们也看到了有25次出现了"稳"字，这就意味着在2022年党的二十大召开的这一年，"稳"是贯穿我们经济宏观政策的一条主线。肉鸡产业作为一个民生产业，"六稳""六保"是产业发展的主旋律，所以我们还是保持一个冷静的、平稳的发展态势。

（2）多因素影响终端消费。2021年12月我国的猪肉从临时最惠国8％的税率又调到了12％，从2022年1月1号执行，对肉类的进口希望能够有一点影响。此外，我们看到快速恢复的毛猪出栏量对整体的白羽肉鸡的影响依然存在。2022年上半年父母代种鸡的存栏量仍然是很高的，其所对应的商品代毛鸡的出栏量比较宽裕。根据行业的价格和出栏量负相关的态势，2022年上半年的价格应该是温和偏低，不会有太大的增长，而且价格区间不会很大。根据国家对新冠肺炎疫情实行的动态清零政策，疫情对消费端的影响依然存在，出行、餐饮都会受到影响，包括航空餐、高铁餐、集团购买等。而且我们也看到生猪的产能目前恢复得非常好，2022年鸡肉整体的替代优势也是不明显的。

（3）企业风险管控竞争力提升尤为必要。企业要有风险管控的能力和长线思维能力。大风肉鸡公司从开始做白羽肉鸡到现在，应当说我们高速增长了30年。企业应当加强风险意识。另外，要有长线思维，短期搏利润是很危险的。高附加值的企业当然好，但是作为低附加值的企业同样需要把企业的产品质量、品牌、渠道、管理、规模优势都表现出来，才有竞争力。

（4）上游祖代企业责任重大。要控制产能，要和优秀的企业合作，要引进优良的品种和服务，要保证种鸡的质量。要学习，一方面向国内的专家学习，另一方面向国外的专家学习。作为上游企业我们承担着传播新技术、推广新理念的任务。要在终端消费上积极地和下游企业一起宣传白羽肉鸡的优势。

（5）消费端拥有广阔天地。消费端虽然不景气，但白羽肉鸡和其他鸡种比较起来，应当说市场还是非常大的。第一，消费者的认可度在上升。在过去的这些年里，畜牧业协会和白羽肉鸡联盟都做了大量科普和宣传工作。随着消费者的认可，市场会越来越广阔。第二，人口结构的有利变化。之前消费者去商超、农贸市场采购比较多，现在消费者越来越多地在网上购买。包括一老一小人群的增加，整个人口结构都发生了很大变化，肉类消费结构也随之变化。第三，肉鸡产品逐渐被定义为健康饮食。现在已兴起专为健康和时尚达人打造鸡胸肉的吃法，这也是优势。第四，消费习惯性的变化。在过去的两年当中，很多人从猪肉消费转到了鸡肉消费，虽然说现在这一优势没有像 2019 年那么好了，但是很多人在这个消费期间的消费习惯还会继续保持，很多人也学会了鸡肉产品的多种做法，而且从健康方面也越来越有体会。第五，各种中西式的快餐、连锁、外卖送餐、休闲餐厅、新零售等对白羽肉鸡的消费增长趋势明显，尤其是预制菜的兴起。现在的年轻人更忙、更不想做饭。在预制菜的发展中，肉鸡产业有可能获得一片新的市场。